旅に出たくなる

花の旅へさそう地図

シバザクラと上田電鉄別所線（長野県）

帝国書院

花の旅へさそう地図 目次

巻頭特集

北海道・東北

関東・甲信

北陸・東海

近畿

中国

四国

九州・沖縄

巻末

都道府県の区分

［地図の記号の見方］

- 都道府県の境界
- 北海道の振興局境界
- 旧国界
- 都道府県庁所在地
- 北海道の振興局所在地
- 市
- 町・村
- おもな字・旧市町村
- 新幹線
- JR線
- その他の鉄道
- 高速道路
- 有料道路
- 国道
- その他の道路
- 空港
- 火山・山頂
- 峠
- 世界文化遺産
- 世界自然遺産
- おもな史跡・名勝
- おもな天然記念物
- 温泉
- 神社
- 寺院
- 城跡
- 観光地・特殊建造物など
- ラムサール条約登録湿地

［県別地図の花スポットの見方］

主な花の種類を示すアイコン

毛越寺庭園
地図の周りで写真付きコラムとして紹介している花スポット

花巻温泉バラ園
地図上でのみ表示している花スポット

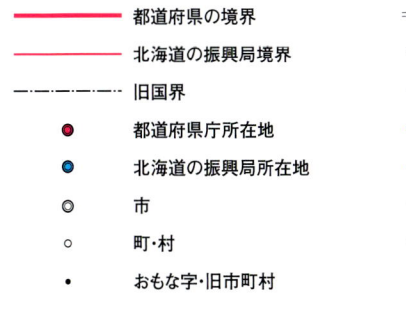

旅して探す、あなただけの「花の地図」

白石川堤一目千本桜と蔵王連峰（宮城県大河原町）

ありふれた日常の中で路傍にたたずむ小さな花、旅先で見つけた広大な花畑…。普段は意識しないが、私たち日本人は、砂漠や氷床などの過酷な環境下では考えられないほど多くの花に囲まれている。春には、待ち焦がれたように花が色づく。なかでも桜や梅は、卒業や入学などの人生の節目を祝福するかのように鮮やかに咲き乱れる。暑い夏には、清涼感溢れるアジサイが人々の心を癒やし、力強く咲くヒマワリは、暑さに負けるなと励ましているようだ。穏やかな秋には、野山を染める紅葉をはじめ、コスモスやヒガンバナなどの赤が似合う。そして、草花が減る冬だからこそ、厳冬に耐えて咲くスイセンやロウバイなどの花がより愛おしい。花は、いつも人々の生活を彩っている。

また、同じ花でもまるで喜怒哀楽があるかのように、周りの風景や天候、心情などで全く違った表情を見せてくれる。津々浦々に花は咲くが、見え方や感じ方は人それぞれだ。今度出会う花は、どんな表情を見せてくれるだろうか。

この本では、日本全国にある「花のスポット」を多数掲載している。それらの場所で咲く花が、あなたの訪れを待っているかもしれない。この本を片手に、人生を彩る日本の花々に会いに行ってみてはいかがだろうか。きっと、あなたの心の中だけの「花の地図」が出来上がるに違いない。

日本の桜を求めて

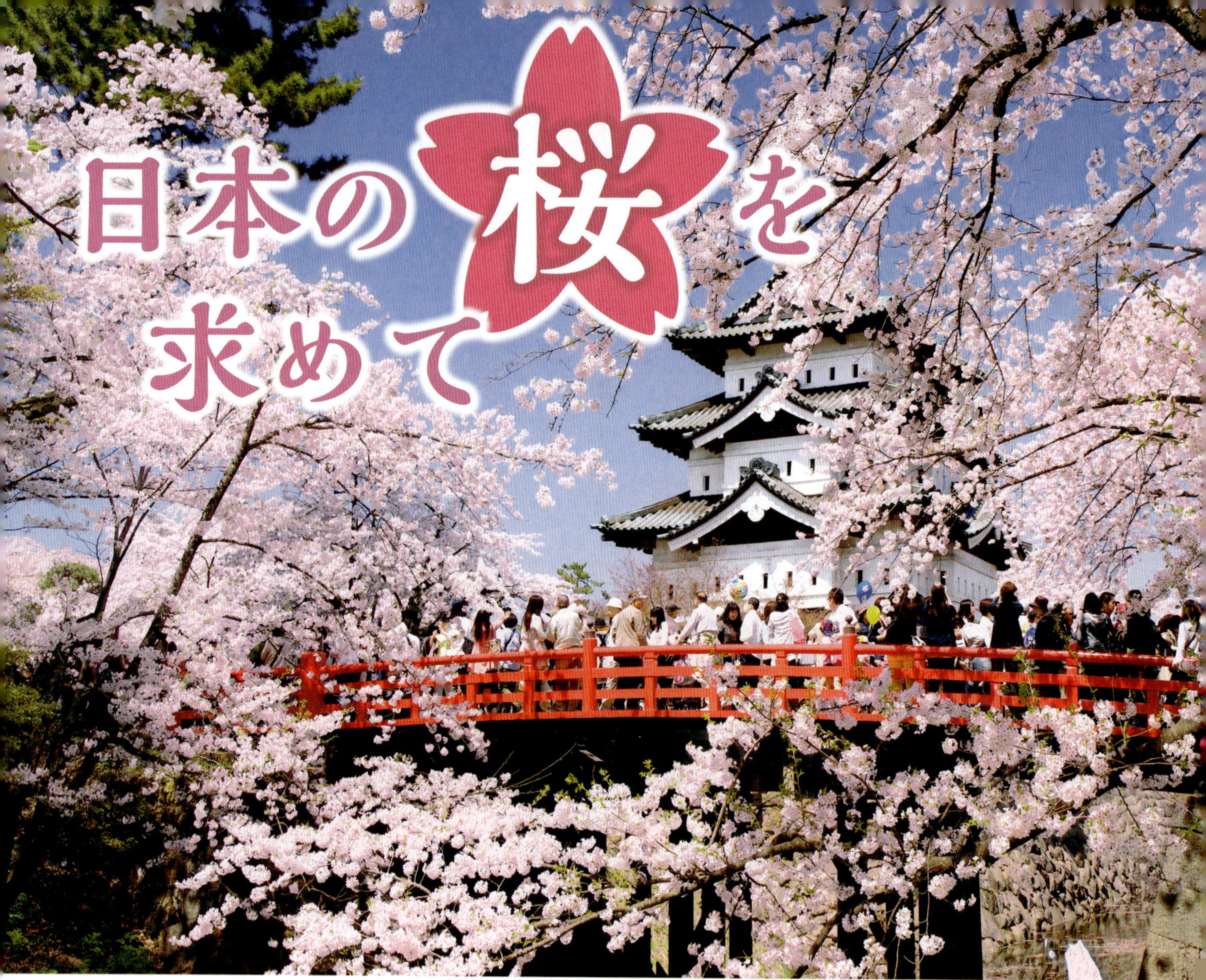

人々を魅了する桜

日本の書物に初めて「桜」が登場したのは、『古事記』と『日本書紀』。浅間神社などのご祭神にもなっている美しい桜の女神「コノハナサクヤヒメ」が桜の語源だとされている。平安時代に入ると、桜の美しさは和歌に盛んに詠まれるようになった。

桜にはシダレザクラやエドヒガンザクラなどさまざまな品種があるが、花見の名所で多く見られる「ソメイヨシノ」が登場したのは江戸時代末期。葉よりも花が先に咲く様子が好まれ、かつ繁殖が簡単なため、全国に広まった。ちょうど入学式や卒業式などの人生の節目を彩り、一斉に咲き誇りあっという間に散ってしまうその咲き方が、日本人の心を強く捉えて根強く愛される所以なのだろう。

桜前線と桜の主な名所

観測の対象は主にソメイヨシノだが、沖縄ではカンヒザクラ、北海道ではエゾヤマザクラである。沖縄地方で1月中旬に始まり、3月下旬に九州から関東地方に、4月上旬に東北地方に、4月下旬に北海道に達する。北上のスピードは、四国から南関東付近までは1日30km、それより以北は1日20kmといわれる。

5月10日
4月30日
①
角館
→p.45
②
4月20日
北上展勝地
→p.8
白石川堤
一目千本桜
→p.4−5
淡墨桜
→p.100
しまなみ街道
→p.144−145
4月10日
三春滝桜
→p.50−51
③
⑤
④
⑥
⑦
3月31日
東京
→p.74−75
⑧
3月25日
吉野山
→p.118−119
3月25日
1月20日
1月18日
1月15日
今帰仁《なきじん》城跡
→p.168−169
凡例
①〜⑧：ココだけは行ってみたい！桜の名所
青字：その他の主な桜の名所

地方別 ココだけは行ってみたい！ 桜の名所 ①～⑧

② **弘前公園** （→p.37）
青森県弘前市

明治時代に植栽されたソメイヨシノのトンネルが美しい。弘前公園では、毎年弘前さくらまつりが行われている。敷地内にある下乗橋からは弘前城を望むことができる。ゴールデンウィークが見頃のため多くの観光客でにぎわう。

① **松前公園** （→p.34）
北海道松前町

松前城を中心とする21万㎡以上の広大な公園に、約250種1万本の桜が華麗に咲く。また、樹齢300年以上といわれる光善寺の血《ち》脈桜《みゃくざくら》などの三大名木も必見。

⑥ **平安神宮** （→p.113）
京都市左京区

平安遷都1100年を記念し、1895年に創建された平安神宮。朱と緑が鮮やかな社殿の周りで、ヤエベニシダレザクラが美しく咲く。

④ **山高神代桜** （→p.82）
山梨県北杜市

実相寺の境内にある日本最古のエドヒガンザクラ。国の天然記念物に指定されている、樹齢約2000年とも言われる古木。

⑦ **錦帯橋** （→p.137）
山口県岩国市

日本三名橋の一つ。春になると錦川河畔に桜が咲き誇り、橋と桜の見事なコラボレーションが楽しめる。

⑤ **高遠城址公園** （→p.87）
長野県伊那市

古くから「天下第一の桜」と称される桜の名所。敷地内のコヒガンザクラが満開になると、公園全体が薄紅色になる。

⑧ **一心行の大桜** （→p.156）
熊本県南阿蘇村

阿蘇外輪山を背景に立つ樹齢約400年のヤマザクラ。戦国時代に戦死した武将の菩提樹とされている。

桜の種類

日本の代表的な桜の種類。この他にもマメザクラ、サトザクラ類などがある。

ソメイヨシノ
桜並木のほとんどはこの品種で、日本で最もポピュラーな桜。

カンヒザクラ
沖縄で2月に咲く濃い紅色の桜。本州では3月中旬に見頃を迎える。

ヤマザクラ
桜の野生種。一重の薄紅色の花と、赤っぽい葉が特徴。

シダレザクラ
枝が優雅に垂れ下がる品種の総称。ベニシダレやヤエベニシダレなど。

エドヒガンザクラ
淡いピンク色の花が特徴で、山野に咲く。ソメイヨシノの親とされる。

編集部イチオシ

③ **赤城南面千本桜と芝桜**
群馬県前橋市 （→p.63）

約1.3㎞の市道沿いにソメイヨシノが約1000本植えられており、満開時は見事な桜のトンネルになる。隣接する「みやぎ千本桜の森」では、37種の桜500本と、6,000㎡の敷地を埋め尽くすシバザクラも楽しめる。

花暦《はなこよみ》

春

春の陽気がいっせいに花を咲かせる華やかな季節

北上展勝地（岩手県北上市）

桜 サクラ【3～5月】

「花」といえば「桜」というイメージが現代の日本人にはあるが、万葉時代までは「梅」を指していた。平安時代になり、貴族の庭園にヤマザクラが移植されて「桜」の花見の宴が定着した。庶民に花見の行事が浸透するのは、江戸時代になってから。また、現在よく見られるソメイヨシノは江戸末期に品種改良されたもので、それまでは山に自生するヤマザクラが一般的だった。

桜の名所・名園

❶ 上野恩賜公園（東京都台東区）
❷ 高遠城址公園（長野県伊那市）
❸ 弘前公園（青森県弘前市）
❹ 角館（秋田県仙北市）
❺ 吉野山（奈良県吉野町）
❻ 北上展勝地（岩手県北上市）

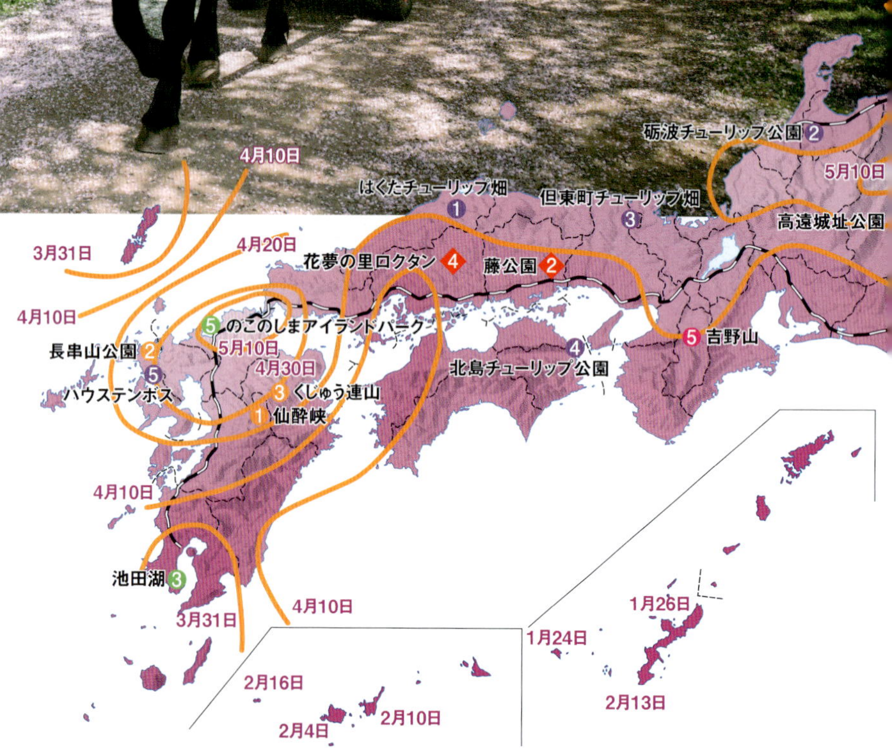

鬱金香 ウコンコウ（チューリップ）【3～5月】

中央アジアや北アフリカに分布し、原種は約150種。ユリ科に属する。16世紀にヨーロッパに紹介され、17世紀に「チューリップ・バブル」と呼ばれる大ブームが起きた。有名な生産地オランダでは球根のデンプンを製菓材料とするために、食用としての栽培もさかん。

チューリップの名所・名園

❶ はくたチューリップ畑（島根県安来市）
❷ 砺波チューリップ公園（富山県砺波市）
❸ 但東町チューリップ畑（兵庫県豊岡市）
❹ 北島チューリップ公園（徳島県北島町）
❺ ハウステンボス（長崎県佐世保市）

砺波チューリップ公園（富山県砺波市）

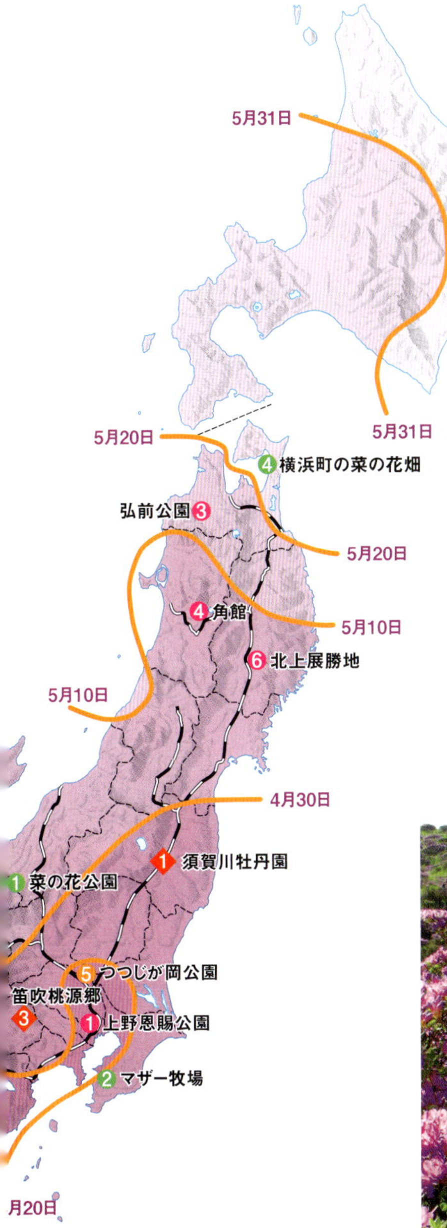

ヤマツツジ開花前線マップ

記号凡例
- 1 桜の名所
- 1 チューリップの名所
- 1 ナノハナの名所
- 1 ツツジの名所
- 1 春に咲くほかの花の名所

ヤマツツジは北海道の南部から九州にかけて分布する野生のツツジ。本州では3月下旬に九州南部から開花が始まり、開花前線は約2か月で北海道にまで達する。沖縄地方ではケラマツツジなどで開花を観測するが、1月下旬には早くも咲き始める。

花の見頃カレンダー「春」

春に咲くほかの花

ボタン

1 須賀川牡丹園（福島県須賀川市）

フジ

2 藤公園（岡山県和気町）

モモ

3 笛吹桃源郷（山梨県笛吹市）

シバザクラ

4 花夢の里ロクタン（広島県世羅町）

仙酔峡（熊本県阿蘇市）

躑躅 ツツジ【4～6月】

日本や中国を中心としたアジア東部が原産地。日本には花の美しいヤマツツジをはじめ17種ほどが自生しており、古くから親しまれてきた。なかには800年をこえる古木もある。江戸時代に、現在でも栽培されている多くの園芸品種が作出された。

ツツジの名所・名園

1. 仙酔峡（熊本県阿蘇市）
2. 長串山公園（長崎県佐世保市）
3. くじゅう連山（大分県竹田市）
4. 硫黄山（北海道弟子屈町）
5. つつじが岡公園（群馬県館林市）

菜の花 ナノハナ【2～5月】

食用にする若い茎をアブラナやナタネと呼び、花をナノハナと呼ぶ。弥生時代に地中海沿岸から中国を経て渡来したといわれる。種子から油がとれるため、全国に菜の花畑が広まった。畑一面に黄色い花が咲き広がる光景は、春の風物詩である。

ナノハナの名所・名園

1. 菜の花公園（長野県飯山市）
2. マザー牧場（千葉県富津市）
3. 池田湖（鹿児島県指宿市）
4. 横浜町の菜の花畑（青森県横浜町）
5. のこのしまアイランドパーク（福岡県福岡市）

菜の花公園（長野県飯山市）

花暦《はなごよみ》

夏

暑さに適応してきた色とりどりの夏の花々

明野サンフラワー公園（山梨県北杜市）

向日葵 ヒマワリ【7～8月】

夏を象徴する花として好まれる。一般に日本で見かけるのは、園芸植物としてロシアで改良されたもの。原産地は北アメリカ。草丈30cm程度の矮性種から3mをこえる高性種、花は小輪から大輪など多彩な品種がある。観賞用やヒマワリ油などの食用、ペットの飼料として利用される。

ヒマワリの名所・名園

1. ひまわりの里（北海道北竜町）
2. 世羅高原農場（広島県世羅町）
3. 明野サンフラワー公園（山梨県北杜市）
4. 津南ひまわり広場（新潟県津南町）
5. ひまわりの丘（宮城県大崎市）

薫衣草 クンイソウ（ラベンダー）【6～8月】

地中海沿岸が原産の常緑小高木で、「ハーブの女王」の異名をとる。高温多湿が苦手なため、日本では主に北海道などで見られる。古くから香料として知られていたが、筒井康隆のSF小説『時をかける少女』でモチーフになって以来、観賞用としても人気になった。

ラベンダーの名所・名園

1. ファーム富田（北海道中富良野町）
2. フラワーランドかみふらの（北海道上富良野町）
3. たんばらラベンダーパーク（群馬県沼田市）
4. 中富良野町営ラベンダー園（北海道中富良野町）
5. メナード青山リゾート（三重県伊賀市）

メナード青山リゾート（三重県伊賀市）

花の見頃カレンダー「夏」

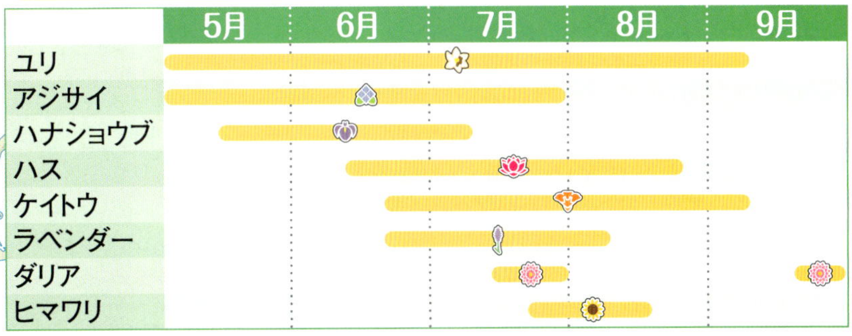
5月
6月
7月
8月
9月
ユリ
アジサイ
ハナショウブ
ハス
ケイトウ
ラベンダー
ダリア
ヒマワリ

1 ひまわりの里
2 フラワーランドかみふらの
1 ファーム富田
4 中富良野町営ラベンダー園
7月31日
7月31日
7月20日
南くりこま高原一迫ゆり園
4
5 ひまわりの丘
3
長井あやめ公園
津南ひまわり広場
3 たんばらラベンダーパーク
7月20日
3 古河総合公園
7月10日
1 千葉公園

ヒマワリ開花前線マップ

記号凡例
- 1 ヒマワリの名所
- 1 ラベンダーの名所
- 1 ユリの名所
- 1 ハスの名所
- 1 夏に咲くほかの花の名所

ヒマワリの開花は、四国や九州南部で６月末から７月、その他の地方では７月の半ば、東北地方以北は７月下旬に開花する。

夏に咲くほかの花

ケイトウ

1 くじゅう花公園（大分県竹田市）

ダリア

2 佐曽利ダリア園（兵庫県宝塚市）

ハナショウブ

3 長井あやめ公園（山形県長井市）

アジサイ

p.18～19へ

蓮 ハス【6～8月】

『古事記』にもハスについての記述があり、仏教のシンボルとして定着する前から観賞花として親しまれていた。千葉県の落合遺跡からは2000年前の古代ハスの実が見つかり、大賀一郎博士によって発芽・開花に成功した。生命力の強い花である。

ハスの名所・名園

1. 千葉公園（千葉県千葉市）
2. 大賀ハス園（岐阜県羽島市）
3. 古河総合公園（茨城県古河市）
4. 平池公園（兵庫県加東市）
5. 栗林公園（香川県高松市）

千葉公園（千葉県千葉市）

百合 ユリ【5～9月】

世界に約100種あるユリの中でも約15種が北海道から沖縄にかけて自生しており、日本は「ユリの王国」といわれる。園芸的価値の高いものが多く、明治初めに欧米で紹介されたテッポウユリは聖母マリアの象徴のマドンナ・リリーにとってかわるほどの人気だった。

ユリの名所・名園

1. 富士見高原花の里（長野県富士見町）
2. びわこ箱館山ゆり園（滋賀県高島市）
3. とっとり花回廊（鳥取県南部町）
4. 南くりこま高原一迫ゆり園（宮城県栗原市）
5. リリーフィールド公園（沖縄県伊江村）

富士見高原花の里（長野県富士見町）

花暦《はなごよみ》

秋

燃ゆるがごとき紅葉と秋の花々

大山（鳥取県大山町）

紅葉 コウヨウ【9～12月】

多種多様な落葉広葉樹が群生する日本の山々。秋、それらの木々は色づき、山は燃えるような紅葉に覆われる。その紅葉を見物することを昔から「紅葉《もみじ》狩り」と言ってきた。『源氏物語』などの古典にも見えるように、平安時代の貴族の季節の遊びが起源。当時は紅葉した枝を手折り、手にとって観賞するというスタイルだった。庶民の楽しみになったのは江戸時代からである。

紅葉の名所・名園

1. 黒部峡谷（富山県黒部市）
2. 大山（鳥取県大山町）
3. 嵐山（京都府京都市）
4. 中禅寺湖（栃木県日光市）
5. 大雪山（北海道上川町・東川町・美瑛町）

彼岸花 ヒガンバナ（マンジュシャゲ）【9～10月】

彼岸の頃に咲く人里植物。栄養分であるデンプンと有毒成分アルカロイドを含む球根は、咳止めや食中毒に効く漢方薬となる。また、きちんと毒を洗い流す処理をすれば食用になるため、救荒作物として栽培されていた。田を荒らす動物除けにもなっていたという。

ヒガンバナの名所・名園

1. 巾着田（埼玉県日高市）
2. つづら棚田（福岡県うきは市）
3. 吉野公園（鹿児島県鹿児島市）
4. 飛鳥（奈良県明日香村）
5. 辻のヒガンバナ群生地（広島県三次市）

巾着田（埼玉県日高市）

大雪山
5
4
北見菊まつり
10月31日
10月20日
10月20日
10月31日
11月10日
11月10日
11月10日
11月20日
はぎ公園 1
4 仙台市野草園
1 二本松の菊人形
11月30日
4 中禅寺湖
11月20日
1 巾着田
11月30日
3 新宿御苑菊花壇展
2 マザー牧場
12月10日

カエデ 紅葉前線マップ

記号凡例
- 1 紅葉の名所
- 1 ヒガンバナの名所
- 1 キクの有名イベント
- 1 ハギの名所
- 1 秋に咲くほかの花の名所

主にイロハカエデを標本木とする。10月中旬に北海道大雪山から始まり、11月10日頃には東北地方北部、20日頃には関東地方北部から北陸地方、30日頃には九州地方北部まで南下する。12月上旬から中旬にかけて関東から東海地方の太平洋側、近畿地方、九州地方南部に達する。

花の見頃カレンダー「秋」

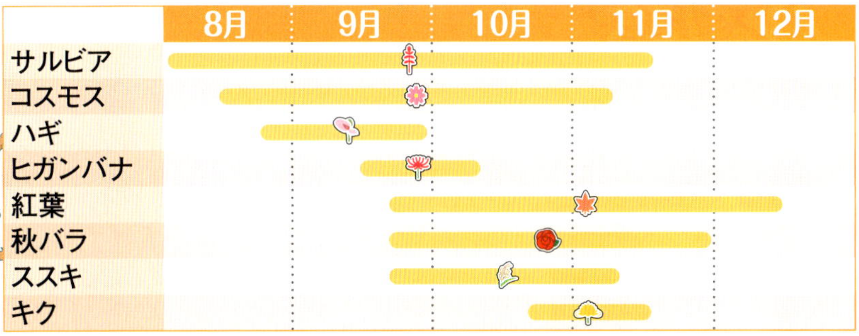

8月
9月
10月
11月
12月
サルビア
コスモス
ハギ
ヒガンバナ
紅葉
秋バラ
ススキ
キク

秋に咲くほかの花

ススキ

1 砥峰高原（兵庫県神河町）

サルビア

2 マザー牧場（千葉県富津市）

秋バラ

p.16〜17へ

コスモス

p.20〜21へ

東光院萩の寺（大阪府豊中市）

萩 ハギ【8〜9月】

　万葉時代の歌人山上憶良が歌に詠んだ秋の七草の一つで、古来より生活に役立ってきた。マメ科のため痩せた土地でもよく育ち、道路斜面や砂防などの緑化資材になる。茎葉は家畜の飼料に、新芽は飲料の茶葉に、枝は束ねて箒や茶室の天井に、山里では食用にもした。

ハギの名所・名園

1. はぎ公園（山形県長井市）
2. 東光院（大阪府豊中市）
3. 神照寺（滋賀県長浜市）
4. 仙台市野草園（宮城県仙台市）
5. 蓮華寺（静岡県森町）

菊 キク【10〜11月】

　薬用植物として中国からもたらされ、平安より明治時代までは「菊の節供」が行われていた。現代では皇室の行事として残る。古代中国では邪気を祓い長寿を得る効能があると信じられた。日本で重陽の節供に飲まれる菊花酒は、長命を祈る中国の慣習が伝わったものとか。

キクの有名イベント

1. 二本松の菊人形（福島県二本松市）
2. 国華園日本菊花全国大会（大阪府和泉市）
3. 新宿御苑菊花壇展（東京都新宿区）
4. 北見菊まつり（北海道北見市）
5. 名古屋城菊花大会（愛知県名古屋市）

二本松の菊人形（福島県二本松市）

花暦《はなごよみ》

冬

冷たい風に耐えて咲く
冬の可憐な花々

爪木崎（静岡県下田市）

水仙 スイセン【11～3月】

学名「ナルシサス」は、ギリシア神話で水に映る自分に恋をして死に、スイセンに化けた美少年ナルキッソスに由来する。日本では瑞祥の花。温暖な地中海地方沿岸に約30種の原種が自生するが、よく目にする品種は改良されたもの。球根には有毒成分が含まれ、過去には誤食による事故もあった。

スイセンの名所・名園

1. 爪木崎（静岡県下田市）
2. 越前水仙群生地（福井県福井市～越前町）
3. 野母崎水仙の里公園（長崎県長崎市）
4. 灘黒岩水仙郷（兵庫県南あわじ市）
5. 江月水仙ロード（千葉県鋸南町）

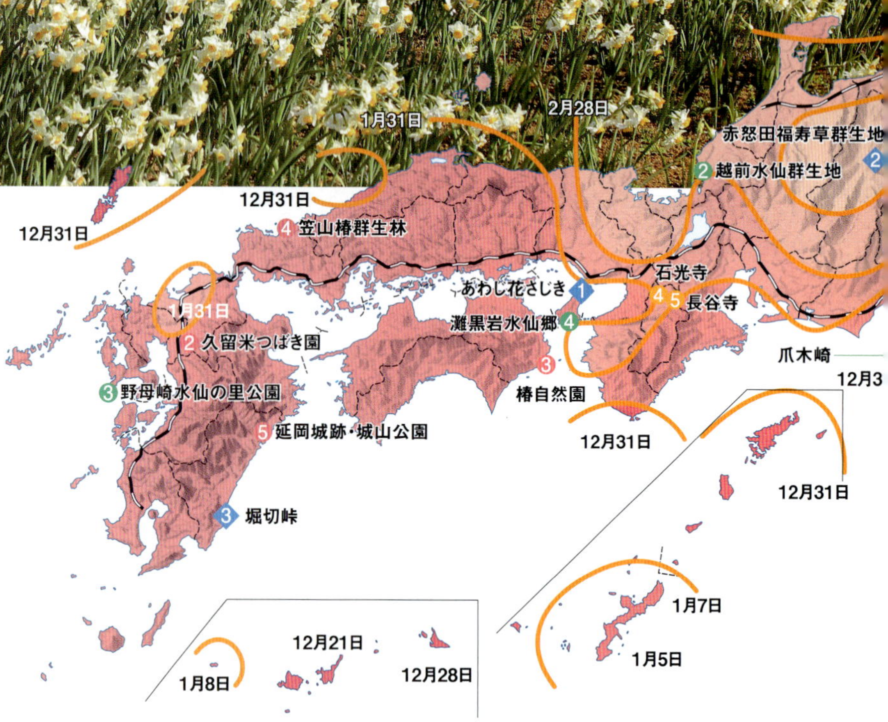

冬の牡丹 冬のボタン【11～2月】

中国原産で、清時代の中国では国花だった。冬に咲くボタンには、葉の少ない二季咲き性の寒ボタンと春咲きのボタンを促成栽培した冬ボタンの2種類がある。生薬として根には消炎・鎮痛作用があり、とくに奈良の吉野地方のものが良質といわれる。

ボタンの名所・名園

1. 鶴岡八幡宮（神奈川県鎌倉市）
2. 上野東照宮（東京都台東区）
3. つくば牡丹園（茨城県つくば市）
4. 石光寺（奈良県葛城市）
5. 長谷寺（奈良県桜井市）

上野東照宮（東京都台東区）

花の見頃カレンダー「冬」

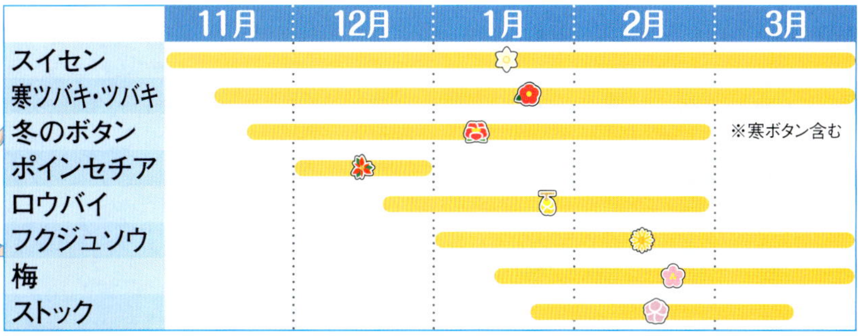
11月
12月
1月
2月
3月
スイセン
寒ツバキ・ツバキ
冬のボタン
ポインセチア
ロウバイ
フクジュソウ
梅
ストック
※寒ボタン含む

冬に咲くほかの花

ストック

1 あわじ花さじき
（兵庫県淡路市）

フクジュソウ

2 赤怒田福寿草群生地
（長野県松本市）

ポインセチア

3 堀切峠
（宮崎県宮崎市）

梅

p.22～23へ

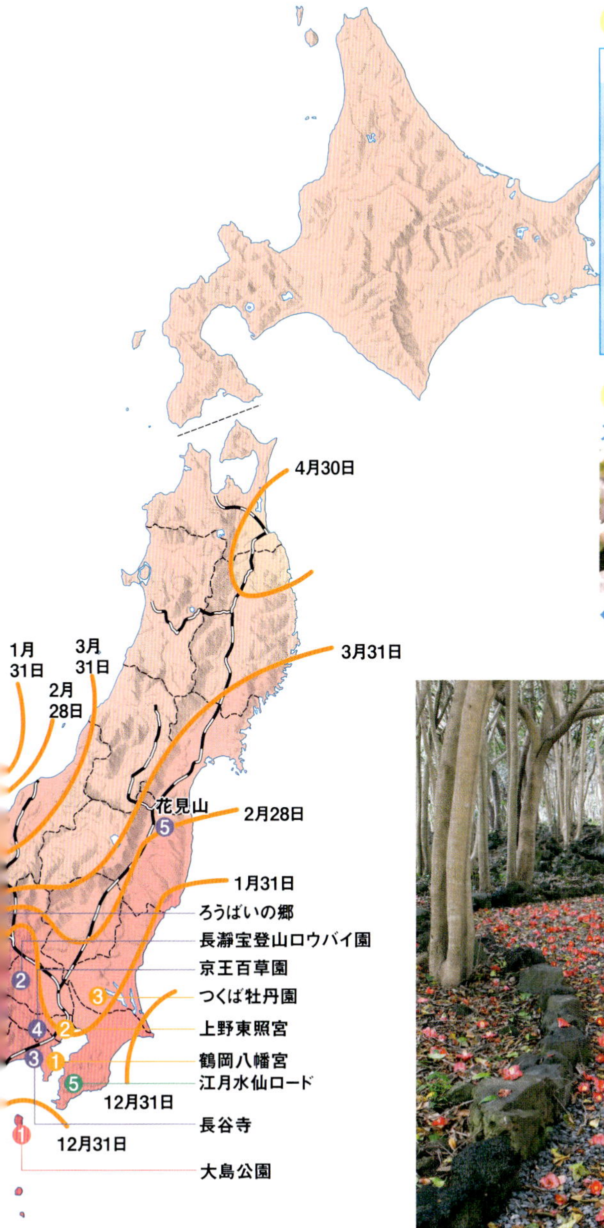
4月30日
3月31日
1月
31日
3月
31日
2月
28日
花見山
2月28日
1月31日
ろうばいの郷
長瀞宝登山ロウバイ園
京王百草園
つくば牡丹園
上野東照宮
鶴岡八幡宮
江月水仙ロード
12月31日
長谷寺
12月31日
大島公園

椿
開花前線
マップ

記号凡例
1 スイセンの名所
1 ボタンの名所
1 ロウバイの名所
1 ツバキの名所
1 冬に咲くほかの花の名所

ツバキの開花は、11月下旬に伊豆諸島で始まり、12月下旬に沖縄や本州南端に、1月下旬に中国、近畿、東海、関東を結ぶ地域に、2月下旬に北陸や関東北部を結ぶ地域に達し、北上していく。

笠山椿群生林
（山口県萩市）

椿 ツバキ【11～5月】

日本原産で、「椿寿」の言葉があるように樹齢が長い。長寿や魔除けなどの霊力があるとも信じられていた。落花のようすが武士に嫌われたとの俗説もあるが、観賞用、椿油、建築材、薬用、媒染剤などおおいに暮らしに役立つ。

ツバキの名所・名園

1 大島公園（東京都大島町）
2 久留米つばき園（福岡県久留米市）
3 椿自然園（徳島県阿南市）
4 笠山椿群生林（山口県萩市）
5 延岡城跡・城山公園（宮崎県延岡市）

蠟梅 ロウバイ【12～2月】

梅と異なるロウバイ科の落葉低木で、ロウのような花びらの質感とよい芳香を放つ。中国由来のため、古くは「唐梅」と呼ばれた。薬学について著された中国の『本草綱目』にも掲載されるほど花や蕾からは抗菌・抗炎症作用の薬効がある蠟梅油がとれ、軟膏などに利用される。

ロウバイの名所・名園

1 ろうばいの郷（群馬県安中市）
2 長瀞宝登山ロウバイ園（埼玉県長瀞町）
3 長谷寺（神奈川県鎌倉市）
4 京王百草園（東京都日野市）
5 花見山（福島県福島市）

ろうばいの郷（群馬県安中市）

素晴らしきバラの世界

「花の女王」といわれるバラには、大きく分けて原種、オールドローズ、モダンローズの三つの種類がある。複雑で多彩な色や形、香りはその歴史とともに魅力的なもの。さらに、理想の美しさを追い求めていく品種改良の奥深さと難しさは、今も昔も多くのバラ園芸家を魅了している。

古くから香料や薬草として利用されてきた

バラは紀元前12世紀の古代ペルシャですでに薬用、香料用として栽培されていたといわれる。クレオパトラはバラを愛好し、バラを部屋いっぱいに膝の高さにまで敷き詰めてカエサルを迎えたという。バラの香りには鎮静やストレス緩和作用などがあり、なかでも濃厚で甘い香りを放つダマスクローズの一大生産地として有名なブルガリアの「バラの谷」地方からは、香油やバラ水の原料としてさかんに出荷されている。ローズヒップと呼ばれるバラの実も美容や便秘、風邪予防に効果があるといわれ、ハーブティーの一種としておなじみ。

ローズヒップ

愛好家の手で広がる多彩なバラ

ナポレオンの皇妃ジョセフィーヌもバラに魅了された一人。当時の敵国イギリスからバラを密かに取り寄せ、居城マルメゾンの庭で園芸家に人工交配させていたという。18世紀から19世紀にかけて西欧に渡ったさまざまなバラがこの庭に集められ、ここから観賞植物としてのバラが広まっていく。1867年にモダンローズ「ラ・フランス」が誕生し、次にそれまでなかった純粋な黄バラが作られ、やがて現代で人気の「イングリッシュローズ」と呼ばれる一群が確立していくのである。日本では明治の頃からバラ愛好家が増えていった。“ミスターローズ”と呼ばれた鈴木省三は世界的に有名で、バラの香りや花色を研究し、作出したバラの多くで受賞している。

ナポレオン皇妃ジョセフィーヌ

世界的なバラ育種家、鈴木省三

バラの世界で忘れてならない人物が、株式会社京成バラ園芸の研究所所長だった鈴木省三。「ミスターローズ」と呼ばれたほど、作出したバラの多くで国際的な賞をとった。香りや花色の研究でも知られ、香りのバラの代名詞「芳純」をはじめ、生涯で108もの新品種を作出している。

「芳純」をかぐ鈴木省三

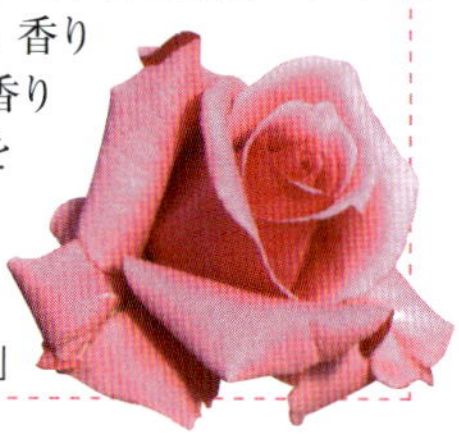
鈴木省三が作出した「紫雲」

比叡山を借景にしたバラ園では、モダンローズを中心に約300種2000株
京都府立植物園
荒牧バラ公園
フランスから移植したオールドローズ「ジョセフィーヌ・コレクション」は珍しい
よしうみバラ公園
RSKバラ園
8
7
浜寺公園ばら庭園
日本に自生する野生のバラや現代のバラなど250種6500株のバラ
9
はな阿蘇美
霊山寺バラ庭園
「人生の輪廻」をテーマにした独創的な庭園は、世界のモダンローズが中心
かのやばら園
オールドローズからモダンローズまで、約4000種5万株のバラが見られる

1 佐倉草ぶえの丘バラ園（千葉県佐倉市） ☎043-485-7821
原種、オールドローズを中心に1050種2500株が植栽されている。オールドローズガーデンや、鈴木省三が作出した品種を集めた「鈴木省三コーナー」など見ごたえ充分。

古くからヨーロッパで愛されてきたバラ

Old Rose
オールドローズ

春に咲く一季咲きの品種が多く、華やかでやさしい姿と豊かな香りが特長。ヨーロッパを中心に栽培され、ガリカ、ダマスク、アルバ、ケンティフォーリアなどの13系統が成立している。

ベル・イジス

ソレイユ・ドール

全国のバラ園

日本では、原種、オールドローズ、モダンローズ、イングリッシュローズにそれぞれ特化した公園から世界的に有名な公園まで、美しいバラの庭園が点在。

いわみざわ公園バラ園
市の花であるバラとハマナスが植栽され、四季咲き大輪系のバラの「バラの広場」が中心
横手公園バラ園
横手城跡の横手公園の一角に約40種のバラが植栽されている
3 花巻温泉バラ園
東沢バラ公園
オールドローズやモダンローズなど世界の約750種2万株のバラと湖の美しい公園
越後丘陵公園
モダンローズが主なエリア、「原種・オールドローズのエリア」「日本の野生ばらのエリア」など
蓼科高原バラクライングリッシュガーデン
5
花フェスタ記念公園
4
神代植物公園バラ園
1
佐倉草ぶえの丘バラ園
河津バガテル公園
2
京成バラ園
約1500種1万株の世界のバラを中心に四季折々の花が咲くローズガーデン
アカオハーブ&ローズガーデン
テーマ別の庭園にオールドローズ、モダンローズ、イングリッシュローズまで多彩

幻の青いバラ

2004年、遺伝子組換え技術で純粋な青い色のバラが誕生した。もともと青いバラは“不可能”の代名詞にもなった夢の花。育種家の努力で青に近い色のバラは作られてきたが、バラそのものに青の色素がないため作出できなかったのだ。「アプローズ」と名づけられた青いバラの花言葉は“夢かなう”である。

サントリーブルーローズ
アプローズ

3 花巻温泉バラ園
（岩手県花巻市）
☎0198-37-2111

約450種6000株のバラの中には、当園で品種改良されたオリジナル品種や宮沢賢治が設計した日時計花壇も楽しめる。

4 神代植物公園バラ園
（東京都調布市）
☎042-483-2300

左右対称に設計された沈床式庭園。2009年、バラの老大株や原種のコレクションなどが評価され、「世界バラ会連合優秀庭園賞」受賞。

5 蓼科高原バラクライングリッシュガーデン（長野県茅野市）
☎0266-77-2019

ケイ山田のデザインと英国人専門家による本格的英国式庭園。オールドローズと四季折々の草花が調和した美しい庭が広がる。

6 花フェスタ記念公園（岐阜県可児市）☎0574-63-7373

原種から最新品種まで約7000種もの品種数は世界一で、国内外で有名。イングリッシュローズのコレクションは国内随一。

7 荒牧バラ公園
（兵庫県伊丹市）

南欧風の園内に、世界のバラ約250種1万本が植えられ、伊丹の育種家寺西菊雄のバラ「天津乙女」なども楽しめる。

8 RSKバラ園
（岡山県岡山市）
☎086-293-2121

約400種15000株のバラが植栽されている。周囲にハナショウブやアジサイなどさまざまな花が咲き誇る。

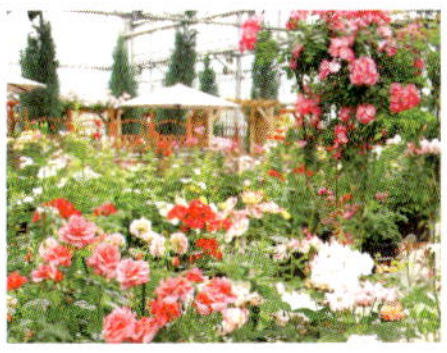

9 はな阿蘇美
（熊本県阿蘇市）
☎0967-23-6262

バラ園全体で350種3000株。屋外バラ園は、100種5000株のイングリッシュローズが中心。バラドーム温室では、世界各国のバラが見られる。

北半球に自生する原種、ワイルドローズ

バラは北半球に広く分布し、150〜200種もの野生の種類が存在するといわれる。中国南西部のチベットや雲南省、西アジアに多く、日本もバラの自生地。花弁が5枚なのが特徴的。日本原産の代表的なノイバラなどアジア圏のバラの原生種が中近東、西欧へと伝播し、品種改良に大きな役割を果たして、現代のバラへと至る。

ノイバラ

19世紀に生み出された四季咲きのバラ

Modern Rose

モダンローズ

1867年、育種家ギヨーによって誕生した「ラ・フランス」以降のバラをモダンローズと呼ぶ。四季咲き・剣弁高芯咲きの中国バラが大きな影響を与えた。香り、色、形質ともにより多彩なバラが次々と作り出された。

ラ・フランス

讃歌

2 河津バガテル公園（静岡県河津町）☎0558-34-2200

パリにあるバガテル公園を忠実に再現した「ローズガーデン」は、モダンローズを中心に約1100種6000株が植樹されている。フランスの庭園文化をも楽しめる、芸術性の高い公園。

雨に濡れて咲く アジサイの花

うっとうしい梅雨の時期に咲き、庭先に華やかさを演出するアジサイ。実は日本が原産の花で、万葉時代から自生していた。人気が出始めたのは、外国で品種改良されて多彩になったアジサイが輸入されてから。アジサイは近年になってようやく認められ始めた花なのだ。

生い立ちにナゾの多い日本原産の花

『万葉集』でアジサイが登場する歌は2首のみ。江戸時代になるまで、ほとんど和歌にも詠まれず、記録にもあまり残っていない花だ。むしろ「七変化」と表現される花の色の移り変わりが、“化物”の連想を呼んだり、無節操な花との印象となった。また、萼片が4枚で“死”に繋がることから武士に嫌われてもいた。離島では、ガクアジサイの葉が便所の落とし紙の代用に使われ、「クソシバ」などと呼ばれることすらあった。江戸時代の園芸文化隆盛の時でさえ、絵師酒井抱一のような一部の愛好家はいたものの、キクやボタンよりは不人気。現代のアジサイのような華やかさがなかったせいか、日本原産として約10種も自生していたにも関わらず、注目されていなかった。

日本でも世界でも近年、人気に

日本のアジサイに深く関心を寄せて評価したのは、日本人ではなくドイツ人医師・博物学者のシーボルト。ヨーロッパで紹介された日本のアジサイは、高い評価を受けた。さらに幕末から明治にかけて来日した外国人のプラントハンターによって、日本のアジサイが西洋で育種され、西洋アジサイが生み出された。日本でも人気が出始めたのは、花色の豊かな西洋アジサイが逆輸入され、さらに国内でも品種交配などで多彩なアジサイを見られるようになった近年から。今では各地の公園や寺が名所として親しまれている。

西洋アジサイのアナベル

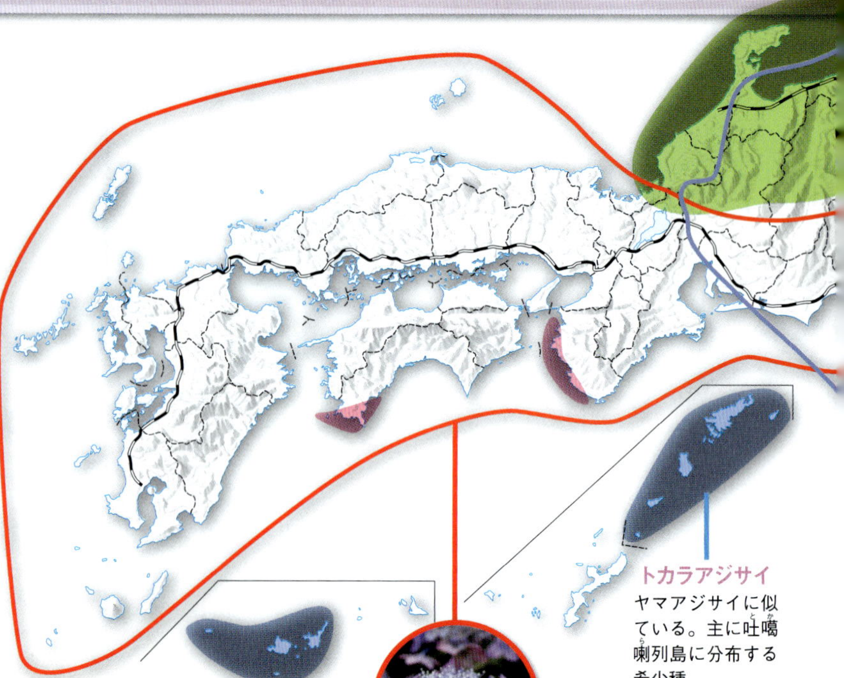

トカラアジサイ

ヤマアジサイに似ている。主に吐《と》噶《か》喇《ら》列島に分布する希少種。

ヤマアジサイ

関東から九州までの山地の林床や谷間などに分布する。別名サワアジサイ。

豆知識

花の色が変わるのはなぜ？

一般には「土壌が酸性ならば青、アルカリ性ならば赤」といわれるアジサイの花色の変化。ほかにも、花に含まれる色素や開花からの日数、地中のアルミニウムイオン量など、さまざまな要因が絡み赤や青、紫などと変化する。

甘茶はヤマアジサイからつくる

花祭りには、お釈迦様の仏像に甘茶をかける習わしがある。実はこの甘茶は、ヤマアジサイの変種「甘茶」からできている。若い葉を蒸して乾燥させ、それを煎じて作ったものなのだ。ただし生葉には毒性があり、過去には食中毒も発生している。

記号凡例
1 地図の周囲の記事で扱う名所
1 アジサイのおもな名所

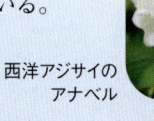

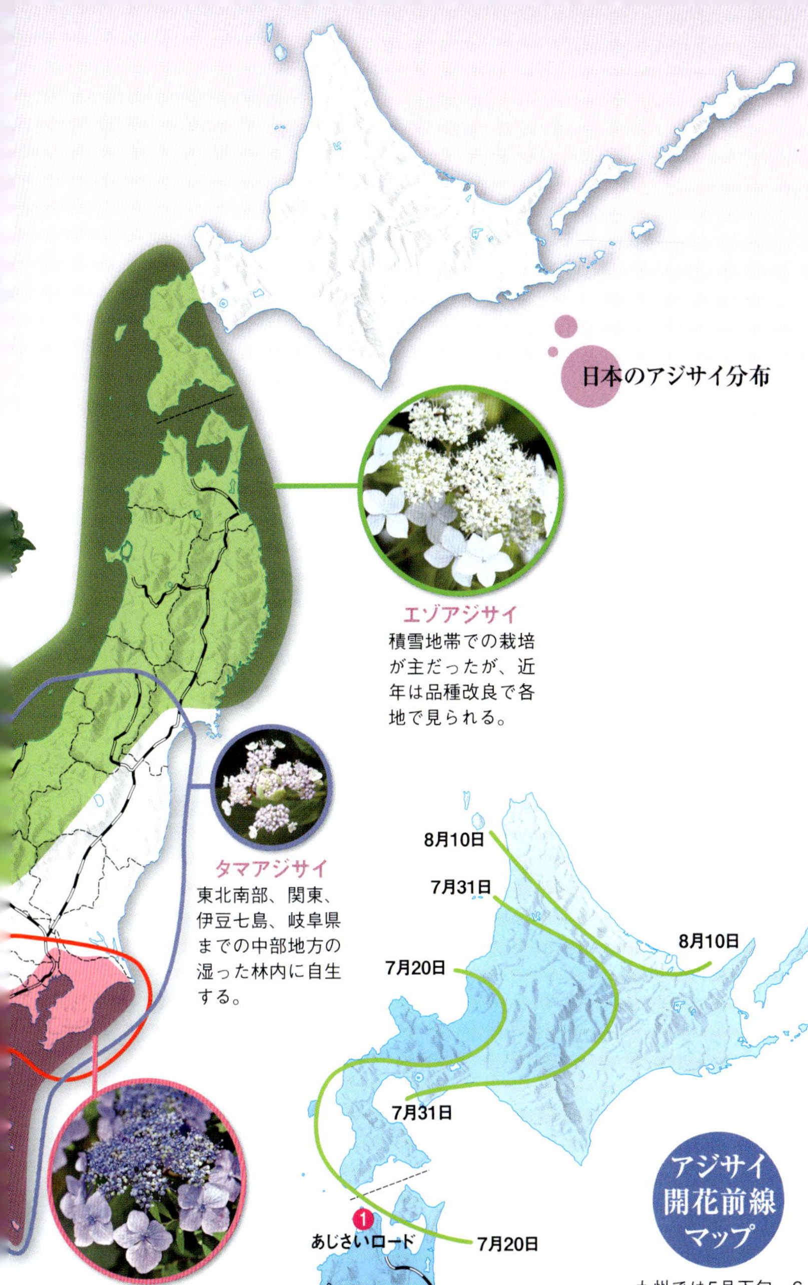
日本のアジサイ分布

エゾアジサイ
積雪地帯での栽培が主だったが、近年は品種改良で各地で見られる。

タマアジサイ
東北南部、関東、伊豆七島、岐阜県までの中部地方の湿った林内に自生する。

ガクアジサイ
アジサイの代表的系統。本州や四国の海岸線に沿って自生する。

8月10日
7月31日
8月10日
7月20日
7月31日
7月20日
1 あじさいロード
7月10日
7月10日
2 みちのくあじさい園
2 チャチャワールド いしこしあじさい園
6月30日
6月30日
6月20日
6月20日
東京サマーランド あじさい園 3
4 玉川上水
5
3
6 形原温泉・あじさいの里
6月10日
6月10日
5 下田公園
麻綿原高原
明月院
5月31日
4 八丈島

アジサイ開花前線マップ

九州では5月下旬〜6月初旬、関東以西の太平洋側では6月初旬、東北や中部の山間部では6月下旬、北海道では7月下旬に開花する。最低気温が17℃に達すると咲き出す地方が多い。

シーボルトとアジサイと牧野富太郎

シーボルトは日本で採取したアジサイの1品種に「オタクサ」という学名をつけて発表した。後にそれに遺憾の意を表したのが、植物学者の牧野富太郎。「日本の植物学の父」ともいわれる人物だ。彼は、日本に昔からあった"紫陽花"という漢名があったにも関わらず、女郎（シーボルトの妻お滝さん）の名前を学名に用いて花の神聖を汚すとは、と憤慨したという。植物学の権威と言われた牧野富太郎の謹厳な一面を表す有名なエピソードである。

シーボルト

全国のアジサイのおもな名所・名園

❶観音寺（京都府福知山市）　☎0773-27-1618
本尊の千手観音の霊力で眼病が治ったお礼にと、アジサイが植えられたのが始まり。現在では、約100種1万株ものアジサイが咲き誇る「丹波あじさい寺」として知られる。関西花の寺霊場第一番札所でもある。

❷みちのくあじさい園（岩手県一関市）
☎0191-28-2349
杉林の間を縫う散策路をアジサイ約300種3万株が約2kmにわたって彩る。造林業を営む個人が仕事場である杉山にも花を咲かせたいと造り上げた。東日本一の人気を誇るアジサイの名所。

アナベルの雪山

❸東京サマーランドあじさい園（東京都あきる野市）
☎042-558-6511
ファミリーパークエリアの丘陵地に位置し、約60種のアジサイを楽しめる。貴重な種が多く、とくに北米原産の純白のアナベルが山の斜面を埋め尽くす「アナベルの雪山」は壮観。

❹八丈島（東京都八丈町）
年間を通して雨の多い八丈島では、海沿いから山沿いにかけて至る所にガクアジサイが自生している。また、八丈富士中腹などには、タマアジサイの島嶼型であるラセイタタマアジサイも咲く。

❺下田公園（静岡県下田市）
下田港が一望できるこの地には、後北条氏が南伊豆防衛のために築城した下田城があった。ここに約15万株300万輪ものアジサイが咲き乱れる。6月にはあじさい祭も開催される。

❻春野町あじさい街道（高知県高知市）
「あじさいの町」と呼ばれる旧春野町は、アジサイが沿道に咲く用水路が多い。花好きの住人がアジサイを植えたのが1975年頃。今では街道沿いに約1万本、町内には合計約2万本が咲く。

秋風に揺れるコスモス

“うす紅の秋桜《コスモス》が秋の日の 何げない日だまりに…”と歌われるコスモス。
秋にあぜ道や土手、空き地や線路沿いに咲き乱れる。もとは帰化植物だが、
たおやかな姿と植物の性質が日本の風土に合い、瞬く間に全国に普及した。

明治にやってきた帰化植物

メキシコが原産のコスモスは、比較的栽培の歴史が浅く、18世紀末にスペインに送られて名付けられた。約20の野生種があるといわれる。日本には明治初期に上野の美術学校に招聘されたイタリア人彫刻家ラグーザが種を持参して、それが全国に広まったといわれる。日本で最もよく見られるのは「センセーション」という品種。コスモスの仲間には「キバナコスモス」、赤褐色の花が咲き甘い香りがする「チョコレートコスモス」がある。

土質を選ばない生命力の強い花

コスモスは日当り、水はけ、風通しがよければ痩せた土地でも生育するので育てやすい。強風などでなぎ倒されても回復するほどの強い生命力をもつ。そのため日本では、河原や休耕田、スキー場に植栽されて、観光資源として活用されることが多い。

日本で主に植えられている場所

休耕田　河川敷　高原・スキー場

1 くじゅう花公園（大分県竹田市）
秋桜祭　10月

100万本のコスモスが咲き、八重咲きの「ダブルクリック」も見られる。久住高原のコスモスウォーク、野菜市や球根のつかみ取りなどが開催される。

2 生駒高原（宮崎県小林市）
コスモスまつり　9〜10月

霧島連山と九州山地を背景に「イエローガーデン」などのコスモスとキバナコスモスが見られる。イベント「ナイトコスモス」のキャンドルライトアップが美しい。

3 翠波《すいは》高原（愛媛県四国中央市）
コスモス祭　8月

かつては乳牛の放牧場で、翠波峰の一帯に高原が広がる。早咲きコスモスが咲き、バザーや物産展などを開催。ほかの季節にはポピーやハギ、ナノハナも。

4 国営備北丘陵公園（広島県庄原市）
秋まつり　9〜10月

花の広場いっぱいに、早咲きから遅咲きまで100品種のコスモスや13品種のチョコレートコスモスが咲く。カフェやビッグバンド演奏などイベントが充実。

5 清住コスモス畑（兵庫県丹波市）
コスモスまつり　10月

約7haの休耕田を利用してさまざまなコスモスを栽培。「イエローキャンパス」や「シーシェルミックス」、「ピコティ」など田んぼごとに色分けされる。

6 国営木曽三川公園（愛知・岐阜・三重県）
秋の花物語　9〜11月

30万本のコスモスが大花壇を中心に咲く。祭り開催期間はハンドメイド市やステージイベント、体験、遊びのイベントが目白押し。

7 般若寺（奈良県奈良市）
コスモス花あかり　10月

コスモス約25種15万本が咲く飛鳥時代創建の「コスモス寺」。シーズンにはコンサートが開かれ、境内が行灯などに照らされて幻想的な雰囲気に包まれる。

7

8 となみ夢の平（富山県砺波市）
コスモスウォッチング　10月
☎0763-37-1575

スキー場のゲレンデに、100万本のコスモスが咲く、砺波平野の散居村風景を眺めながら散策できる。週末には飲食店が開く。

9

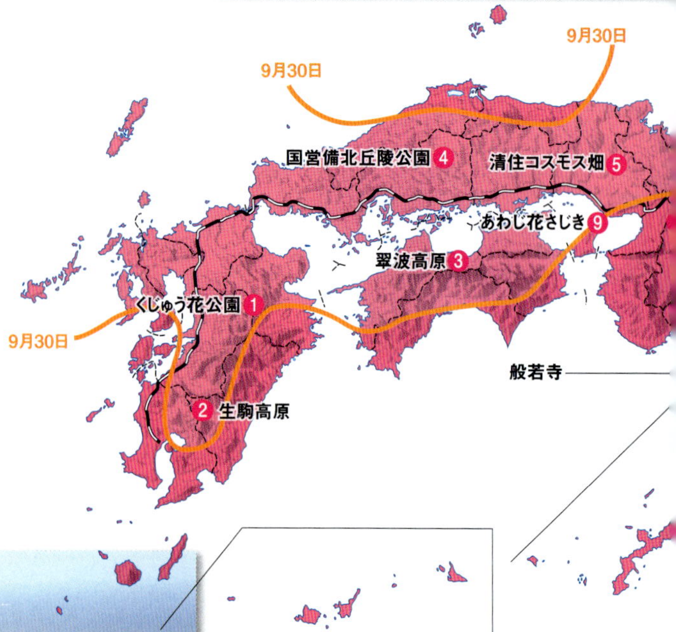

9 あわじ花さじき（兵庫県淡路市）
コスモスまつり　10〜11月　☎0799-74-6426

淡路島の丘陵地域にコスモス畑があり、約100万本が咲く。黄色のコスモスとサルビアのストライプ状の花園が見所。花摘みや花束づくりの体験ができる。

⑩ほおのき平コスモス園（岐阜県高山市）
飛騨乗鞍の里コスモスまつり　8〜9月

スキー場のゲレンデを利用し、4haに約800万本のコスモスが咲き乱れる。ゲーム大会や大道芸も楽しめ、バザーでは飛騨牛の串焼きを堪能できる。

⑪モヤヒルズ（青森県青森市）
雲谷高原コスモスまつり　9月

雲谷高原のスキー場を利用したコスモス畑。リフトから見るコスモスアートやコスモス迷路、体験教室やショーのほか、ソーラン祭りも同時開催。

⑫上戸川コスモス畑（茨城県潮来市）
農業感謝デー　10月

約6haの畑に１千万本のコスモスが咲き、一面がピンクに染まる。摘み取り自由で、地元産米のおにぎり・焼き芋の無料サービスや農産物の直売もある。

⑬荒川花街道（埼玉県鴻巣市）
コスモスフェスティバル　10月

秩父連山の山並みを背景に、コスモスアリーナ周辺の花畑と荒川堤防沿い約4.5kmに約1千万本のコスモスが咲く。特産品などの販売も。

⑭太陽の丘えんがる公園（北海道遠軽町）
コスモスフェスタ　9月　☎0158-42-0488

１千万本のコスモスが咲く10haの日本最大級のコスモス園。2003年より町民のボランティア活動に支えられてきた。キャラクターショー、大道芸や演奏など多彩なイベントを楽しめる。

⑮山中湖花の都公園（山梨県山中湖村）
秋の彩り　9〜11月　☎0555-62-5587

標高1000mの高原に約500万本のコスモスと約500万本のキバナコスモスが咲く。摘み取り体験や収穫フェアも実施。

日本から発信、世界初の黄色のコスモス

イエローキャンパス

近年よく見かける黄色のコスモス。実は、日本の玉川大学の育種学研究室が自然突然変異体の発見に続く交配実験により、30年以上の歳月をかけて作った品種「イエローガーデン」から始まっている。花の色としては、世界で初めての黄色のコスモスだった。現在は、さらに改良された「イエローキャンパス」が主流だ。

コスモス開花前線マップ

開花時期は、北海道で早く8月中旬に咲き始め、南下していく。関東以西の太平洋岸では最も遅く、9月末になってから。満開は開花してから10日ほど後である。

⑯旬花咲く 黒姫高原（長野県信濃町）
黒姫高原コスモス祭　9月　☎026-255-3171

黒姫山東山麓にあり、コスモスの花畑が広がる。ダリアも同時に見られ、パノラマリフトで100万本のコスモスをながめながら空中散歩も楽しめる。

⑰国営昭和記念公園（東京都立川市・昭島市）
昭和管理センター　☎042-528-1751

9月下旬から10月下旬にかけて丘一面にコスモスが咲く。「みんなの原っぱ」や「花の丘」で、ピンクや黄色の可憐なコスモスの花が園内を美しく彩る。

玉英

月ケ瀬梅林（奈良県奈良市）

名張川が流れる深い谷沿いの両岸に1万本以上もの梅が咲き薫る。古くからの景勝地で、富岡鉄斎や松尾芭蕉などの文人も愛した絶景が見られる。明治の頃までは、梅の実を烏梅《うばい》に加工して販売するための梅林だった。烏梅は若い梅の実を燻製にしたもので、主な販売先の京都では、紅花染めに必要な媒染剤に使われていた。

初春を告げる 梅園・梅林

春告草《はるつげぐさ》や好文木《こうぶんぼく》など雅な異名の多い梅。中国伝来の植物だ。日本各地には、食用や観賞用など用途に応じた名所・名園が多く、昔から日本の風土と人になじんできた。

日本の風土と美意識が中国原産の梅を身近にした

観梅や、梅干・梅酒に利用する実など、日本人にとって梅は身近な植物。万葉時代は“花”と言えば梅のことを指し、よく和歌の題材にとりあげられた。『万葉集』では梅を詠んだ歌の数はハギに次ぐ第2位である。しかし梅はもともと中国が原産地。中国では、食品や調味料、薬としての実用性を重視して、古くから栽培されていた。日本には7世紀頃に伝来し、10世紀に書かれた日本最古の医学書『医心方』にも効能が記されている。江戸時代には、将軍をはじめ武士や町人の間で園芸熱が高まり、徳川家康も梅花を好んだという。8代将軍吉宗の時代には、殖産品の奨励という幕府の政策で栽培がさかんになり、さまざまな品種が多く生み出された。

ことわざが伝える人の暮らしと梅

「梅田椎麦《うめたしいむぎ》」（梅が豊作なら米も豊作、シイの実が豊作なら麦も豊作）「朝の梅干は一日の難逃れ」。梅や梅干に関する日本のことわざは多い。実は食用になり、花の咲き具合はその地方の気候を読むのに役立つ。そのため農作物の実り具合を梅の花から判断したり、作物の種をまく時期の目安にしていた。今も農家の庭先や田畑のあぜ道などには古い梅の木が見られる。梅のことわざには、日本が農業国として培ってきた暮らしに基づく知恵がつまっているのだ。

太宰府天満宮（福岡県太宰府市）

☎092-922-8225

「東風吹かば匂ひおこせよ梅の花あるじなしとて春な忘れそ」と、京都で詠んだ菅原道真の後を梅が追い、一夜にして大宰府の菅公のもとに飛んで降り立った。ご神木はこの「飛梅伝説」で有名で、本殿の前で花を咲かせる。ちなみに、さだまさしの歌「飛梅」もこれが題材である。境内には他にも全国各地から天神様に捧げられた「献梅」が咲き、約200種の梅が見られる。

飛梅（色玉垣）

藤川天神の臥龍梅《がりゅうばい》（鹿児島県薩摩川内市）

臥龍梅は老木になると幹や枝が地を這い、そこから根を生じて龍が寝そべっている姿を思わせる品種。菅原道真を祀った藤川天神には、樹齢1000年といわれる約50本もの臥龍梅があり、国の天然記念物に指定されている。大宰府から逃れてきた菅原道真お手植えといわれる梅もある。

太宰府天満宮
1月31日
牛尾梅林
梅野
1月31日
藤川天神の臥龍梅
1月31日

臥龍梅

烈公梅

偕楽園(茨城県水戸市)

☎029-244-5454

1842年、千波湖に臨む高台に水戸藩の徳川斉昭が「民と偕《とも》に楽しむ園」として開いた。本園の西側の杉や竹林は陰の世界を、北東の梅林が陽の世界を現すという。梅の異名にちなんだ好文亭は斉昭自らが設計したもので、訪れた俳人正岡子規は、ここからの景色を「崖急に梅ことごとく斜めなり」と表現した。

南部《みなべ》梅林(和歌山県みなべ町)

丘陵地帯に広がる日本最大の梅林で、白い雲を敷き詰めたような白梅の光景は見事。みなべ町は梅の実の生産量日本一を誇り、役場には「うめ課」も置かれているほど。江戸時代、紀州田辺藩が耕地に恵まれない農民のために梅の栽培を奨励したことが起源。

南高梅

梅 開花前線マップ

梅の開花は1月中旬に沖縄から始まって北上する。北海道では4月下旬〜5月にかけて咲くが、梅の北限は東北北部なので、北海道南部の一部を除いてあまり見かけることはない。開花から満開になるまで、関東以西では15〜20日前後で、北へ行くほど短くなる傾向にある。

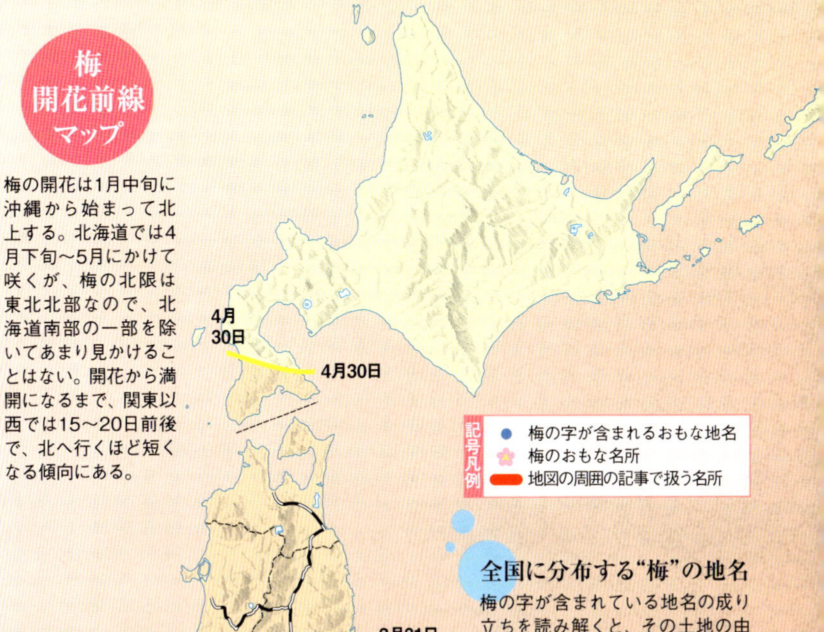

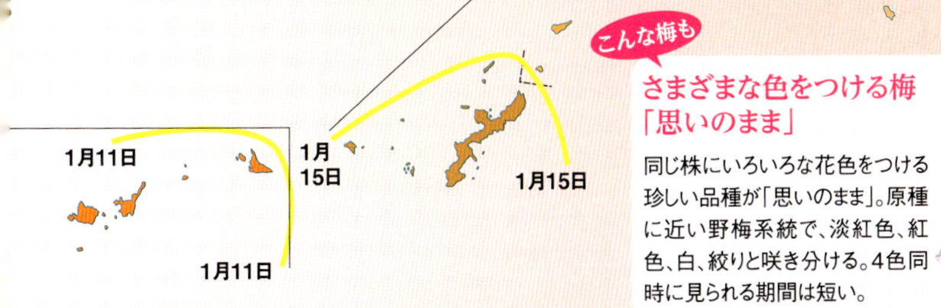
4月30日
4月30日
記号凡例
梅の字が含まれるおもな地名
梅のおもな名所
地図の周囲の記事で扱う名所
3月31日
湯田川温泉梅林公園
3月31日
2月28日
梅の宮
2月28日
梅本町(現:大手町)
箕郷梅林
1月31日
1月31日
1月31日
信州伊那梅苑
越生梅林
偕楽園
西田梅林
梅園
梅ヶ原
青梅
綾部山梅林
東行庵
梅井
曽我梅林
紅梅町
月ケ瀬梅林
熱海梅園
七折梅園
1月31日
1月31日
土佐山嫁石の梅
南部梅林
1月31日
1月11日
1月15日
1月15日
1月11日

全国に分布する“梅”の地名

梅の字が含まれている地名の成り立ちを読み解くと、その土地の由来が分かることがある。例えば、紅梅町(大阪市)は、天満天神社の門前町的な性格を持っていたため菅原道真が好んだ梅にちなんでつけられた。梅本町(現金沢市大手町)は、加賀藩士の屋敷地の一部で、その紋所にちなんでいる。青梅(青梅市)の地名は、平将門が願掛けをした梅の木が繁茂して、熟した梅が青々としていたことに由来するといわれる。

家紋にも多く使われた梅花の紋

「松竹梅」というように、吉祥の文様として親しまれる梅。実は桜紋より梅紋の数の方が多く、家紋だけでも120もの数がある。枝先にむかって次々と代を重ねるように花を開く様が、家の繁栄と重ね合わされたためだ。梅花の家紋の起源は、天神信仰から。菅原道真が梅を愛していたことにちなみ、神紋となった。室町時代になると梅の紋を使う武家が現れ、江戸時代には菅原道真の子孫と称した前田氏などの大名も梅紋を採用。梅の品種「白加賀」は、加賀前田家の家紋と結びつけて名付けられたという話もある。

前田家「加賀梅鉢」

北野天満宮「星梅鉢」

こんな梅も

さまざまな色をつける梅「思いのまま」

同じ株にいろいろな花色をつける珍しい品種が「思いのまま」。原種に近い野梅系統で、淡紅色、紅色、白、絞りと咲き分ける。4色同時に見られる期間は短い。

人々のこころを癒す

野に咲く花々

田畑のあぜ道、里山の林床や草地など、私たちの生活にとけこんでいる風景の中には、目立つことはなくとも健気に咲く花々がある。それらの姿は、いつも日本人のこころに懐かしさと安らぎを呼び起こしてくれる。

片栗 カタクリ【3~5月】

木漏れ日に優しく微笑む春の妖精

寿命は20年以上もあるが、花が咲くまで7~8年もの歳月がかかり、さらにそこまで成長できるのはわずか。初夏には、地下茎を残して葉などの地上部分は枯れてしまう。その様が儚く可憐なイメージを思わせ、「春の妖精」と呼ばれる。かつてカタクリ粉はこの球根から作られていたが、現在はジャガイモで代用されている。

かがり火のような形の花が開く時

早春の太陽の光を受けて開花するカタクリ。気温が10℃をこえると開き始め、17~20℃以上で満開。雪や雨などの寒い日には花を閉じて下を向いてしまう。

蓮華草 レンゲソウ【3~6月】

田畑に喜びをもたらす春の風物詩

「ゲンゲ」「レンゲ」とも呼ばれ、中国から渡来したマメ科の越年草。春、秋に種をまかれたレンゲソウが田んぼ一面に咲く。レンゲソウの根には、ところどころに根粒菌が共生する塊があり、窒素分が豊富に貯えられている。そこでレンゲソウを緑肥として田植え前の田んぼにすきこむことが行われた。家畜の飼料としても優れている。

昔の遊びになりつつある花輪

小さな頃に野原で遊んだ経験がある人には、レンゲソウは身近な植物。シロツメクサのように茎が長いため編んでつなげやすく、腕輪や花輪を作って楽しむ。

香嵐渓／豊田市
嵯峨野広沢池／京都市
備中国分寺付近／総社市
仁賀町／竹原市
向原町のカタクリ／安芸高田市
塩江町／香川県高松市
矢勝川堤／半田市
つづら棚田／うきは市
福寿草の里 南大王／大豊町
番所の棚田／山鹿市
四万十川の菜の花／四万十市
吉野川の菜の花／吉野川市
大峯奥駈道／天川村
飛鳥／明日香村
吉野公園／鹿児島市
池田湖／指宿市

福寿草 フクジュソウ【1~4月】

雪解けの季節に新年を祝うように咲く

雪を割って芽を出し、雪解けをまって黄金の花を咲かせるフクジュソウ。昔から松竹梅とともに正月の床飾りなどに使って一年の幸福と長寿を祝った。寒さに強いキンポウゲ科で、古くから日本に自生していた。愛好されるようになったのは江戸時代からといわれ、当時は多くの園芸品種が作られたが散逸して、残るものは少ない。

薬にも毒にもなる福寿草

フクジュソウの地下茎やひげ根は、福寿草根という生薬になる。強心剤などに利用されるが、有毒成分も強いため、素人が利用するのは危険。

記号凡例
野に咲く花の主な名所
カタクリ
フクジュソウ
レンゲ
ナノハナ
ヒガンバナ
スミレ
男山自然公園／旭川市
ポロト湖／白老町
横浜町の菜の花畑／横浜町
大間越福寿草公園／深浦町
八津・鎌足かたくり群生地／仙北市
姫川源流自然探勝園／白馬村
菜の花公園／飯山市
坂戸山のカタクリ群生地／南魚沼市
木馬瀬の福寿草自生地／安中市
城山公園／茂木町
万葉自然公園かたくりの里／佐野市
高尾山／八王子市
巾着田／日高市
向島百花園／墨田区
大多喜町
マザー牧場／富津市
城山かたくりの里／相模原市
日向薬師／伊勢原市
三ツ峠山／西桂町

彼岸花 ヒガンバナ【9~10月】

人の暮らしを陰から支えてきた花

中国から渡ってきた多年草。日本では、湿り気のある川岸や田のあぜ道でよく見られる。有毒だが、鱗茎のデンプンを飢饉の際の非常食とする救荒作物として植えられていた。また、あぜや堤防の地固めとしても利用された。日本のヒガンバナは普通は種子ができないため、繁殖には鱗茎の植え替えや土ごと運ぶなどの人の手がかかる。

場所や場面で呼び名が異なる

ヒガンバナは、一説では1000もの方言名をもつ。「曼珠沙華」「シビトバナ」「クスリグサ」「ハミズハナミズ」などの呼び名があり、お供え用や薬用、食用、花色や形など、その土地での用途やイメージに由来している。地方ごとのこの花の歴史や特徴を探るのもおもしろい。

林床や草地、あぜ道などに咲く花

里山をはじめ、身近な野や山に生息する花はとても多彩だ。落葉樹の林には、カタクリなどの適度な日当たりを好む植物が見られる。田畑や人家の周り、川べりなどには、開けた場所を好むナデシコやスミレ、タンポポ、ナノハナが咲く。村落や林、里山など、それぞれの環境を好む野の花は、いつも人がいる風景の中に可憐な姿を見せている。

冬
秋
夏
春

里山の四季のイメージ

ナデシコ

撫でるようにかわいい花という意味で名付けられた。草地などに自生し、夏から秋に開花する。女子サッカー日本代表の愛称としても有名。

スミレ

横から見た花の形が、大工道具の墨入れを思わせるため名づけられた。日本はスミレ王国で、約60種も自生する。

ナノハナ

食用ではアブラナやナタネ、花をナノハナやハナナなどと呼ぶ。ナノハナが咲く頃に降る雨を「菜種梅雨《なたねづゆ》」という。

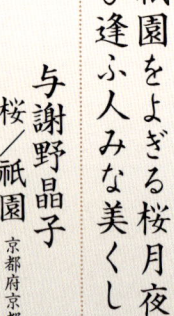

日本の文学と花

古来より日本人は、美しい花のある情景に感応する心を育んできた。
文学や思想が花を題材に語られることも少なくなかったのである。
近代文学や俳句・短歌の代表的な作品に見える花とその舞台を訪ねてみたい。

谷崎潤一郎『細雪《ささめゆき》』1943年

桜／平安神宮　京都府京都市
☎075-761-0221

…あの、神門を這入って大極殿を正面に見、西の廻廊から神苑に第一歩を踏み入れた所にある数株の紅枝垂、（中略）忽ち夕空にひろがってゐる紅の雲を仰ぎ見ると、皆が一様に、「あー」と、感嘆の声を放った。　『細雪』

初期の官能的な美を追求した作品から、後年はしだいに日本の伝統的な美の世界を描くようになった谷崎潤一郎。『細雪』は主に阪神を舞台にしているが、京都・平安神宮の神苑に咲く八重《やえ》紅《べに》枝垂《しだれ》桜が印象的に表現されている。

漂泊の歌人・松尾芭蕉

花の歌人として名を馳せた西行の生きざまに共感し、西行の足跡を追うように旅をした松尾芭蕉。東北、北陸の各地を旅した俳諧紀行『奥の細道』には、西行のことや旅の情景、風土が詠まれている。「象潟や雨に西施がねぶの花」など花を詠みこんだ句もあり、それをなぞるのも旅の醍醐味の一つである。

宇野千代『薄墨の桜』1975年

桜／淡墨桜　岐阜県本巣市

根尾谷淡墨ザクラ

枝はのびのびと拡がっていました。どの小枝のさきにもぎっしりと、薄墨色の花がもぶれついて、二反歩の空間を埋め尽している壮観は、美事でした。　『薄墨の桜』

女流作家の活躍が目覚ましかった昭和30年代、小説家のほかに着物デザイナー、実業家などの顔をもっていた宇野千代。小林秀雄から淡墨《うすずみ》桜のことを聞き『薄墨の桜』を上梓した。荒れかけていた淡墨桜の状態を憂い、再生に尽力した。

清水へ祇園をよぎる桜月夜
こよひ逢ふ人みな美くしき
与謝野晶子
桜／祇園　京都府京都市

明治前半、封建的な旧道徳を否定して青春の愛と官能を奔放に歌い、一世を風靡した歌人与謝野晶子。洋画家藤島武二の装丁画も美しい歌集『みだれ髪』に収められた本歌は、後に夫となる与謝野鉄幹に恋をしていた時のもの。

宇野千代『薄墨の桜』／淡墨桜（岐阜県本巣市）
谷崎潤一郎『細雪』／平安神宮（京都府京都市）
葛の花踏みしだかれて色あたらし。この山道を行きし人あり
釈迢空／壱岐（長崎県壱岐市）
与謝野晶子／祇園（京都府京都市）
井上靖『天平の甍』
東大寺（奈良県奈良市）
つつじ咲く母の暮しに加はりし
中村汀女／江津湖（熊本県熊本市）

白き華しろくかがやき赤き華
赤き光を放ちゐるところ

斎藤茂吉

ハス／宝泉寺

山形県上山市
☎023-672-4232

医者であり歌人であった斎藤茂吉は、歌誌「アララギ」の中心的存在として近代短歌を確立した。生命力を讃える写生理論「実相観入」を説き、広く影響を与えた。第一歌集『赤光』の本歌は、幼い頃に山形の生家の近くにあった宝泉寺で見た『地獄極楽図』を詠んだもの。茂吉は、故郷を深く愛し秀歌を多く残した。

鶏頭の十四五本もありぬべし

正岡子規

ケイトウ／子規庵

東京都台東区
☎03-3876-8218

糸瓜咲て痰のつまりし佛かな
痰一斗糸瓜の水も間にあはず
をとひのへちまの水も取らざりき
『絶筆三句』

明治20年代、正岡子規は、自然をありのままに詠む「写生」の説を立て、俳句の革新に努めた。やがて病に臥したが、子規はユウガオやヘチマなどさまざまな花を庭に植えていた。なかでもケイトウは毎年植えたほど好きだったという。ヘチマを詠んだ絶筆三句も有名。

潮かをる北の浜辺の砂山の
かの浜薔薇《ハマナス》よ今年も咲けるや
石川啄木／大森浜（北海道函館市）
記号凡例
小説
短歌
俳句
奥の細道ルート
川端康成『雪国』
湯沢温泉（新潟県湯沢町）
象潟や雨に西施がねぶの花
松尾芭蕉（秋田県にかほ市）
斎藤茂吉／宝泉寺（山形県上山市）
正岡子規／子規庵（東京都台東区）
葛飾や桃のまがきも水田べり
水原秋櫻子／
葛飾（東京都葛飾区）
中村草田男／犬吠埼（千葉県銚子市）
うすべにに葉はいち早く萌えいでて
咲かむとすなり山桜花
若山牧水／湯ケ島温泉（静岡県伊豆市）
太宰治『富嶽百景』／
富士山麓の御坂峠
（山梨県富士河口湖町）

蒲公英のかたさや海の日も一輪

中村草田男

タンポポ／犬吠埼

千葉県銚子市

正岡子規、高浜虚子と続く近代俳句の流れの中で、生活や思想を詠みこむ「人間探求派」と呼ばれた中村草田男は、戦後の俳壇の指導者として活躍した。『火の島』所収の本句は、犬吠埼の寒風強風に身を縮こまらせて耐えるように咲くタンポポを詠ったもの。

太宰治『富嶽百景』1939年

月見草（実際はマツヨイグサ）／富士山麓の御坂峠 山梨県富士河口湖町

太宰治は、辛辣な自己否定を重ねる筆致でその魂を告白した作品が特徴。『富嶽百景』は、彼の作家人生の転換期の作品。御坂峠の天下茶屋に滞在していた師・井伏鱒二を頼った時の体験を題材とし、富士山と月見草の描写で知られる。

三七七八メートルの富士の山とりっぱに相対峙し、みじんもゆるがず、なんというのか、金剛力草とでも言いたいくらい、けなげにすっくと立っていたあの月見草は、よかった。富士には、月見草がよく似合う。
『富嶽百景』

太宰治　井伏鱒二

歌いつがれる日本の情景

花の音楽

全国各地に四季の花が咲き誇る日本は、まさに花の列島。長く歌いつがれる名曲には、日本人の心に訴えかけてくる花の景色がさまざまに織り込まれている。

夏

『この道』 北原白秋（作詞） 山田耕筰（作曲）

文部省唱歌 日本の歌百選

札幌の時計台とニセアカシアの並木道

北原白秋は、大正14（1925）年に立ち寄った札幌の風景に故郷・柳川の思い出を織りまぜて詩をつくったという。歌詞にあるアカシアはニセアカシアのこと。生命力が強く明治時代から街路樹に使われることが多い。

この道はいつか来た道
ああ そうだよ
あかしやの花が咲いてる

あの丘はいつか見た丘
ああ そうだよ
ほら 白い時計台だよ

この道はいつか来た道
ああ そうだよ
お母さまと馬車で行ったよ

あの雲もいつか見た雲
ああ そうだよ
山査子の枝も垂れてる

春

『春の小川』 高野辰之（作詞） 岡野貞一（作曲）

文部省唱歌 日本の歌百選

文部省唱歌とは、明治から昭和にかけて音楽の教科書に載せられた唱歌。
日本の歌百選は、2006年に文化庁と日本PTA全国協議会が一般から募集して選定した愛唱歌。

春の小川は、さらさら行くよ。
岸のすみれや、れんげの花に、
すがたやさしく、色うつくしく
咲けよ咲けよと、ささやきながら。

春の小川は、さらさら行くよ。
えびやめだかや、小ぶなのむれに、
今日も一日ひなたでおよぎ、
遊べ遊べと、ささやきながら。

レンゲ

幾筋もの小川に花々が咲き東京郊外に春の訪れを告げた

作詞者の高野辰之は現在の渋谷区代々木に住んでいた。この歌のモデルは、付近を流れる河骨川《こうほね》の春の情景であるといわれている。今では都市化により、東京で自然な姿の小川を見ることはほとんどなくなった。河骨川も暗渠《あんきょ》化されている。

コウホネ

『春の小川』歌碑

高野辰之は国文学者であった。歌ができた大正元（1912）年当時、河骨川は清らかな清流でコウホネが黄色い可愛らしい花を咲かせていたという。

『からたちの花』

北原白秋（作詞） 山田耕筰（作曲）

文部省唱歌 日本の歌百選

山田耕筰少年の涙を見守ったからたちの生垣

山田耕筰の生家は貧しく、幼くして寄宿制の施設に入れられ、活版工場で働かされた。つらいとき、山田少年は近くのカラタチの生垣に向かって泣いたという。カラタチは鋭いとげを持つので、生垣によく使われた。

からたちの花が咲いたよ。
白い白い花が咲いたよ。

からたちのとげはいたいよ。
青い青い針のとげだよ。

からたちは畑の垣根よ。
いつもいつもとほる道だよ。

からたちも秋はみのるよ。
まろいまろい金のたまだよ。

からたちのそばで泣いたよ。
みんなみんなやさしかつたよ。

からたちの花が咲いたよ。
白い白い花が咲いたよ。

忘れがたき日本唱歌の偉人

北原白秋
（1885–1942）

詩人・北原白秋は、福岡県柳川出身。雑誌『詩と音楽』を共に創刊した山田耕筰とのコンビで数々の童謡の傑作を世に送り出した。日本唱歌史における偉人。

山田耕筰
（1886–1965）

東京都文京区出身。日本初の管弦楽団をつくるなど日本の音楽界に大きな足跡を残した作曲家。童謡作品には日本語の自然な抑揚を生かしたものが多い。

越前岬
唄／美空ひばり、
花／スイセン
この道
花／ニセアカシア
サンザシ
大阪
柳川
大分
豊後水道
唄／川中美幸、花／ツバキ
長崎
竹田
こいさんのラブ・コール
唄／フランク永井、
花／ユリ
長崎物語
唄／由利あけみ、
花／マンジュシャゲ
荒城の月
曲／瀧廉太郎
花／サクラ
沖縄
芭蕉布
唄／夏川りみ、
花／バショウ
島唄
唄／THE BOOM、花／デイゴ

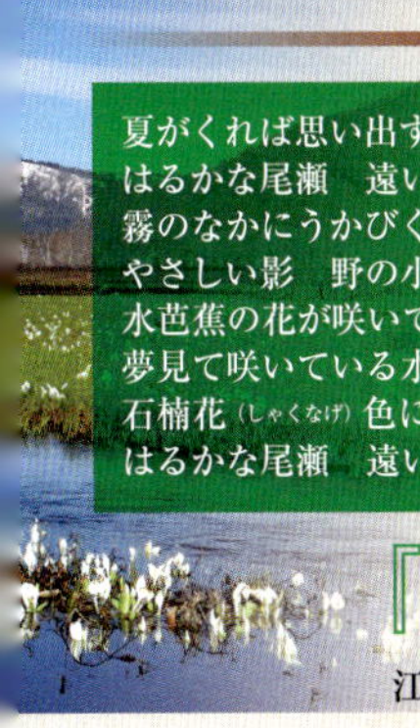

夏がくれば思い出す
はるかな尾瀬　遠い空
霧のなかにうかびくる
やさしい影　野の小径（こみち）
水芭蕉の花が咲いている
夢見て咲いている水のほとり
石楠花（しゃくなげ）色にたそがれる
はるかな尾瀬　遠い空

夏がくれば思い出す
はるかな尾瀬　野の旅よ
花のなかにそよそよと
ゆれゆれる浮き島よ
水芭蕉の花が匂っている
夢みて匂っている水のほとり
まなこつぶればなつかしい
はるかな尾瀬　遠い空

『夏の思い出』

江間章子（作詞）　中田喜直（作曲）

日本の歌百選

尾瀬のシンボル・ミズバショウが旅情を誘う

合唱曲としても親しまれている名曲。昭和24（1949）年NHKの『ラジオ歌謡』で放送されるや、たちまち人気となった。また、高原の観光地としての尾瀬も、この歌により広く知られるようになった。

ミズバショウ

秋

『紅葉《もみじ》』

高野辰之（作詞）
岡野貞一（作曲）

日本の歌百選

鮮やかに色づいた碓氷峠の紅葉から生まれた歌

作詞者・高野辰之は、郷里・長野県と東京の往復に幾度も信越本線を使った。この歌は碓氷峠にあった熊ノ平駅付近の紅葉を詠んだものといわれている。高野は同じく小学校唱歌の編纂委員であった作曲家・岡野貞一とのコンビで、「故郷《ふるさと》」「朧月夜」「春が来た」など多くの作品を遺している。

秋の夕日に　照る山紅葉（もみじ）
濃いも薄いも　数ある中に
松をいろどる　楓や蔦は
山のふもとの　裾模様

渓（たに）の流れに　散り浮く紅葉
波に揺られて　離れて寄って
赤や黄色の　色さまざまに
水の上にも　織る錦

『秋桜《コスモス》』

さだまさし（作詞）
さだまさし（作曲）

日本の歌百選

母娘の喜憂な情景に寄り添う薄紅の花

外来種ながら日本のどこででも見られるコスモス。秋桜《あきざくら》は、その和名である。結婚式を翌日に控えた母娘の喜びとせつなさが合い混じる心情をさだまさしが見事に表現した。この日本的な主題を、昭和52（1977）年当時18歳の山口百恵が歌って大ヒットとなった。

うす紅の秋桜が秋の日の
何げない日だまりに揺れている
この頃涙もろくなった母が
庭先でひとつ咳をする
縁側でアルバムを開いては
私の幼い日の思い出を
何度も同じ話くりかえす
独り言みたいに小さな声で
こんな小春日和の穏やかな日は
あなたの優しさがしみてくる
明日嫁ぐ私に苦労はしても
笑い話に時が変えるよ心配いらないと笑った

あれこれと思い出をたどったら
いつの日もひとりではなかったと
今更ながらわがままな私に唇かんでいます
明日への荷造りに手を借りて
しばらくは楽しげにいたけれど
突然涙こぼし元気でと
何度も何度もくりかえす母
ありがとうの言葉をかみしめながら
生きてみます私なりに
こんな小春日和の穏やかな日は
もう少しあなたの子供でいさせてください

記号凡例
春の花の歌
夏の花の歌
秋の花の歌
冬の花の歌
知床旅情
唄／森繁久彌、
花／ハマナス
知床半島
札幌
この道
花／ニセアカシア
サンザシ
黒百合の歌
唄／織井茂子、花／クロユリ
津軽
青森
リンゴ追分
唄／美空ひばり、
花／リンゴ
前略 ふるさと様
唄／吉幾三、花／スミレ
ひばりの佐渡情話
唄／美空ひばり、花／ユリ
佐渡
寒椿
唄／大川栄策、花／ツバキ
新潟
高原列車は行く
唄／岡本敦郎、花／ヤマユリ
猪苗代
あざみの歌
花／アザミ
夏の思い出
花／ミズバショウ
尾瀬
碓氷峠
紅葉
花／カエデ、ツタ
八島ヶ原湿原
南牧
たきび
花／サザンカ
からたちの花
花／カラタチ
河骨川
国府津
花
曲／瀧廉太郎
花／サクラ
大島
春の小川
花／スミレ、レンゲ
秋桜
花／コスモス
コスモスの名所「くりはま 花の国」にちなみ、京浜急行電鉄「京急久里浜」駅の駅メロディに使われている。
アンコ椿は恋の花
唄／都はるみ、花／ツバキ
みかんの花咲く丘
唄／川田正子、花／ミカン
北国の春
唄／千昌夫、花／コブシ

冬

『たきび』

巽聖歌（作詞）
渡辺茂（作曲）

日本の歌百選

木枯らし吹く関東に咲くサザンカの花

太平洋戦争開戦の年である昭和16（1941）年発表。巽聖歌は当時住んでいた中野区上高田の民家の風景を題材に、詞を書いたという。サザンカの花や落ち葉焚きにほっとする子どもたちなど、乾燥した北風が吹く関東平野の冬の情景が詠い込まれた冬の唱歌の代表曲である。

かきねの　かきねの　まがりかど
たきびだ　たきびだ　おちばたき
「あたろうか」「あたろうよ」
きたかぜぴいぷう　ふいている

さざんか　さざんか　さいたみち
たきびだ　たきびだ　おちばたき
「あたろうか」「あたろうよ」
しもやけ　おててが　もうかゆい

こがらし　こがらし　さむいみち
たきびだ　たきびだ　おちばたき
「あたろうか」「あたろうよ」
そうだん　しながら　あるいてく

北海道《ほっかいどう》

【道北・道東】

道花「ハマナス」

比較的気温の低い海辺の砂丘で生育するため北海道ではポピュラー。北方の地になるほど花の色が赤みを増す。アイヌの人々の間では薬用に利用された。

夏と冬の温度差が大きく、湿潤な気候の北海道。温帯にある本州とは異なり、亜寒帯（冷帯）にあるため低地でも多様な高山植物が見られ、人の手が加わっていない森林や湿原など多種多様な植生が見られる。ほかにも広大な花畑など、北海道ならではの風景が広がる。

レブンアツモリソウ

【高山植物《コウザンショクブツ》】

貴重な高山植物に出会える花の浮島
礼文島【5~8月】(A1)

本州では2000m級の高山でしか見られない北方系の高山植物が平地でも見られ、「花の浮島」と呼ばれる。島名を冠したレブンアツモリソウやレブンウスユキソウなどの貴重な固有種が多い。

【紅葉《コウヨウ》】

鮮烈な紅葉は北海道ならでは
大雪山国立公園【9月】(C3)

道内最高峰の旭岳を含む日本最大の国立公園。標高2000m前後でも本州の3000m級の気温に匹敵する高山環境であり、日本の紅葉前線は大雪山から始まる。なかでも層雲峡や銀泉台、大雪高原の紅葉は絶景。

【芝桜《シバザクラ》】

「みかん箱一杯」の苗から始まったシバザクラの群生

滝上公園【5～6月】(C2)

日本最大級10万㎡のシバザクラの大群落。もとは桜の名所だったが、1954年の台風によって壊滅状態になったため、耐性の強いシバザクラが植えられた。大空町の「ひがしもこと芝桜公園」とともに、シバザクラの名所として名高い。

【浜茄子《ハマナス》】

天然のハマナス、エゾスカシユリが咲き誇る

小清水原生花園【4月下旬～10月】(D3)

☎0152-63-4187

濤沸《とうふつ》湖とオホーツク海の間に伸びる全長約8kmの細長い砂丘に、クロユリやエゾスカシユリなど約40種類の野生の花々が咲く。5～10月にかけてはJR釧網本線の臨時停車駅「原生花園」駅も開かれる。

花と緑の歳時記

5月上旬～6月上旬
かみゆうべつチューリップフェア
(かみゆうべつチューリップ公園 C2)

6月上旬 アツモリ感謝祭(礼文島 A1)

7月中旬 イリス・フェスタ・インめむろ
(芽室公園花菖蒲園 C4)

9月 太陽の丘コスモスフェスタ
(太陽の丘えんがる公園 C2)

9月中旬 能取湖さんご草祭り(D2)
はな・てんとまつり(D3)

雄大な湿原を可憐に彩る花々

霧多布湿原【7月】(E3)

国内3番目の広さをもつ湿原。花の種類が豊富で密度が高く、「花の湿原」と呼ばれる。7月にはエゾカンゾウが湿原一面を彩る。低層湿原から高層湿原まで湿原形成の段階が見られる貴重な場所でもある。

【蝦夷萱草《エゾカンゾウ》】

ファーム富田

富良野地方とラベンダー

ラベンダーといえば北海道富良野地方。栽培に適した北海道の気候が、多くのラベンダー畑を育んでいる。そこには、ラベンダー栽培の衰退の危機を乗りこえた歴史があり、その上で現在の美しい風景が広がっている。

見頃：6～8月

ファーム富田

香料から観賞用に転換して残った富良野地方のラベンダー畑

1937年、香料メーカーの曽田香料が、フランスから化粧品の原料としてラベンダーの種を入手。日本各地で試験栽培が行われ、北海道の冷涼で乾燥した気候が生育に適していると分かった。1940年には札幌の農場でラベンダーを栽培し、日本で初めて蒸留によるラベンダーオイルの抽出に成功。やがて富良野地方でも栽培が始まり、1970年には、富良野地方で約250戸もの農家が栽培していた。しかし安価な香料が輸入されるようになると、多くの農家がラベンダー栽培をやめていってしまう。1976年、国鉄（現在のJR）のカレンダーでファーム富田の美しいラベンダー畑が紹介されて観賞用としての需要が高まると、テレビドラマ『北の国から』の舞台となったこともあり、多くの人が訪れる観光名所へと変わっていったのである。

ラベンダー栽培に適した地域

南フランスなど地中海沿岸地域が原産。現在では品種改良により世界のさまざまな地域で栽培されている。多くは南北緯度40～45度の範囲内にある。

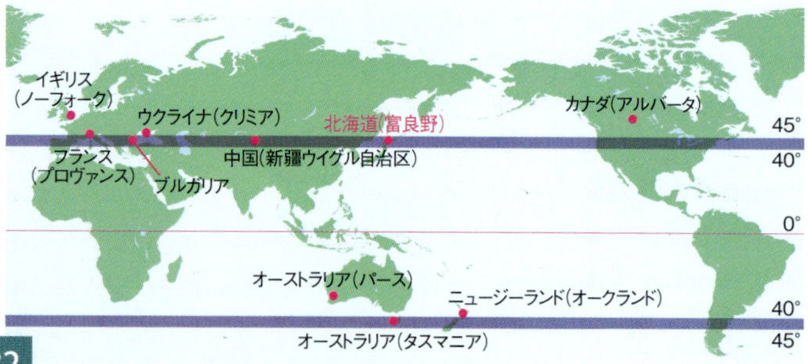

“ハーブの女王”と呼ばれるラベンダー

最も代表的なハーブであり、昔から神経を鎮静する効能があるといわれる。古代ギリシャ・ローマ人はラベンダーを入浴や洗濯に利用するなど生活に幅広くとりいれていた。現在もハーブティーやアロマセラピー、観賞用など多岐に利用されている。ヨーロッパ各地でさかんに品種改良されたため、富良野地方で見られる品種よりも多彩なラベンダーがあり、産地によって抽出されるオイルの香りも異なる。富良野地方でよく見られる品種は、イングリッシュラベンダーと呼ばれる系統のもの。

ラベンダーのさまざまな使われ方

花だけでなく茎や葉などすべてに芳香成分を含む。リラックス効果から殺菌・消毒、鎮痛作用、虫除けなど多様な効能を活かし、さまざまな用途に利用されている。

ドライフラワー

ハーブティー

ラベンダーオイル

ポプリ

石けん

香水

花人街道《はなびとかいどう》237のラベンダー畑

ファーム富田（北海道中富良野町）☎0167-39-3939

中富良野町にあり、1958年にラベンダー農家として始まる。歴史や規模など名実ともに富良野地方の代表格で、2008年にさらに新たなラベンダー畑もオープン。自家製のラベンダーオイルなど、ラベンダーを使ったさまざまな商品を開発販売している。

展望花畑 四季彩の丘（北海道美瑛町）☎0166-95-2758

美瑛町に15haもの広さを有し、数十種類の草花が咲き乱れる花畑。整然とライン状に植えられた花は、ラベンダーを中心にカラフルなじゅうたんのように見える。旭岳を背景にした眺望は絶景。

ふらのワインハウスラベンダー園（北海道富良野市）

☎0167-23-4155

富良野市にあり、十勝岳連峰を一望できる。ラベンダー畑のほか、ワイン工場もあり、ラベンダーと並ぶ名産品である。「ふらのワイン」の歴史や製造工程、熟成庫の見学などもできる。

日の出ラベンダー園（北海道上富良野町）

上富良野町にあり、町営の公園の一画に植栽されている。丘陵の頂上に展望台が設置され、夕陽に染まる西側のラベンダーを眺められる。遅咲きの品種「オカムラサキ」が多い。

花人街道237のラベンダー畑を楽しむ

国道237号線、通称花人街道237の沿線に広がる美しいラベンダー畑。農園や公園が個性を競う壮大な景色をドライブしてみては。

"花人街道237"を満喫するコース

- 四季彩の丘
- 車 12km
- 日の出ラベンダー園
- 車 8km
- ファーム富田
- 車 9.8km
- ふらのワインハウスラベンダー園

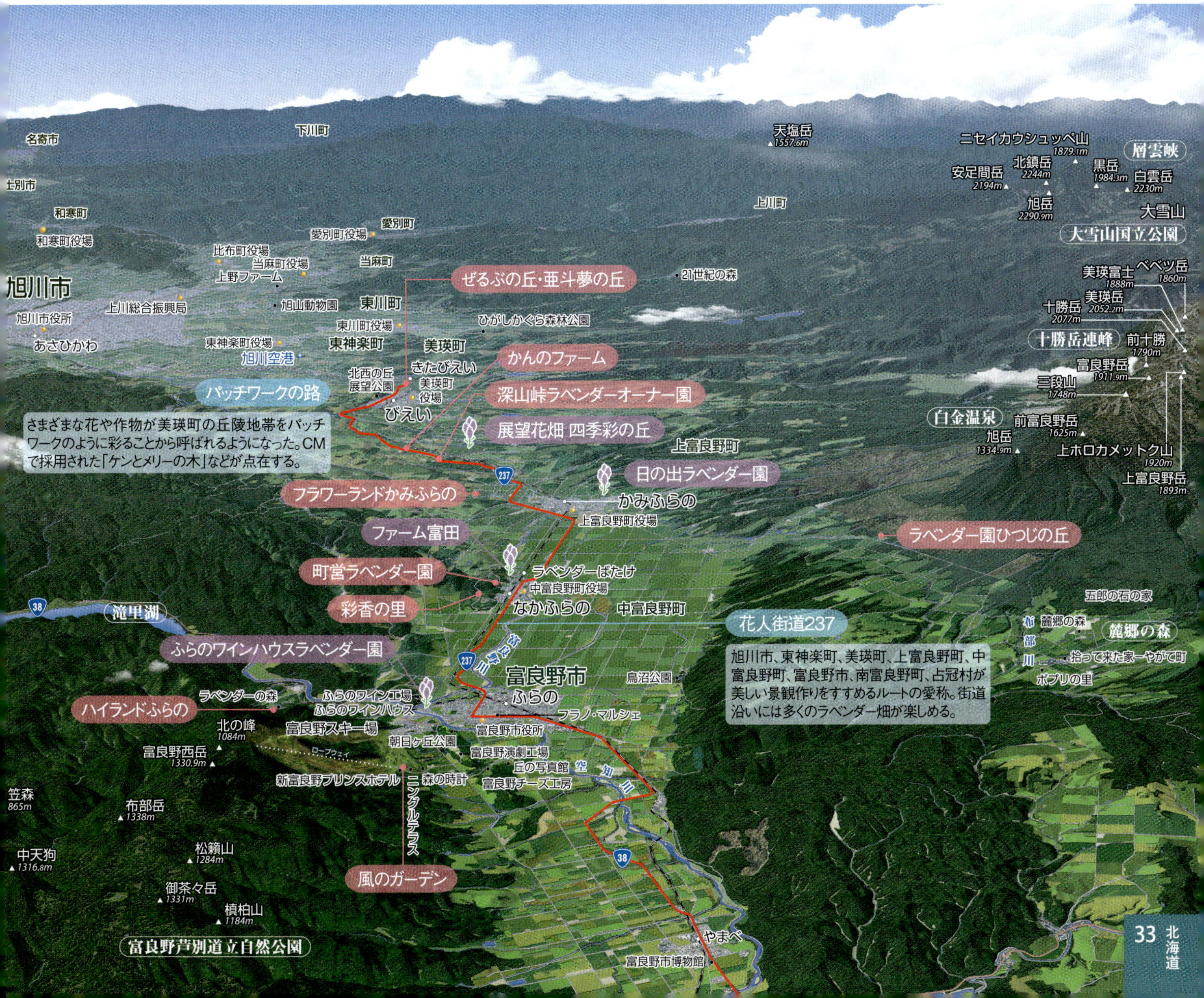

北海道《ほっかいどう》
【道央・道南】

北海道でも比較的早くから入植が進んだ道南地方や北海道開拓使が置かれて開拓の中心拠点となった道央地方では、歴史観光と合わせての花めぐりが楽しめる。春から夏のかけての爽やかな気候と花スポットのスケールの大きさは北海道ならではの魅力だ。

【向日葵《ヒマワリ》】

丘を埋め尽くす日本一のひまわり畑

北竜町ひまわりの里【8月】(C2)

☎0164-34-2082

農協職員が旧ユーゴスラビアのヒマワリ畑に感動し、また良質な油が採れると知ったことがきっかけで栽培が始まり、今や作付面積は日本一。丈高く育った一面のひまわり畑の中に、巨大迷路も設けられる。

【桜《サクラ》】

幕府終焉の地に咲く1600本の桜

五稜郭跡【5月】(B4)

江戸末期に蘭学者武田斐三郎によって設計されたフランス築城方式の城郭。榎本武揚率いる旧幕府軍と新政府軍が戦闘を繰り広げ、戊辰戦争の決戦地となった。大正時代には公園として一般開放され、道南有数の桜の名所になった。

【桜《サクラ》】

約250品種約1万本の桜と多彩なイベントが楽しめる

松前公園【5月】(B4)

北前船の交易で栄えた松前は、藩政時代に各地の桜が取り寄せられ、維新以降も桜研究が盛んで多くの新品種が生まれた土地。松前公園では各種の桜が4月下旬から1か月もの間、次々と開花を迎える。

【紫丁香花《ムラサキハシドイ（ライラック）》】

札幌を代表するライラック

川下公園【5～7月】(C2)

☎011-879-5311

園内の「ライラックの森」には、約200種1700株がある。ライラックは冷涼な気候に適しており、札幌市木にもなっている。2007年まで函館～旭川間で運行されていた特急列車の愛称にも使われていた。

花と緑の歳時記

4月下旬～5月上旬
函館さくら祭り(五稜郭跡 B4)

4月下旬～5月下旬
松前さくらまつり(松前公園 B4)

5月中旬～下旬
さっぽろライラックまつり(川下公園 C2)

6月中旬～7月下旬
リナリアフェスタ(ゆにガーデン C2-3)

7月下旬～8月下旬
北竜町ひまわりまつり
(北竜町ひまわりの里 C2)

9月上旬～10月下旬
コスモスフェスタ(ゆにガーデン C2-3)

北海道"花"物語

旅情感じる畑の花

ジャガイモ、大豆などの収穫量日本一を誇る国内最大の食料生産地・北海道では、農作物の畑がいたるところにある。開花期には、畑一面に農作物の花が咲き、なかでもジャガイモの花が広大な大地に広がる光景は、北海道ならではの旅情を感じさせる。

【桜《サクラ》】

直線約7kmにもわたる日本一の桜並木

二十間道路桜並木【5月】(D3)

かつて野生馬が群れなしていた日高地方は、今も馬の名産地。静内の御料牧場に行啓道路が開かれた際、3年の月日を費やして付近の山々から移植されたエゾヤマザクラなど計約3,000本の桜が並ぶ。

【姫金魚草《ヒメキンギョソウ（リナリア）》】

英国風庭園に咲く102万本のリナリアの丘

ゆにガーデン【6月】(C2-3)

☎0123-82-2001

春のエゾヤマザクラに始まり秋のコスモスまで、各種の花を楽しめる英国風庭園。中でも6月中旬に最盛期を迎えるリナリアは圧巻で、白、ピンク、紫に色付く淡い三色の花が幻想的な美しさを見せる。

青森《あおもり》

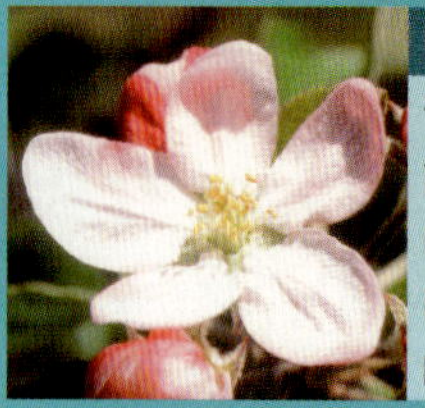

県花「りんごの花」
青森は全国第1位のリンゴ生産を誇る。リンゴの花は、桜が咲いた後に5月上旬から中旬にかけて、葉とほぼ同時に開く。花が咲くと本格的なリンゴ生産の作業が始まる。

日本一のリンゴ生産量を誇る青森県。県内のいたるところで、白いリンゴの花が見られる。また横浜町のナノハナや南部地方のキクなど、暮らしに密接に結びついた花も多く、素朴な風土の中に清楚な花の景色が広がっている。

凡例
- おもな道の駅
- 花の百名山・新花の百名山
- 日本さくら名所100選
- 日本紅葉の名所100選
- 県花が見られるおもなスポット

花と緑の歳時記

4月 湯の島カタクリ祭り(C3)

4月下旬～5月上旬
金木桜まつり(芦野公園 B3)
弘前さくらまつり(B3)
むつ桜まつり(早掛沼公園・水源池公園 D2)

5月中旬 菜の花フェスティバルinよこはま
(横浜町の菜の花畑 D2)

5月下旬～6月上旬
光信公の館ぼたん祭り(B3)

6月
ルピナスまつり(鯉艸郷 D3)

6月下旬～7月下旬
花菖蒲まつり(鯉艸郷 D3)

10月中旬～11月上旬
弘前城菊と紅葉まつり(B3)

【桜《サクラ》】

岩木山の裾野が淡紅色に染まる

世界一長い桜並木【4～5月】(B3)

岩木山南麓を通る鰺ヶ沢街道沿いの桜並木は、全長約20kmにわたる世界一の長さ。一般市民から参加を募り、1985年から10年かけて1人1本ずつ植樹した。春には6500本のオオヤマザクラの並木が続き、岩木山とのコントラストも美しい。

【高山植物《コウザンショクブツ》】

高山植物が彩る津軽富士

岩木山【5～9月】(B3)

「津軽富士」と呼ばれ、深夜に山頂に登ってご来光を拝む「お山参詣」で知られる。登山道では、本州では珍しいエゾノツガザクラなどの高山植物が見られる。固有種として代表的なものが、種蒔苗代と呼ばれる池の周辺に多く自生するミチノクコザクラ。ハクサンコザクラの近縁種で、より大型の花が咲く。

湿原に咲き広がる花の大群落

ベンセ湿原【6～7月】(B3)

平滝沼、大滝沼、ベンセ沼に囲まれており、海岸低層湿原及び中間層湿原の南限である。日本海側沿岸に湿生植物群が存在するのは珍しいとされる。6月にはニッコウキスゲ、7月にはノハナショウブが大群落をつくる。

【湿生植物《シッセイショクブツ》】

【林檎《リンゴ》の花】

県花が咲き誇る観光農園

黒石観光りんご園【5月】(C3) ☎0172-52-8898

「つがる」などの品種を栽培。1875年、青森のリンゴ栽培は政府から配布されたリンゴの苗木3本から始まったが、寒冷な気候が栽培に適していたため全国一の産地となった。その栽培技術を広めたのは旧津軽藩士の菊池楯衛で、弘前城の桜も菊池が植えたという。

②

町をあげて咲かせる一面の菜の花

横浜町の菜の花畑【5月】(D2)

1955年頃から作付けされたナノハナ畑は作付面積全国第1位。5月には迷路やマラソンなどのイベントが楽しめる。特産品には、昔ながらの製法で作られるなたね油だけでなく焼酎やハチミツもある。

【菜の花《ナノハナ》】

青森"花"物語

③

香りと甘みと歯ごたえがいい南部地方の食用菊「阿房宮」

キクには約60種もの食用菊がある。南部地方では、主に食用菊の代表的な品種であり、秦の始皇帝が菊を愛でたという宮殿の名を持つ「阿房宮」を生産している。江戸時代に南部藩主が京都の九条家から貰いうけたとも、八戸の豪商が大阪から取り寄せたともいう。現在も秋野菜としておひたしや味噌汁、菊巻き寿司に使われており、秋の初霜が降りる前には、キクの収穫風景が見られる。

【桜《サクラ》】

ゴールデンウィークに賑わう城郭の桜

弘前公園【4〜5月】(B3)

1715年に弘前城の西の郭に25本の桜が植えられたのが始まり。さらに明治維新後、旧藩士が少しずつ植えていったという。国の重要文化財である天守、5つの城門、3つの櫓が当時のまま残されている。ゴールデンウィークに桜の見頃を迎えるため、多くの観光客でにぎわう。

秋の十和田湖・奥入瀬渓流

遊歩道で滝めぐりが楽しめる奥入瀬渓流、深く澄んだ湖水をたたえる十和田湖。秋には一帯が紅葉で美しく染まり、川と湖のそれぞれが個性のある景観をつくりだす。

見頃：10月

十和田湖

作家泉鏡花や紀行文で知られた大町桂月が讃えた景勝地。十和田火山の噴火で形成された二重カルデラ湖で、周辺の外輪山にブナやダケカンバなど豊かな植生が広がる。紅葉の美しい湖岸の断崖はカルデラ形成によってできた。湖水は湖北東部の青ぶな山の麓と子ノ口で取水と制水がなされ、昭和初期から水力発電と灌漑用水に利用されている。青ぶな取水口は発電用の取水口で、トンネルが通っており、大雨時には北方にある渓流域からの降雨などの水を十和田湖に逆に送水し貯水するようになっている。そのため天然の貯水ダムとしての役割を果たし、奥入瀬川流域の町の生活を支えている。また、かつて西岸に鉱山があり、鉛や銅なども産出していた。

高村光太郎が制作した『乙女の像』は、最後の彫刻作品で、妻智恵子を永遠に残すものとしてつくられた。

奥入瀬渓流
焼山
紫明渓
立惣辺山
▲569
百年水
新緑・紅葉の絶景地
惣辺橋
奥入瀬川
不動岩
惣辺川
三乱の流れ
苔むす岩の上に
可憐な花々
石ヶ戸
▲452
馬門山
瀑布街道
屏風岩
馬門岩
馬門橋
阿修羅の流れ
九十九島
奥入瀬を代表する
猛々しい流れ
飛金の流れ
千筋の滝
白布の滝
雲井の滝
双竜の滝
白銀の流れ
二の沢
石坂沢
十和田道
岩菅の滝
養老沢
玉簾の滝
白絹の滝
一目四滝
白糸の滝
不老の滝
双白髪の滝
九段の滝
瀑布街道
豪快な景観を作る魚止めの滝
銚子大滝
五両の滝
万両の流れ
万両の流れのほかに、近くに千両岩、
百両橋、五両の滝があり、
一万一千百五両の眺めといわれる。
十和田湖
子ノ口
0
1000m

阿修羅の流れ

紅葉の奥入瀬渓流を歩く

子ノ口から焼山まで、紅葉に彩られた渓流の繊細な移り変わりを堪能できる。

おすすめコース

子ノ口
徒歩 30分
銚子大滝

徒歩 30分
白糸の滝
徒歩 35分
玉簾の滝
徒歩 50分
雲井の滝

徒歩 30分
馬門岩
徒歩 30分
石ヶ戸
徒歩 100分
焼山

奥入瀬渓流

奥入瀬川の子ノ口から焼山までの約14kmを指す。銚子大滝などの多様な滝が点在し、渓流沿いには遊歩道が整備されている。子ノ口水門で上流の十和田湖から流れ込む水量が調節されており、一定の水量が保たれている。そのため、川辺ぎりぎりまで木々が生い茂るのが特徴的。秋、十和田湖の外輪山からおりてきた、ツツジやカエデ類などの紅葉が渓流の水際まで迫り、そのコントラストが訪れる人を魅了する。ほかにもニリンソウの花畑や湿地を好むミゾホウズキやキツリフネ、十和田名産のハチミツがとれるトチの花などが見られる。

トチの花

ニリンソウ

こんな話も　渓流にはヤマセミやカワガラスなどの野鳥やサンショウウオ、沿岸の平坦地や斜面ではカモシカも生息している。

奥入瀬渓流を愛した大町桂月

美しい流れや滝が点在する奥入瀬渓流や雄大な十和田湖は、多くの文人を魅了した。とくに明治の文人大町桂月は、十和田湖の自然美を紀行文で世に紹介し、「右ひだり桂もみじの影にして滝を見る目のいとまなきかな」と詠って奥入瀬渓流を絶賛。晩年には、本籍を出身の高知からこの地に移し終の住処に定めた。

[十和田湖の定点観測による紅葉の移り変わり] 瞰湖台より撮影

湖面との高低差が大きいために絶景ポイントとして知られる瞰湖台からの眺め。一帯には、黄色から褐色へ変化するブナの森が多く、10月から11月にかけて色が移りゆく紅葉を楽しめる。

2010年9月9日
晴れ　気温20℃

2010年10月22日
晴れ　気温10℃

2010年11月9日
雨　気温6℃

十和田湖＋α

ヒメマス養殖に賭けた偉人

かつて十和田湖は魚のすまない湖だった。しかし今や十和田湖名物といえばヒメマス。実は20年以上もの歳月がかけられた努力の賜物だ。十和田湖のそばの鉱山に勤めていた和井内貞行は、労働者に新鮮な魚を食べさせたいと養殖事業に着手。失敗が続き、借金を抱える苦しい生活の中で養殖の研究を続けた。1905年、放流したヒメマスが大挙して湖に戻り、ついに成功。近代日本の養殖三偉人の一人に数えられるようになった。

岩手《いわて》

県花「キリ」

昔は家に娘が生まれるとキリを植え、嫁に行くときに箪笥を作って嫁入り道具とした。県内では、その淡い紫色の花が今でも親しまれている。

岩手県は北海道に次いで2番目に広く、北上高地が県の半分以上を占め、さわやかな高原の自然が美しい。一方低地では、平安時代に華やかな平泉文化が花開き、毛越寺の庭園などにその名残が見られる。

【躑躅《ツツジ》】

赤い躑躅が初夏の高原を彩る

安比《あっぴ》高原【6月】(A1-2)

初夏には一面にレンゲツツジが咲き誇る。
ブナ二次林があり、ツキノワグマやクマゲラなどの動物や野鳥も豊富。隣接する安比高原スキー場は、リゾートブームの1980年代に「APPI」と切り抜かれたステッカーとウサギのマークが流行ったことでも有名である。

花菖蒲が楚々と咲く浄土の世界

毛《もう》越《つう》寺《じ》【6〜7月】(B4) ☎0191-46-2331

奥州藤原氏によって多くの伽藍が造営された毛越寺。境内には浄土庭園と平安時代の伽藍遺構「臨池伽藍跡」が広がる。初夏には、東京の堀切菖蒲園や明治神宮から株分けされたハナショウブ約300種3万株が「大泉が池」の周囲に咲き誇る。

【花菖蒲《ハナショウブ》】

岩手"花"物語

中尊寺ハスと藤原泰衡の意外な関係

1950年、中尊寺金色堂の遺体調査の際、藤原忠衡公首級《しゅきゅう》と伝わる桶があった。その中から大賀一郎博士によってハスの種子が発見される。これが1993年に800年ぶりに発芽、1998年に開花が成功した中尊寺ハスである。現在は初夏に中尊寺で見られ、首級も四代泰衡のものと判明している。

【桜《サクラ》】

残雪の岩手山と枝振りの美しい桜が絵のごとし

小岩井農場の一本桜【4～5月】(B2) ☎019-692-4321

岩手山を背景にした小岩井農場の草地にエドヒガンの巨木がある。農場開設の1891年、西風の強い一帯は極度に痩せた土地と湿地の原野だった。土壌改良に試行錯誤する明治40年代に日陰樹として植えられたといわれる。映画『壬生義士伝』やテレビドラマ『どんど晴れ』のロケで使われている。

治水の足跡残る池をめぐらす桜

高松の池【4月】(B2)

盛岡は北上川、中津川、雫石川の合流点で、湿地帯だった。16世紀後半に盛岡城城下町が築かれた際に治水が行われ、「上田の堤」という三段の堤防を設けた。その一つによって生まれたのが現在の高松の池。春には約1260本もの桜が咲く名所として賑わう。

【桜《サクラ》】

花と緑の歳時記

4月中旬～5月上旬	北上展勝地さくらまつり(B3)	5月下旬～6月中旬	室根山つつじまつり(B4)
4月中旬～5月中旬	水沢公園花まつり(B3)	6月下旬～7月中旬	ラベンダーまつり in館ヶ森アーク牧場(B4)
4月下旬～6月上旬	花と泉の公園 ぼたんしゃくやく祭り(B4)	6月下旬～7月上旬	あやめまつり(毛越寺 B4)
5月上旬～中旬	森と水とチューリップフェスティバル(雪谷川ダムフォリストパーク・軽米 C1)	9月中旬～下旬	萩まつり(毛越寺 B4)
		10月中旬	八幡平紅葉まつり(A2)

伊達政宗が誇った見事な紅葉の景勝地

厳《げん》美《び》渓《けい》【10月】(B4)

伊達政宗が「松島と厳美がわが領地の二大景勝地なり」と自慢し、明治天皇や作家幸田露伴も訪れたほどの渓谷美を誇り、秋の紅葉はとくに有名。川底の岩にはドリルで穴を開けたような円形の甌《おう》穴《けつ》が多く見られ、地質学的にも貴重。

【紅葉《コウヨウ》】

宮城《みやぎ》

県花「ミヤギノハギ」
赤紫色や白色の花が咲くハギの仲間。古代の仙台地方を指す歌枕「宮城野」の地に自生していたといわれ、松尾芭蕉や菅江真澄などが詩歌に詠んだ。県章にも図案化された。

東北地方最大の仙台平野が広がり、夏は雨が多く冬は乾燥する気候の宮城県。古くから東北の政治、経済、文化の中心地だった。大和朝廷への前線基地として築かれた多賀城跡にはアヤメが咲き、景勝地松島では四季折々の美しい景色が楽しめる。

【紅葉《コウヨウ》】

温泉とともにゆったり味わいたい紅葉

鳴子峡【10～11月】(B1)

江合川の支流が刻む渓谷。秋にはブナ・ナラなどが黄色、カエデが赤に染まり、散策道からの眺めが見事。近くには1000年の歴史を持つ鳴子温泉郷がある。土産品の鳴子こけしは、ミズキを材料に、首を回すとキュッキュッと音が鳴る技法でつくられている。

宮城"花"物語

津波に耐えて咲いたサクランボの花

東日本大震災による津波に襲われた亘理町。当時、町内の47.9%が浸水し、周囲のイチゴ畑も壊滅状態だった。しかし佐藤錦などのサクランボは津波の威力に負けず、5月にしっかり花を咲かせて被災地の人々の心を勇気づけた。

【水仙《スイセン》】

ゲレンデを爽やかに彩る白と黄色の水仙

みやぎ蔵王えぼしリゾート【4～5月】(B2)

☎0224-34-4001

蔵王国定公園の範囲内にあるスキー場のゲレンデに約30種50万株のスイセンが咲く。また、5～6月には愛子内親王の御印として知られるシロヤシオツツジ（ゴヨウツツジ）も見頃を迎える。

【桜《サクラ》】

孤高のモミの木に華やぎをそえる桜

船岡城址公園【4月】(B2)

明治維新まで柴田氏が居住し、軍事的拠点だった四保山に、ソメイヨシノなど約1000本の桜が咲く。NHK大河ドラマにもなった山本周五郎の小説『樅《もみ》ノ木は残った』で有名になった。主人公の原田甲斐の居城が船岡城であり、題名のヒントになった樅の木が園内にそびえている。

花と緑の歳時記

4月	白石城桜まつり(B3)
4月中旬～下旬	しばた桜まつり(船岡城址公園 B2)
	わくや桜まつり(涌谷町城山公園 C1)
4月下旬～5月中旬	みやぎ蔵王えぼしすいせん祭り(B2)
6月下旬～7月上旬	多賀城跡あやめまつり(B2)
6月中旬～7月上旬	あやめまつり(山王史跡公園 B1)
6月下旬～7月上旬	牧山あやめ祭り(牧山零羊崎神社)(C2)
8月	伊豆沼・内沼はすまつり(C1)
8月上旬～中旬	ひまわりまつり(ひまわりの丘 B1)
9月中旬～下旬	萩まつり(仙台市野草園 B2)
9月中旬～10月中旬	まつやまコスモス祭り(御本丸公園 C1-2)

【蓮《ハス》】

渡り鳥のはばたきを見守る蓮

伊豆沼・内沼【8月】(C1)

☎0228-33-2216

ラムサール条約登録湿地で、海抜6m、最大水深1.4mの低地湖沼。8月にハスが一面に咲き、沼上遊覧もできる。秋から冬になると渡り鳥が飛来することで有名で、早朝に霧立つ湖面を飛び立つ様子は幻想的。とくにマガンは主に宮城県北部に飛来する貴重な渡り鳥。

【花菖蒲《ハナショウブ》】

かつての国府跡にやさしげに咲く花菖蒲

多賀城跡【6～7月】(B2)

約21000㎡のあやめ園に約500種300万本のアヤメ、ハナショウブが咲き誇る。奈良・平安時代の多賀城には、陸奥国の国府や鎮守府が置かれていた。南北大路と東西大路を軸に、碁盤の目状の道路網が整備された町並みだった。

瑞巌寺の梅と島々を彩る桜が代表する日本三景の一つ

松島【4月】(C2) ☎022-354-2023(瑞巌寺)

260余りの島が湾内に浮かぶ、日本三景の一つである松島。航行が困難な海域で、江戸時代には軍港として扱われていた。桜約260本が咲く「西行戻しの松公園」からは桜と湾との調和が美しく、周辺の瑞巌寺にも伊達政宗お手植えと伝わる臥龍梅が見られる。

【桜《サクラ》】

【梅《ウメ》】

秋田《あきた》

県花「フキノトウ」
独特の香りとほろ苦い雪国の山菜として身近で、県下では「バッケ」とも呼ばれる。バッケを使った「バッケ味噌」は県のなじみの食材として親しまれている。

県全域の90%が特別豪雪地帯に指定されるほどに冬の寒さが厳しい秋田県は四季の表情がはっきりしている。奥羽山脈や出羽山地など高山植物に彩られる山が多く、新緑や紅葉が見事な渓谷も楽しめる。

【桃《モモ》】

桃源郷といわれた小さな集落

手《て》這《はい》坂【5月】(B1)

江戸時代の紀行家菅江真澄が訪れた際、「桃源郷のようだ」と讃え、日記『おがらの滝』にも茅葺屋根の絵図が残る八峰町の集落。春には民家の周囲をモモ、ナノハナ、桜、スイセンなどが競うように咲き誇る。

久保田城跡を鮮やかに彩る躑躅

千《せん》秋《しゅう》公園【5月】(B2)

胡月池から本丸へと続く石段の脇にリュウキュウツツジ、クルメツツジなどが咲き揃う。また、ソメイヨシノやヒガンザクラなどが咲く桜の名所としても有名。本園は、久保田藩主となった佐竹義宣が自然の地形を巧みに利用して築いた久保田城の跡地。藩政時代の御《お》物《もの》頭《がしら》御《ご》番《ばん》所《しょ》が現存する。

【躑躅《ツツジ》】

もうもうと立ちこめる蒸気に煙る紅葉の景勝地

小《お》安《やす》峡【10～11月】(C3-4)

県南部を流れる皆瀬川の急流が両岸を侵食してできたV字谷を色づいたカエデ、ブナなどが彩る。絶壁の岩間から蒸気が噴き出す大噴湯で有名。地獄釜の異名もあり、菅江真澄は「雷神のひびき」と表現した。

【高山植物《コウザンショクブツ》】

高山植物の宝庫・出羽富士

鳥海山【6～8月】(B3)

「出羽富士」と呼ばれ、古くから崇められてきた霊峰。高山植物の宝庫で、チョウカイアザミなど固有の花も多い。なかでもチョウカイフスマは、美しい花の形からいくつかの学校の校章にも採用されている。ハクサンイチゲなどの群生、イワギキョウなどの可憐な花も豊富。

【紅葉《コウヨウ》】

花と緑の歳時記

4月中旬～下旬 本荘さくらまつり(本荘公園 B3)	**5月中旬～下旬**	**6月下旬～7月上旬** あやめまつり(浅舞公園 B-C3)
真人公園さくらまつり(C3)	千秋公園つつじまつり(B2)	**8月下旬～9月下旬**
4月中旬～5月上旬 刺巻水ばしょう祭り(C2)	**6月** 芍薬まつり(小町芍薬苑 B3)	ぶどうまつり(ハーブワールドAKITA B3)
4月下旬 千秋公園桜まつり(B2)	大館バラまつり(石田ローズガーデン C1)	**10月中旬～11月上旬** 抱返り渓谷紅葉祭(C2)
4月下旬～5月上旬 角館の桜まつり(C2)	**6月上旬** 小坂町アカシアまつり(C1)	

140° 30′
Ⓒ
40° 30′
141°
青
森
十和田湖
十和田湖
▶p.38-39
休屋
発荷峠《はっか》
631
田代岳
1178
矢立峠
258
やたて峠
東北自動車道
〈102〉
〈103〉
〈7〉
1種1本を基本としたバラの
サンプルガーデンで
政治家石田博英の私庭だった
石田ローズガーデン
明治百年通り
アカシアの並木
と歴史的建造物
小坂《こさか》
工藤さんの
チューリップ畑
家族で手入れし公開
している約4万本の
チューリップ
大湯
大湯環状列石
とわだみなみ
おおだて
おおだて
大館
大館盆地
田代
たかのす
北秋田
鷹巣《たかのす》
比内
大滝
花輪線
鹿角《かづの》
〈282〉
〈285〉
大館能代空港
（あきた北空港）
尾去沢
はちまんたい
四角岳
1003
141°
湯瀬
奥
陸《りく》
中《ちゅう》
森吉
阿仁
阿仁川
大小100余りの滝があるという
深山の渓谷を彩る紅葉
小又峡
40°
阿仁
森吉山
1454
キンコウカ、エゾオヤマノリンドウ、
コバギボウシ、トウゲブキなど
玉川
1366
焼山
北投石
八幡平《はちまんたい》
1613
1578
茶臼岳
〈105〉
十二段トンネル
岩
〈341〉
秋
出
田
秋田内陸縦貫鉄道
烏帽子岳
（乳頭山）
1478
乳頭温泉郷
手
田沢湖高原
駒ケ岳
1637
秋田駒ヶ岳
田沢湖
抱谷峡
八津・鎌足かたくり群生地
せんぼく
仙北
たざわこ
田沢湖
仙岩トンネル
羽
紅葉が見事な
「秋田の奥座敷」
羽
羽《う》
後《ご》
西木
刺巻湿原ミズバショウ群生地
ハンノキ林に囲まれた約3haに咲く
玉川
角館
秋田新幹線
抱返り渓谷
抱返神社
「東北の耶馬渓」
と称される紅葉の名所
角館
▶p.8
かくのだて
1439
和賀岳
田沢疏水
八乙女公園
中仙
西仙北
太田
奥羽山脈の裾野に
広がるラベンダー園
39° 30′
神岡
〈105〉
払田柵跡《ほったのさくあと》
美郷町ラベンダー園
だいせん
おおまがり
大仙
仙北
千畑
真昼岳《まひる》
1059
南外
大曲《おおまがり》
美郷
六郷
雄物川、鳥海山が
見える地に
約1000本の桜
横
手
盆
地
仙南
金沢柵跡
山
大森公園
大森
大雄
〈13〉
「お城山」と呼ばれている
横手城跡地、バラと桜が見られる
横手
横手公園
よこて
〈107〉
北上線
雄物川《おものがわ》
平鹿
山内《さんない》
浅舞公園
湯沢横手道路
50万本のハナショウブ
が咲く別名「あやめ公園」
十文字
ソメイヨシノ、ヤマザクラなど約2000本
増田
真人公園
羽後
〈398〉
〈342〉
東成瀬
湯沢《ゆざわ》
稲川
皆瀬川
奥羽本線
脈
皆瀬
おがち
小町芍薬苑
小野小町の出身地に咲く
小町にちなむシャクヤクの花
雄勝《おがち》
〈13〉
〈108〉
427
雄勝峠
澄んだ水をたたえる
酸性の火口湖と紅葉
須川湖
小安峡
小安
39°
須川
高松岳
1348
1626
〈398〉
秋の宮
栗駒山
（須川岳）
武者小路実篤の疎開先で、
紅葉の美しい県内最古の温泉郷
神室山《かむろ》
1365
虎毛山《とらげ》
1433
宮
城
④
869
鬼首峠
140° 30′
鬼首エコロード
凡例
おもな道の駅
花の百名山・
新花の百名山
日本さくら名所100選
日本紅葉の名所100選
県花が見られるおもなスポット

【桜《サクラ》】

武家屋敷

秋田を代表する桜の名所
角館【4～5月】(C2)

武家屋敷と桜並木が美しく「みちのくの小京都」と呼ばれる角館。桧木内川堤《ひのきないがわつつみ》には2kmにわたって続くソメイヨシノのトンネルがあり、武家屋敷通りでは築200年以上という薬医門や黒板塀に囲まれたシダレザクラの巨樹が並ぶ。

桧木内川堤

秋田"花"物語
かつて日本一を誇った 鉱山の町が育んだアカシア並木

小坂町は、明治から大正にかけて日本一の鉱産額を誇った町。早くに電気が通り、厚生施設や文化施設などが建ち並んでいた。最盛期には秋田市に次いで秋田県で2番目の人口を誇る大きな都市だった。しかし煙害により町を囲む山々には緑が少なかった。昭和40年代、土地の環境や気候条件に負けないアカシアを植栽。今では「明治百年通り」のアカシア並木を含め、町全体で500万本のアカシアがあるという。

【高山植物《コウザンショクブツ》】

コマクサの大群落が見事な名峰
秋田駒ヶ岳【6～9月】(C2)

山頂一帯にはヒナザクラやタカネスミレ、コマクサなどの高山植物群があり、国の天然記念物に指定されている。また、ニッコウキスゲも咲き誇る。活火山のため山麓には多くの温泉があり、なかでも乳頭温泉郷の鶴の湯温泉は、江戸時代初期からの湯治場として有名。1638年には秋田藩主佐竹義隆が訪れた。

【片栗《カタクリ》】

山菜としても身近な片栗が咲く栗林
八津《やつ》・鎌足《かまたり》かたくり群生地【4～5月】(C2)

規模・密度ともに日本最大級で、約20haの栗林に自生する。地元では「カタッコ」「カタンコ」と呼ばれ、山菜としても利用されている。特産の西明寺栗《さいみょうじぐり》を栽培するために行った栗林の手入れで、カタクリに適した土壌や日照になったことが大群落を形成した。

山形《やまがた》

県花「ベニバナ」
江戸時代は山形の重要な特産物であり、県を象徴する花。村山・置賜地方をはじめ最上川流域には紅花畑が点在。1982年に正式に県花として指定された。

蔵王、月山などの名峰と滔々と流れる最上川の自然美に恵まれ、松尾芭蕉が『奥の細道』の行程のほぼ三分の一を過ごした山形県。かつて繁栄を誇った城下町や商業都市が点在し、地元の文化に息づく花の見所も多い。

【桜《サクラ》】

藤沢文学の舞台に咲く桜

鶴岡公園【4月】(A2)

庄内藩主酒井家の居城として栄えた鶴ヶ岡城跡に約730本の桜が風情を添える。鶴岡は文学者高山樗牛や発明家斎藤外市など多くの著名人の出身地。なかでも藤沢周平は、鶴岡を舞台にして多くの作品を残した。『花のあと』では、鶴ヶ岡城(作中では海坂城)の桜を見事に描写している。

烏帽子山千本桜

【花菖蒲《ハナショウブ》】

粋な風流の面影残す長井の花菖蒲

長井あやめ公園【6月】(B3)

園内には長井古種という固有の品種群が栽培されており、原種に近い系統といわれる。江戸系、肥後系、松阪系などに比べて小ぶりで、3枚の花弁からなるものが主。明治初期、飯豊町萩生の旧家で数奇者風流のために育てたものが基であるという。

桜の名木に出会えるルート

置賜《おきたま》さくら回廊【4~5月】(B3)

南陽市から白鷹町にかけて点在する桜の名所をつないだルート。「烏帽子山千本桜」は樹齢120年のソメイヨシノなど約1000本が見られ、樹齢1200年といわれるエドヒガン「伊佐沢の久保桜」は、坂上田村麻呂が蝦夷征伐時に出会った豪族久保氏の娘の墓標という伝説がある。「釜の越桜」は八幡太郎義家が、兵糧を炊いたという伝説がある地名にちなむ。

【桜《サクラ》】

伊佐沢の久保桜

釜の越桜

【紅葉《コウヨウ》】

芭蕉ゆかりの山寺に風情を添える紅葉

立石寺【10～11月】(B3) ☎023-695-2843

JR仙山線沿いにあり、悪縁切りの寺として信仰されてきた通称「山寺」。紅葉に彩られる秋は凝灰岩や安山岩からなる岩塊とともに独特の景観を見せる。1970年代まで、山寺から麓に下るための滑り台が設置されていたことがあり、滑り台の遺構見物に訪れる人もいる。

【山躑躅《ヤマツツジ》】

山躑躅の朱色一色に染まる

舞鶴山つつじ公園【5月】(B3)

朱色のヤマツツジ1万本が咲き、「人間将棋」や桜でも有名。つつじ公園は一時期放置されていたが、明治時代に高橋英雄が整備に尽力した。彼は、子どもに鼻をかむ習慣をつけさせるなど、生活衛生の向上や美化を広めて、「はなかみ先生」と慕われた。

山形“花”物語

風流なおもてなしが残る 文人墨客が愛した温泉街の梅林

鶴岡市中心部の南西、金峰山の麓に広がる湯田川梅林公園は、孟宗《もうそう》の竹林と梅が風流な名所。見頃を迎えると、湯田川温泉の女将衆による野点や特産の筍・湯田川孟宗を使った「孟宗汁」などがいただける。湯田川温泉の起源は約1300年前にさかのぼり、藤沢周平はもちろん、斎藤茂吉、横光利一、種田山頭火などさまざまな文人墨客が逗留した。

湖と薔薇の調和が美しい

東《ひがし》沢《ざわ》バラ公園【6～9月】(B3)

☎0237-53-5655

東沢湖など3つの湖があり、約7haに約750種2万株のバラが咲く東日本一の規模を誇る公園。村山市オリジナルのバラ「むらやま」や貴重な品種「バイオレット」、青いバラ「ブルーヘブン」などが見られる。環境省の「かおり風景100選」にも選ばれた。

【薔薇《バラ》】

花と緑の歳時記

4月上旬～中旬
梅林公園梅まつり(湯田川梅林公園 A2)

4月中旬～下旬 鶴岡桜まつり(鶴岡公園 A2)

5月上旬～中旬
天童つつじまつり(舞鶴山つつじ公園 B3)

5月 白つつじまつり(白つつじ公園 B3)
寒河江つつじまつり(寒河江公園 B3)

5月上旬 三川町菜の花まつり(いろり火の里 A2)

5月下旬～6月上旬 大山自然公園ユリまつり(B3)

6月 あつみ温泉ばら園まつり(A2)

6月中旬～7月上旬 長井あやめまつり(B3)

7月中旬 あじさいまつり(東山公園 B2)

9月下旬 東北ダリヤ名花展(川西ダリヤ園 B4)

10月下旬 神通峡まつり(B3)

山形と上方文化を結びつけた

紅花と最上川

見頃：7月

江戸時代に「東の最上紅花、西の阿波藍玉」といわれたほどに名を馳せた紅花栽培は、最上川の舟運と山形ならではの気候や土壌が生み出したもの。紅花の交易は山形に上方や江戸の華やかな文化を伝えることとなった。

山形は紅花の一大生産地

山形県の最上川流域は今もさかんな紅花の産地。15世紀半ばから栽培が始まり、江戸初期には質・量ともに日本一を誇った。山形、天童、東根などでとれる最上紅花は京西陣の染織物に利用され、「最上千駄」(1駄は32貫=120kg)と呼ばれるほど活発に取り引きされた。最上川沿いの水はけのよい肥沃な土壌と朝霧の立ちやすい盆地の気候が紅花栽培に適しているためだ。また最上川の舟運が整備されて北前船が酒田と京都を結んだことは紅花商人の活躍と生産の拡大につながり、「紅花大尽」といわれるほどの豪商も現れた。

紅を使って染められた着物

「紅花大尽」として有名な人物に尾花沢の鈴木清風がいる。俳諧に傾倒し、撰集を刊行するほどだった。松尾芭蕉主催の江戸の句会に参加したり、芭蕉も清風宅を訪れたりするなど親交が深かった。

紅花資料館
(山形県河北町)
☎0237-73-3500

紅花商人の中には貴重な文化財や広大な屋敷を残す者もいた。河北町の紅花資料館は富豪堀米四郎兵衛の屋敷跡で、贅沢な造りの長屋門などが見られる。

苦労して摘む紅花のゆくえ

初夏に鮮やかな黄色の花を咲かせる紅花は、アザミに似て、刺さるとかなり痛いトゲをもつ。盆地である置賜・村山地方では、早朝の朝露や朝霧によって濡れることでトゲが柔らかくなり摘みやすくなる。江戸の頃に花摘みの作業をしていた農村の女性の指は手甲をしないと血に染まったという。摘まれた紅花や染料の原料となる紅餅（花餅）は羽州街道を通って大石田に集積され、そこから最上川を下り酒田へ出て京都へと上っていく。そして美しい紅の着物や女性の化粧に使う紅となったのである。

紅花のさまざまな用途

かつて紅花は、主に染料や化粧の紅として利用されていた。現在はお茶や麺類、食用油など食品としても利用されており、花弁、葉、種子すべてを活用できる。

紅花染め（染料）
黄色と紅色に染めることができ、紅色の方が価値が高い。

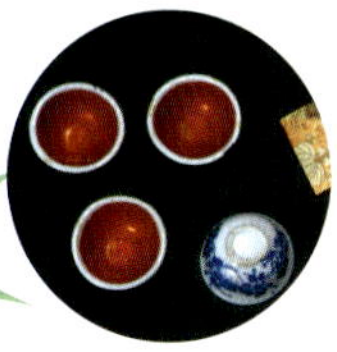

口紅（化粧品）
100%紅花から昔ながらの製法でつくる口紅は、乾くと玉虫色になる。

乱花（漢方・薬用）
冷え性や肩こりなどに効果があるとされ、お茶やご飯などに使ってとりいれる。

紅花油（食品）
リノール酸を多く含むサフラワー油として種子からとる。

※紅花油は中国などの外国産の紅花の種子が主な原料。

紅をとりだすための原形、紅餅（花餅）になるまで

花摘み

花寝せ

花突き

❶ 花摘み

7月中旬の早朝、トゲが濡れて柔らかいうちに手袋をつけた手で一つ一つ摘み取る。

❷ 花振《ぶ》り

水で洗ってたらいに浸し、発酵を促すために素足で踏みつける。黄汁（黄色色素分）を溶かしだす。黄汁は集めれば染料にも使える。

❸ 花寝せ

ムシロの上に花振りの終わった紅花を広げ、数回水をかけて蒸らしながら2日ほど日陰に置く。発酵させることで、より鮮やかな紅が得られるといわれる。

❹ 花突き

酸化して粘り気を帯びた花を臼で突いて、餅状になったら、団子状にする。

❺ 紅餅（花餅）にする

煎餅状にするため、ムシロの上に並べ、さらにもう1枚ムシロをかぶせて足で平均的に踏みつけてつぶす。ムシロに張り付かないように棒などで叩いてはがし、数回裏返しながら、日当たりと風通しのよい所で乾かす。1日で完全に乾燥させる。昔は、乾燥させる作業は、女、老人、子供の仕事だったという。

できあがり

紅餅（花餅）として出荷する。作業工程は地域によって違いもあるが、多くはその土地の伝統的な技法にのっとっている。

紅餅（花餅）

紅花と最上川＋α

ジブリ映画『おもひでぽろぽろ』に残る紅花摘みの風景

スタジオジブリの劇場公開アニメ作品『おもひでぽろぽろ』には、1980年代の山形市高瀬地区が舞台として登場する。日本の情緒豊かな風景として紅花を深く掘り下げたシーンが登場するこの作品は、早朝の紅花摘みなどを緻密に美しく描きだしている。

紅花交易を促し、雅な文化をもたらした最上川

最上川の舟運は、出羽や最上と江戸、京、大坂の地とを結ぶ経済の大動脈の一部だった。そのため米沢藩家老の直江兼続は米沢に堤防を築くなどして治水に注力したほか、山形から酒田までを山形城主最上義光が、米沢から左沢《あてらざわ》までを商人西村久左衛門が舟路を開いて航路を整備し、河岸や船着場を設けた。行きも帰りも儲かる「ノコギリ商売」と呼ばれ、行きは紅花・米・煙草などの物資が輸送され、帰りは上方の雛人形や茶・古着などが積まれていた。こうした交易が最上川の川沿いに、華やかな京や江戸の文化をもたらしたのである。現在でも、紅花商人たちによって持ち帰られた江戸時代の雛人形が多く残っており、雛祭りがさかんだ。

最上義光銅像

最上紅花が運ばれた道

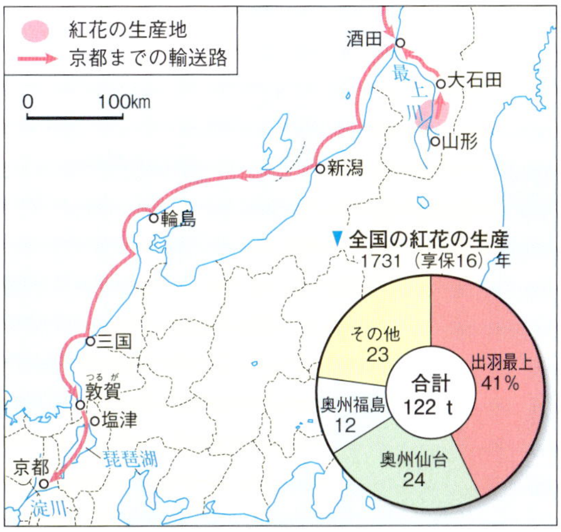
紅花の生産地
京都までの輸送路
0
100km
酒田
最上川
大石田
山形
新潟
輪島
三国
敦賀《つるが》
塩津
琵琶湖
京都
淀川
全国の紅花の生産
1731（享保16）年
合計
122 t
出羽最上
41%
奥州仙台
24
奥州福島
12
その他
23

福島《ふくしま》

県花「ネモトシャクナゲ」
福島を代表する山々、吾妻山や安達太良山に群生する。高山の過酷な環境下でも美しい花を咲かせる姿は、たくましく粘り強い県民性を象徴している。

福島県は、阿武隈高地と奥羽山脈で、浜通り・中通り・会津の3地方に分かれる。温暖な浜通り地方から会津の多雪地帯まで、気候の幅は大きい。自然環境も異なり、日本海側・南方系・北方系とさまざまな分布の植物が見られる。

花と緑の歳時記

3月中旬～4月上旬　福寿草まつり(沼ノ平 B1)
4月中旬～5月上旬　霞ヶ城公園桜まつり(C1)
4月中旬　鶴ヶ城さくら祭り(鶴ヶ城城址公園 B2)
4月下旬～5月中旬　芝桜まつり(ジュピアランドひらた D2)
5月中旬～下旬
クマガイソウの里まつり(クマガイソウの里 C1)
6月上旬～中旬　ひめさゆり祭り(ひめさゆりの丘 B1)
6月中旬～下旬　花しょうぶ祭り(御殿場公園 B1)
6月中旬～7月上旬　伊佐須美神社外苑あやめ祭り(B2)
10月中旬～11月下旬　二本松の菊人形(霞ヶ城公園 C1)
10月下旬～11月上旬
翠楽苑紅葉ライトアップ(南湖公園 C2)

【日光黄萓《ニッコウキスゲ》】

カルデラ湖のほとりに黄色の絨毯

雄国沼【7月】(B-C1)

猫魔ヶ岳の噴火でできたカルデラ湖。湿原植物群落が国の天然記念物に指定されており、ニッコウキスゲの大群落で有名。尾瀬の植生分布に近いといわれる。雄国沼は、江戸時代に行われた灌漑工事で拡大しており、貯水ダムとしての役割も果たしている。

福島“花”物語

花を見られるのは一瞬、栽培されている葉タバコ

肥切れがよく、昼夜に温度差がある阿武隈高地山麓は、葉タバコの栽培に適している。とくに田村市は江戸時代から栽培が行われてきたことで有名。葉タバコはナス科の一年草で、葉に栄養を行き渡らせるため、花が咲き始めると花摘みが行われる。薄い紅紫色の花が見られる6月下旬～7月上旬は貴重である。

【桜《サクラ》】

桜が歴代の大名たちの栄華を偲ばせる

鶴ヶ城城址公園【4月】(B2) ☎0242-27-4005

室町から江戸時代にかけて蘆名・伊達・蒲生・上杉・保科・松平と多くの大名が居城にした若松城の跡地。戊辰戦争の舞台として有名で、現在本丸は博物館として活用されている。園内にはソメイヨシノ、エドヒガンなどが咲き誇る。

文人や画家をも魅了する滝のごとく流れる枝垂桜

三春滝桜【4月】(C-D2)

エドヒガン系ベニシダレザクラの古木で樹齢1000年以上。江戸時代後期、京都上賀茂神社の祠官で、歌人・国学者でもあった加茂季鷹が当時の桜の様子を「陸奥にみちたるのみか四方八方にひびきわたれる滝桜かな」と詠んで知られるようになった。2008年には、東京の赤坂サカスの敷地に樹齢約100年の子孫樹が移植された。

【桜《サクラ》】

【紅葉《コウヨウ》】

国府も置かれた紅葉の名所

霊山《りょうぜん》【10～11月】(D1)

阿武隈高地北部に位置し、紅葉の名所として知られる。天台宗の拠点として栄えたが、南北朝時代には北畠顕家が霊山城を築き、建武の新政期には南朝方の陸奥国国府も置かれていた。護摩壇跡や国司館跡などの歴史の名残や奇岩など見所も多い。

福島に桃源郷あり

花見山【3～4月】(D1)

写真家の秋山庄太郎が「福島に桃源郷あり」と言って毎年訪れた。花卉園芸農家が無料開放する私有地で、梅、ハナモモ、桜、レンギョウ、モクレンなどの花々が咲き競う。地区一帯は花卉園芸がさかんで、花の密集度も高い。

【桜《サクラ》】

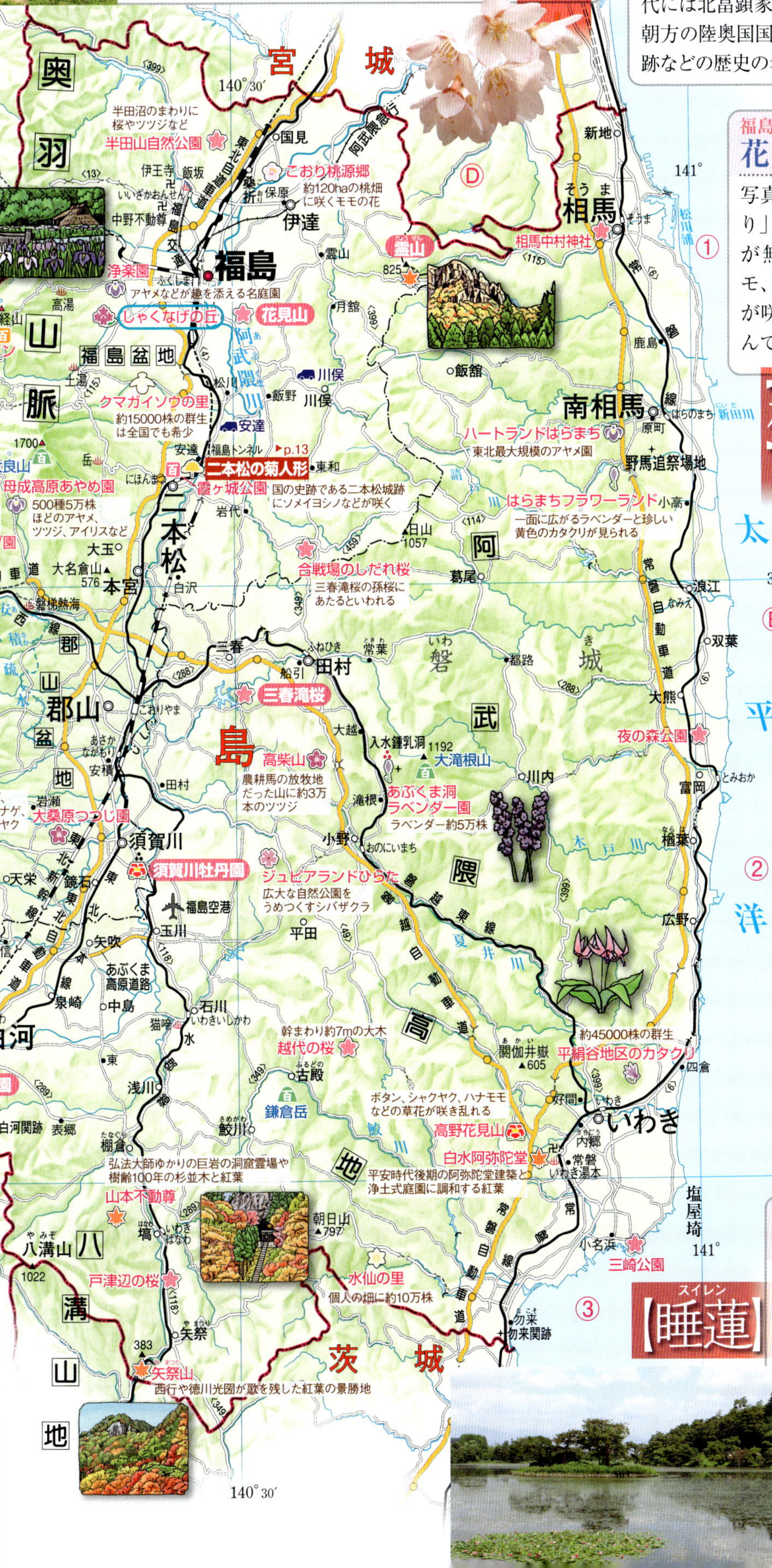

芭蕉も訪れた知る人ぞ知る牡丹園

須賀川牡丹園【5月】(C2)

☎0248-73-2422

樹齢200年をこえる古木や固有種などのさまざまなボタンが咲く。江戸時代、須賀川の薬種商人伊藤祐倫がボタンの根を薬用にするため、摂津国から取り寄せて栽培したのが起源といわれる。

【牡丹《ボタン》】

楽翁公の名君ぶりがうかがえる

南湖公園【6～8月】(C2)

夏には湖面に咲くスイレン、コウホネが楽しめる。「楽翁公《らくおうこう》」と呼ばれた白河藩主松平定信が、“武士も庶民も共に楽しむ”の意をもつ「士民共楽」の理念のもと庶民の憩いの地として開放した。日本最古の公園といわれる。隣接してフラワーワールドもある。

【睡蓮《スイレン》】

茨城《いばらき》

県花「バラ」

県名の由来にもなっているバラは、1966年に県民の心の象徴として定められた。もともと茨城の山野には日本原産のノイバラなどが自生していたといわれる。

江戸時代に幕府と関係の深い藩や大名などの領地で固められ、ゆかりの名所が多い茨城県。天下に知られた偕楽園は日本三名園の一つで梅の名所。また、筑波山の梅や笠間のツツジ、久慈川上流部の紅葉など見所が豊富にある。

「東の筑波」を飾る梅

筑波山梅林【2～3月】(B2)

筑波山中腹に白梅や紅梅が咲く。「西の富士、東の筑波」と呼ばれ、朝夕に山肌の色を変えることから「紫峰」とも呼ばれてきた。古来より、豊穣を祈る大規模な歌垣が行われ、『万葉集』にも詠まれていた。

【梅《ウメ》】

【ポピー】

春の水辺を彩るポピーの花畑

小貝川ふれあい公園【5月】(A2)

☎0296-45-0200

筑波山を背景にポピーやキンセンカなどがじゅうたんのように咲き乱れる。ポピーはケシ科で、花びらが大きく色鮮やかという特徴をもつ。9月中旬～10月上旬にかけてはコスモスが見頃となる。

ユネスコも認めた公園の桃

古河総合公園【3～4月】(A2)

☎0280-47-1129

江戸時代に古河城主土井利勝が、桃の実を食用に育てさせたことに始まる「古河桃園」を再現。また、ジュンサイが生えていた戦前の御所沼を復元。こうした活動から、優れた文化景観の保護などを表彰するユネスコ「メリナ・メルクーリ国際賞」を日本で初めて受賞した。

【桃《モモ》】

花と緑の歳時記

3月下旬～4月上旬 古河桃まつり(古河総合公園 A2)	**4月中旬～5月上旬** 八重桜まつり(静峰ふるさと公園 B1-2)	**6月** 山川不動尊東あやめ祭り(山川あやめ園 A2)
4月 日立さくらまつり(かみね公園・平和通り C1)	**5月下旬** 小貝川フラワーフェスティバル(小貝川ふれあい公園 A2)	**6月中旬～7月上旬** 水戸のあじさいまつり(保和苑 B2
4月上旬 福岡堰さくらまつり(B2)	**5月下旬～6月** 水郷潮来あやめまつり(C3)	**8月下旬～9月上旬** あけのひまわりフェスティバル(B2
		9月 水戸の萩まつり(偕楽園 B2)

凡例

- おもな道の駅
- 花の百名山・新花の百名山
- 日本さくら名所100選
- 日本紅葉の名所100選
- 県花が見られるおもなスポット

10月中旬〜11月下旬	笠間の菊まつり(笠間稲荷神社 B2)
10月下旬〜11月上旬	奥久慈大子まつり(袋田の滝 B1)
10月下旬〜11月下旬	竜神峡紅葉まつり(B1)
2月下旬〜3月下旬	水戸の梅まつり(偕楽園 B2)

【紅葉《コウヨウ》】

本州一の吊り橋から眺める紅葉

竜神峡【10〜11月】(B1)

☎0294-87-0375((株)水府振興公社)

竜神ダムにかかる歩行者専用の吊橋は、本州一の長さ375mを誇る。橋からは阿武隈高地や八溝山地を見渡せ、紅葉のパノラマが楽しめる。

茨城"花"物語

ヤマユリは鶏のおかげ?

昭和40年代、八郷町(現石岡市)では管理不足の里山があった。人が手入れしない里山は林床にスギの枯葉などが堆積して山火事が起きやすい。そのため鶏を里山で放し飼いにして下草などを餌にする取り組みをしたところ、鶏はドクダミなどは食べても、背丈より高いヤマユリはそのまま。鶏たちの糞が肥料にもなり、さらに見事なヤマユリが咲いたという。

【桜《サクラ》】

豪壮な山車も出る桜祭り

かみね公園・平和通り【4月】(C1)

☎0294-22-4737(かみね公園)

太平洋を望むかみね公園には桜約1000本があり、日立駅から始まる平和通りには、約1kmにわたって桜並木が続く。桜祭りで公開される「日《ひ》立《たち》風《ふう》流《りゅう》物《もの》」は江戸時代から伝わるユネスコ無形文化遺産。高さ15m重さ5tものからくり仕掛けの山車を、200人以上で牽引する豪壮な世界である。

【躑躅《ツツジ》】

"九ちゃん"ゆかりの躑躅

笠間つつじ公園【4〜5月】(B2)

キリシマ、ヤマツツジなどが咲き乱れる。公園に隣接して、歌手でタレントの坂本九ゆかりの家が残されている。坂本は近くの笠間稲荷神社で結婚式を挙げており、ここのお守りが日航機事故の際に身元を特定する決め手になった。

【著莪《シャガ》】

林床に広がる一面の著莪

茨城県フラワーパーク【4〜5月】(B2)

☎0299-42-4111

園内のバラテラスで見られる世界のバラが有名だが、シャガ園に広がる100万株ものシャガの大群落も人気。シャガは帰化植物で、人家近くの森林などやや湿った所に群生する。杉林の足元をアヤメに似た清楚な花が真っ白に埋め尽くす光景は珍しい。

みはらしの丘を埋め尽くす
国内最大 約450万本のネモフィラ！

1月から咲く寒咲きナノハナもあり
長い間花を楽しむことができる

春

ナノハナ 2月中旬～5月中旬　チューリップ 4月上旬～下旬　ネモフィラ 4月下旬～5月中旬　ポピー 5月上旬～6月上旬

国営ひたち海浜公園の四季

ひたちなか市馬渡字大沼605-4
☎ 029-265-9001

総面積350haもの広大なひたち海浜公園は、一面を埋め尽くす春のネモフィラ、秋のコキアで多くの人を魅了してきた。園内の樹林、草地、砂丘、海浜、湧水、湿地など豊かな環境がさまざまな植物を育み、四季折々の花が楽しめる。

秋

パンパスグラス 9月上旬～10月下旬　コキア（紅葉） 10月上旬～中旬　コスモス 10月上旬～下旬　バラ 11月上旬～中旬

最大で約4mまで生長する
パンパスグラスは秋の風物詩。

みはらしの丘がコキアで真っ赤に染まる期間には、さまざまなイベントも行われる

ひたち海浜公園+α

海辺の植物と林床の植物が咲く公園

ひたち海浜公園は、久慈川から流れる砂が北東風によって運ばれてできた砂丘上にある。また、暖流と寒流がぶつかる鹿島灘の影響で、園内には北方系と南方系の植物が育つ。そして砂丘から内陸の林床地帯へと植生が移りゆく状態が残されているので、海岸近くではハマナスやハマゴウなどの海浜植物、樹木がはえるエリアではユキワリソウやホタルブクロなどの山野草が見られる。

ハマナス

ユキワリソウ

夏

ラベンダー 7月上旬～中旬　**コキア(緑)** 7月中旬～9月中旬　**ジニア** 7月下旬～9月中旬

コキア(和名ホウキギ)
秋の紅葉だけでなく、夏の緑も見事！実は"畑のキャビア"といわれる「とんぶり」の原料である。

アイスチューリップは球根を冷蔵処理して真冬に咲くよう調整したものだ。

冬

アイスチューリップ 12月上旬～1月上旬　**ウメ** 2月上旬～3月下旬　**早咲きスイセン** 2月中旬～3月中旬

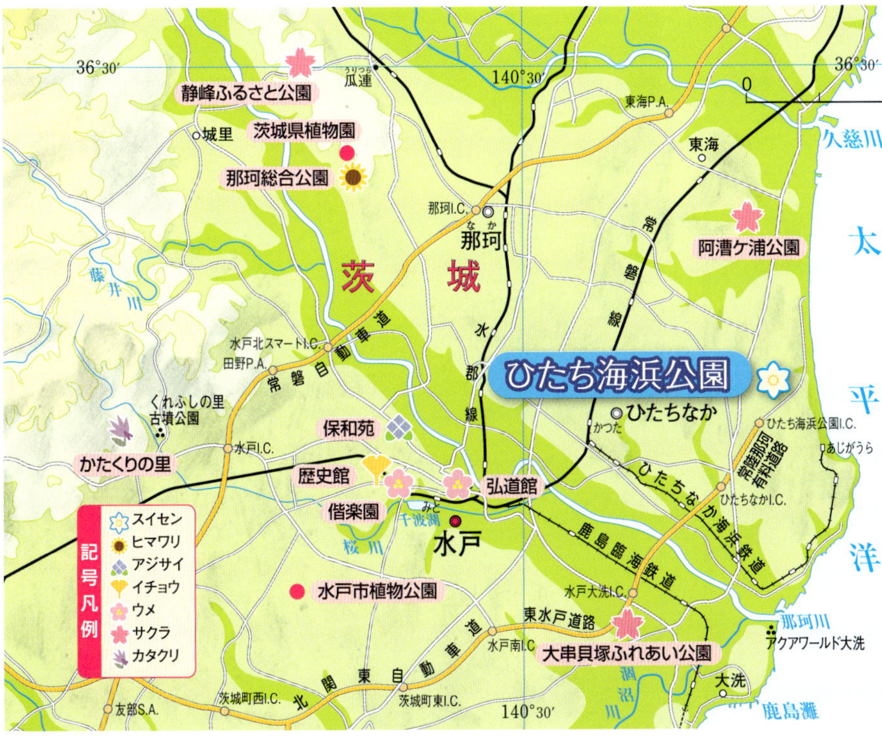
36°30′
静峰ふるさと公園
瓜連《うりつら》
140°30′
36°30′
0
5km
東海P.A.
城里
茨城県植物園
那珂総合公園
東海
久慈川
那珂I.C.
那珂《なか》
常磐線
阿漕ケ浦公園
太平洋
茨城
藤井川
水郡線
水戸北スマートI.C.
田野P.A.
常磐自動車道
ひたち海浜公園
くれふしの里古墳公園
保和苑
ひたちなか
かつた
ひたち海浜公園I.C.
あじがうら
常陸那珂有料道路
水戸I.C.
かたくりの里
歴史館
弘道館
ひたちなか海浜鉄道
ひたちなかI.C.
偕楽園
みと
千波湖
水戸
桜川
鹿島臨海鉄道
水戸市植物公園
水戸大洗I.C.
東水戸道路
那珂川
アクアワールド大洗
水戸南I.C
大串貝塚ふれあい公園
涸沼川
大洗
友部S.A.
茨城町西I.C.
北関東自動車道
茨城町東I.C.
140°30′
鹿島灘
記号凡例
スイセン
ヒマワリ
アジサイ
イチョウ
ウメ
サクラ
カタクリ

春の茨城を歴史と花でめぐる

偕楽園

ひたち海浜公園
車 約25分　東水戸道路▷国道51号
偕楽園
車 約28分　県道50号▷国道349号▷国道118号
茨城県植物園
車 約16分　県道102号▷県道61号
静峰ふるさと公園

水郷潮来あやめ園

たおやかなハナショウブの風情

水郷に咲く花々

見頃：ハナショウブ 5～6月

茨城県と千葉県にまたがる利根川下流域は、湿地帯が広がり、霞ケ浦にかけて「水郷」と呼ばれる。徳川光圀が歌に詠んだ潮来や水路が張り巡らされた佐原にはハナショウブなどの水生植物の花が咲く。

古くから「あやめ」が生い茂っていた水郷地帯

日本の山野の湿地や草地に自生していたノハナショウブ。ハナショウブはこの原種から生まれた園芸植物で、江戸時代に多くつくられた。かつて利根川の水郷地帯には真《ま》菰《こも》が生い茂り、その中に「あやめ」と呼ばれた花が群生していた。徳川光圀が「潮来出島のまこもの中にあやめ咲くとはしほらしや」と詠んだというハナショウブのたおやかな姿は、世界に誇る美しさだ。

ノハナショウブ

アヤメとハナショウブとカキツバタの見分け方

アヤメ
ハナショウブ
カキツバタ
乾地
乾地または湿地
湿地または浅い池

	アヤメ	ハナショウブ	カキツバタ
適　地	乾燥地	半湿地	湿地
開花期	5月上旬～中旬	5月下旬～6月	5月中旬～下旬
葉	幅が狭く濃緑色 主脈が不明瞭	幅が中位 主脈が太く明瞭	幅が広く黄緑色 主脈が細小
花　色	紫、白など	紫、白、ピンクなど多彩	青紫、白、紫など
花　径	8cm内外	15cm内外	12cm内外

水郷ならではの十二橋めぐりや嫁入り舟

水路が縦横に張り巡らされ、水路を挟む家々を結ぶ橋も多かった水郷一帯。この地方では、「サッパ舟」と呼ばれる舟で移動することが日常的だった。花嫁や嫁入り道具を乗せた嫁入り舟がしずしずと進んでいく様は、今日も実際の結婚イベントとして行われている。また、船頭が操る舟にゆられながら橋をくぐって行く十二橋めぐりも、水郷の旅ならではの楽しみだ。

車と徒歩で水郷佐原のイイトコどり!

水郷佐原にはハナショウブ、舟めぐり、歴史的町並みなど見所がいっぱい。車と徒歩を使いこなして、名所を訪ねよう。

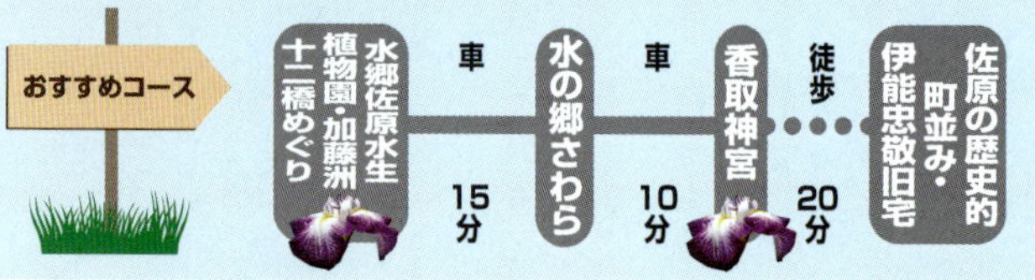
おすすめコース
水郷佐原水生植物園・加藤洲十二橋めぐり
車
15分
水の郷さわら
車
10分
香取神宮
徒歩
20分
佐原の歴史的町並み・伊能忠敬旧宅

水郷＋α

商才にも長けていた伊能忠敬

日本で初めて実測で全国地図を作った伊能忠敬は、佐原で主に酒造業を営んでいた伊能家の当主だった。商人としての才覚も高く、築いた財産も大きいとか。佐原には自身が設計した書院がある旧宅が現存する。

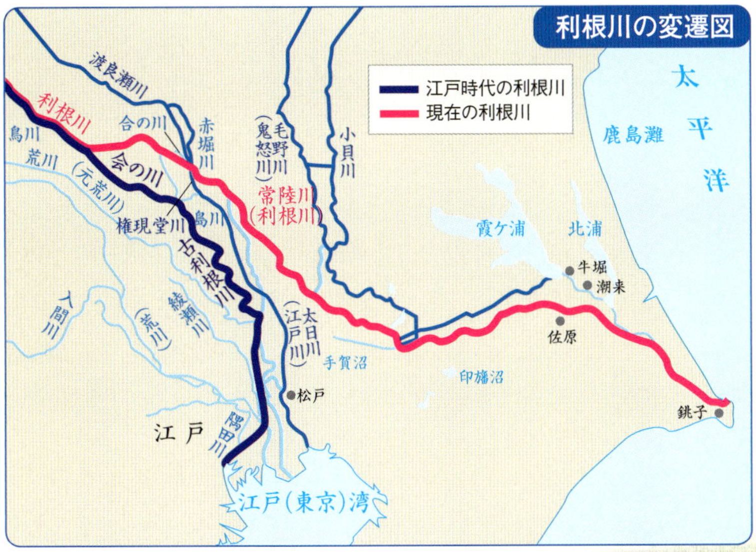

利根川舟運の町として栄えた水郷

水生植物が茂る湿地だった利根川下流域は、新田開発で16の集落が生まれ、江戸と地方を利根川で結ぶ交通の要衝となった。徳川家康が進めた利根川の整備によって江戸と関東や東北がつながり、物資輸送で大小の舟が行き交い、中継基地として河岸はおおいに発展した。鹿島神宮、香取神宮、息栖神社への三社詣などの観光や葛飾北斎といった文人の往来も多く、江戸の文化も流れ込んだ。支流の小野川両岸(佐原地区)には、今も土蔵造りの商家や町家が建ち並び当時の面影が残る。

暴れ川・利根川の東遷

かつて利根川は、現在の東京湾に注いでおり、現在の下流域一帯は広大な入り江だった。1590年に江戸へ入った徳川家康は江戸を水害から守り、新しく農地をひらき、物資輸送の航路を整えるため、利根川の流れを東へ遷す工事に着手。60年の歳月をかけた結果、水郷地域は新田開発で水路が走る肥沃な穀倉地帯になった。この名残は十二橋や十六島という地名となり、水郷佐原水生植物園もまた干拓地の特性を活かして設けられた。

利根川のデータ

322km
367kmの信濃川に次ぐ日本で2番目の長さ

16480㎢
流域面積は日本一で四国の約80%に相当

約1200万人
流域人口は総人口の約1／10に相当

水郷佐原水生植物園

栃木《とちぎ》

県花「ヤシオツツジ」

那須高原、塩原、日光などを中心に、山麓から山地にかけて広く分布している。つつましく凛と咲くさまは、おだやかな気質の県民性に通ずるとされる。

東部の丘陵地帯、中央部の平野、北西部の山地の3地域に大別される栃木県。那須や日光などの豊かな自然や貴重な歴史遺産を引き立てる四季折々の美しい花々を求めて、首都圏からも多くの行楽客が訪れる。

【紅葉《コウヨウ》】

ゴンドラで楽しむ紅葉

茶《ちゃ》臼《うす》岳《だけ》【9～10月】(B1)

那須火山群の主峰で、今も噴煙をあげる活火山。9合目までロープウェイが通り、秋にはゴンドラから360度の紅葉が楽しめる。山麓一帯に温泉があり、この地を訪れた松尾芭蕉は「石の香や 夏草赤く 露あつし」の句を詠んでいる。

【躑躅《ツツジ》】

軍馬がつくった蓮華躑躅の大群生

八《はっ》方《ぽう》ヶ《が》原《はら》【5～6月】(B2)

高原山中腹に広がる大間々と小間々の台地にレンゲツツジの大群生がある。一帯には、大正時代に軍馬を飼育する牧場があった。レンゲツツジは蜜に毒を含む有毒植物であり、ほかの草木が馬に食べられてしまった結果、レンゲツツジだけが残ったといわれている。

【庚申草《コウシンソウ》】

絶壁に自生する珍しい食虫植物

庚申山【6月】(A2)

国の特別天然記念物指定の食虫植物コウシンソウ自生地がある。1890年に植物学者三好学によって県西部の庚申山で発見された。ここではクリンソウやユキワリソウなども同時に楽しめる。また、随筆家大町桂月（p.39参照）は、1909年出版の『関東の山水』で庚申山の紅葉を讃えた。

【藤《フジ》】

圧倒されるほどの美しさを誇る大藤

あしかがフラワーパーク【4～5月】(B3)

☎0284-91-4939

世界一美しいといわれる大藤、珍しい八重黒龍の藤、白藤、きばな藤のトンネルなどが堪能できる。なかでも大藤は樹齢150年近いもの。これは別の場所にあったフジを女性樹木医第一号、後に園長となった塚本こなみが移植したもので、幹周り4mの大藤の移植に成功して話題になった。園内のフジの枝や幹の痛んだ所に墨を塗るなど、独自の方法で木を治療している。

【彼岸花《ヒガンバナ(マンジュシャゲ)》】

彼岸花咲き乱れる茂木城跡

城山公園【9月】(C2)

1985年頃、地元の人々により整備され、ヒガンバナ約30万株が咲く名所になった。1192年に築城された茂木城の跡地。1440年、下総の結城氏などが永享の乱で敗れた足利持氏の遺児を擁立して室町幕府に対して挙兵した場所である。

【桜《サクラ》】

山を覆う桜霞が美しい

太平山《おおひらさん》自然公園【4月】(B3)

栃木市と岩舟町にまたがる太平山の全体で約4000本のソメイヨシノ、ヤマザクラなどが見られる。シイなどの照葉樹林帯とアカマツなどの針葉樹林帯があり、暖地性植物と寒地性植物の境界になっている。山頂に近い謙信平は、上杉謙信が兵馬の訓練を行った場所として知られる。

花と緑の歳時記

3月下旬～4月上旬 かたくりの花まつり（万葉自然公園かたくりの里 B3）	**4月中旬** ふるさと茂木春まつり（城山公園 C2）
3月下旬～4月 つがの里花彩祭（B3）	**4月中旬～5月中旬** あしかがフラワーパーク大藤まつり（B3）
4月上旬 太平山桜まつり（B3）	**5月** 山野草展（鬼怒川レジャー公園 B2）
4月上旬～中旬 千手山公園さくら祭り（B2） 黒磯さくら祭（黒磯公園 C2）	**6月下旬～7月上旬** 太平山とちぎあじさいまつり（B3） くろばね紫陽花まつり（C2）
4月上旬～5月中旬 矢板長峰公園花まつり（B2）	**10月下旬～2月上旬** あしかがフラワーパーク光の花の庭（B3）

栃木"花"物語

愛子内親王殿下のお印、シロヤシオ

皇族が身の回りの品などに用いるお印。県花のヤシオツツジの一種シロヤシオは、敬宮愛子内親王のお印。那須御用地の近くには、国内最大のシロヤシオの群落があり、御用地内の散策路にも多く咲く。皇太子ご夫妻が好きな花で、「純真な心をもった子どもに育ってほしい」という願いからお印に選ばれたという。

火山が生んだ湖と滝と紅葉の名所

日光の秋模様

関東地方の中でも奥日光周辺は気温が低く、戦場ヶ原の冬の平均気温はほぼ零下7℃になるほど。そのため「自然の冷蔵庫」と呼ばれている。地域によって標高差が激しく気温の変化が大きいことから、秋の紅葉も山の上方から見頃を迎える。

湯滝・戦場ヶ原・竜頭滝

10月上旬〜中旬

かつて日光火山群の噴火でせき止められた湖だったといわれる戦場ヶ原は、標高1400mの高地に広がる湿原。北には標高1478mの湯ノ湖の湖水が落ちる湯滝、南には中禅寺湖の手前に奥日光三名瀑の一つ竜頭滝がある。

中禅寺湖・華厳ノ滝・いろは坂

10月中旬〜下旬

男体山の噴火でできたせき止め湖である中禅寺湖は、日光の紅葉を代表するスポット。周辺にあるカーブの激しいいろは坂と、豪快さと華麗さとを備えた日本三大名瀑・華厳ノ滝も全国に知られる。

中禅寺湖《ちゅうぜんじこ》

ナラ、ブナ、カツラが黄色に、ツツジ、ナナカマド、カエデが紅葉し、湖畔の千手ヶ浜や菖蒲ヶ浜では水面が秋に染まる。

いろは坂

48のカーブがある。沿線のモミジ、カエデ、ナナカマドなどの紅葉が美しい。「日本の道100選」の一つだが、シーズンには激しい渋滞に見舞われる。

こんな話も　勝道上人による日光開山の後、山岳修験者が開拓し、当初は「中禅寺坂」と呼ばれていた。聖域として、明治初期まで女性や牛馬の立ち入りは禁止されていた。

華厳《けごん》ノ滝《たき》

落差97m、中段部分から地表に湧き出る伏流水が簾状に無数の滝をつくる名瀑。モミジ、ブナ、カエデなどが滝を彩る。

ミズナラの黄葉や草紅葉、カラマツの金屏風が美しい
黒檜岳
1977
西ノ湖
小田代ヶ原
千手堂
千手ヶ浜
社山
1827
中禅寺湖
阿世潟峠
半月山
1753
10月中旬〜下旬
中禅寺湖道路
中禅寺湖スカイライン
終点の駐車場から望む男体山の紅葉は絶景
足尾
地蔵岳
1483
夕日岳
1526
鹿沼市

輪王寺・霧降ノ滝

10月下旬〜11月上旬

世界遺産である日光二社一寺の東照宮、二荒山神社、輪王寺は境内で秋の風情を楽しめ、霧降ノ滝を入口とする女峰山の東山麓に広がる霧降高原は豊かな高原地帯が錦秋に染まる。日光山の中でも標高が比較的低く、紅葉の見頃も遅くに訪れる。

竜頭《りゅうずの》滝《たき》

湯川の末端にあり、男体山噴火で噴出した溶岩の上を全長210mにわたって流れ落ちる。カエデ、ミズナラ、ナナカマドが紅葉。

戦場《せんじょう》ヶ原《はら》

ヌマガヤなど湿地帯の植物とヒメミズゴケが群落をつくる。主にカラマツ、シラカバ、クサモミジが紅葉。

こんな話も 戦場ヶ原では、温暖な地、冷涼な地、温暖な地と育てる場所を移して成長を早める山上げ栽培でのイチゴと観賞用植物の生産がさかん。

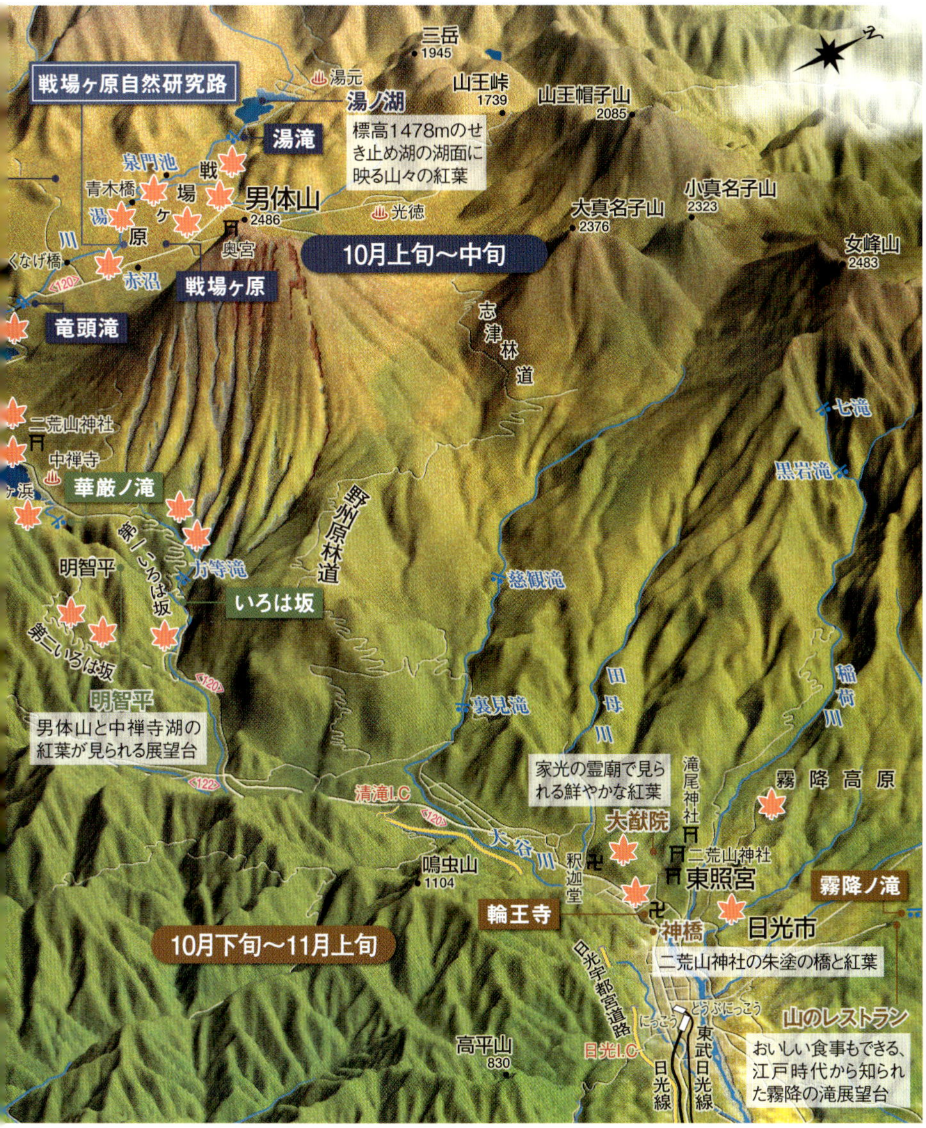

湯《ゆ》滝《たき》

滝の岩壁は湯ノ湖を形成した三岳の溶岩で、高さ70m幅最大25mのスケールで流れ落ちる。ナナカマド、ダケカンバなどが紅葉。

奥日光紅葉めぐり

おすすめコース

湯滝、竜頭滝と戦場ヶ原は個性的な紅葉が楽しめる。「戦場ヶ原自然研究路」もおススメ。

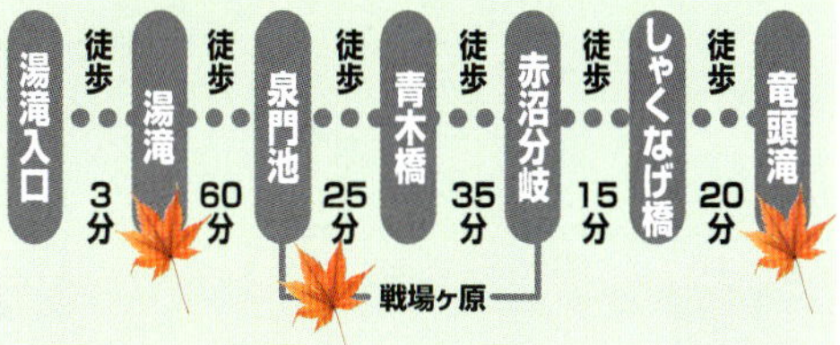

輪王寺《りんのうじ》 逍遥園《しょうようえん》

栃木県日光市　☎0288-54-0531

江戸時代の池泉回遊式庭園。日光全山に分布するほとんどの種類のカエデがあり、イロハモミジ、ウリハダカエデ、ノムラカエデなど多彩な品種が見られる。

霧降《きりふり》ノ滝《たき》

霧降高原に位置し、高さ75m。カエデ、ミズナラ、ヤマザクラなどが紅葉。西日があたる時間帯がとくに美しい。

群馬《ぐんま》

県花「レンゲツツジ」
群馬県のシンボルである赤城山や榛名山のほか、浅間高原などに群生地があり、本県になじみのある花。とくに武尊牧場、鹿沢・湯の丸高原の群落は県の天然記念物に指定。

全体に山がちな内陸県で、尾瀬の湿原や妙義山、梅林など変化に富んだ風景に恵まれている。季節によって大きい寒暖差や冬の強い北西季節風「空っ風」などの厳しい環境を乗り越えて咲く、力強い花々が見られる。

花と緑の歳時記

- **3月中旬** 榛名の梅祭り（榛名梅林 B3）
- **4月上旬～中旬** 赤城南面千本桜まつり（C3）
- **4月上旬～5月上旬** みさと芝桜まつり（みさと芝桜公園 B3）
- **4月中旬～下旬** 吾妻公園チューリップまつり（C3）
- **4月中旬～5月上旬** 館林つつじまつり（つつじが岡公園 D3）
- **4月下旬～5月中旬** 藤岡ふじまつり（ふじふれあい館 C3）
- **5月上旬** 妙義山下仁田さくら祭り（妙義山さくらの里 B3）
- **6月** 赤城山新緑&つつじウォーク（C2）
- **6月中旬** 赤堀花しょうぶ園まつり（C3）
- **12月上旬** 冬桜ウォーク（桜山公園 B3）
- **1月上旬** ろうばいの郷まつり（B3）
- **2月下旬～3月下旬** みさと梅まつり（箕郷梅林 B3）
- **2月中旬～3月下旬** 秋間梅林祭（B3）

【梅《ウメ》】

ぐんま三大梅林の一つ

箕郷《みさと》梅林【2～3月】(B3)

榛名山南麓の丘陵に広がり、榛名梅林、秋間梅林とともにぐんま三大梅林に数えられる梅の産地。戦国時代に武田信玄と長野業正の攻防があった箕輪城の史跡が近くにある。その子業盛が辞世の句で「箕輪の山里」の梅に触れており、梅の歴史は古いといわれる。

【紅葉《コウヨウ》】

荒々しい岩山と紅葉がつくる独特の光景

妙義山【10～11月】(B3)

赤城山、榛名山とともに上毛三山の一つ。金洞山、白雲山、金鶏山などの峰々の総称で、奇岩の多い岩山。険しい山肌と紅葉のコントラストが美しい。1912年、宣教師であり登山家の英国人ウォルター＝ウェストンが、妙義山を舞台にロープを使いながら2人で岩山を上る技術を日本人に初めて教えた。そのため登山家の間では「近代登山発祥の地」といわれる。

【紅葉《コウヨウ》】

深山に滝が連なる秘境の紅葉

照《てり》葉《は》峡【10月】(C2)

水上温泉郷の紅葉は、明治の頃から定評があり、若山牧水が『みなかみ紀行』で記して以来、太宰治や北原白秋、与謝野晶子など多くの文人が訪れていた。その奥地にあり、紅葉の美しい秘境の地として知られるのが照葉峡。俳人水原秋櫻子が日本一と讃えて愛した渓谷で、「翡《ひ》翠《すい》の滝」「潜《せん》龍《りゅう》の滝」など大小11の主な滝の名を命名したことでも知られる。

【鬱金香《ウコンコウ(チューリップ)》】

赤城山麓に広がる花の楽園

ぐんまフラワーパーク【4月】(C3)

☎027-283-8189

一年中さまざまな花を楽しめ、とくに春のフラトピア大花壇では、約15万球のチューリップが赤城山とパークタワーを背景に咲く。ばら園や紅葉に染まる日本庭園、あじさい園、ハーブ約180種を楽しめる香りの散歩道など、見所がたくさん。緑色に咲くギョイコウや翡翠色の花が咲くヒスイカズラなど珍しい植物も多い。

群馬"花"物語

群馬県の特産品・コンニャクは、日本一の収穫量を誇る

コンニャクの生育には、排水にすぐれた低温の土地と冷たく乾燥した空っ風が好条件といわれ、下仁田町をはじめ山間地域が主な栽培地となっている。コンニャクの花は咲くまで約5年かかるので、2〜3年で出荷されてしまう栽培畑で見ることは珍しい。ミズバショウに似た濃い赤紫色の花が咲く。

コンニャクの花　栽培されているコンニャク

【躑躅《ツツジ》】

古くから知られる躑躅の名所

つつじが岡公園【4〜5月】(D3)

☎0276-74-5233

室町時代にはすでに「つつじが崎」の名で呼ばれていたツツジの名所。古くからヤマツツジが群生していた上に、松平忠次や秋元志朝など代々の館林城主の保護と、各地からの株移植を受けて、現在は約50種1万株が咲く。樹齢800年をこえるヤマツツジや江戸キリシマ古木群は必見。また館林市出身の宇宙飛行士向井千秋がシャトルに搭載したツツジを「宇宙ツツジ」として生育している。

【桜《サクラ》】

冬と春に咲く二度咲きの桜

桜山公園【11〜12月・4月】(B3)

1908年に日露戦争の勝利を記念して桜1000本を植栽したのが始まりで、ここに混じっていた冬桜が評判になった。冬桜は冬に咲き、さらに咲かずに残った蕾が春にも咲く珍しい二度咲きのもの。冬は紅葉とともに桜を見ることができ、春にはソメイヨシノとあわせて約1万本が咲き誇る。国の名勝・天然記念物の指定を受けている。

自然保護活動で守られた貴重な植生

尾瀬

「夏がくれば思い出す はるかな尾瀬…」と歌われる尾瀬。そこには、長い年月をかけて育まれた高層湿原があり、ミズバショウなどの多様な花々による美しい風景が広がっている。

見頃：ミズバショウ 5〜6月

尾瀬ヶ原の下ノ大堀（中田代）と至仏山

独特の自然が育んだ花々

尾瀬には19科42種も尾瀬を原産とする植物があり、ほかにも珍しい花が多数ある。それらは独特の気候と複雑な地形・地質によって育まれたものだ。尾瀬を代表する花といえば、ミズバショウやニッコウキスゲなどの湿原に咲く花を誰もが想像するが、年間平均気温4℃と低温の尾瀬には、最終氷期からの生き残りである北方系の植物や、植物の生育に向かない蛇紋岩の分布する至仏山に自生するオゼソウなど学術的に貴重な植物もある。それらは長い年月、微妙なバランスが保たれてきた尾瀬ならではの花を咲かせ、訪れる人を魅了してやまない。

ミズバショウ

研究見本園

ニッコウキスゲが群生する大江湿原と燧ケ岳

長い年月をかけて発達した高層湿原

尾瀬ヶ原と尾瀬沼は、活火山である燧ケ岳の火山噴出物が数万年前に只見川や沼尻川をせき止めたことによって誕生した。その後、低層湿原ができミズバショウなどの水生植物の遺骸が長い年月をかけて泥炭化し、1年に1mm弱のゆっくりとした速さで堆積して中央が盛り上がった高層湿原へと変化していった。現在の尾瀬ヶ原高層湿原中央部では、泥炭層の厚さが4.5m以上にもなり、現在の姿になるまで6000〜7000年の歳月がかかったとされる。

湿原の移り変わり

ミズバショウやヨシ、スゲなどの水生植物が生える

中間湿原では、ニッコウキスゲやワタスゲなどが生育

枯れたミズゴケが堆積し泥炭層となって水面より盛り上がる

ラムサール条約に登録

1971年、イランのラムサールで開催された「湿地および水鳥の保全のための国際会議」で採択されたのが「ラムサール条約」。正式名称は「特に水鳥の生育地として国際的に重要な湿地に関する条約」。湿原や沼沢などの湿地の保全と適正な利用を目的とした国際的な取り組みのことだ。尾瀬は2005年に登録された。

多種多様な植物が生息する尾瀬

尾瀬にはシダ類以上の高等植物が約900種も生育しており、尾瀬で発見された原産種は19科42種、尾瀬でしか見られない特産種は14科21種、「オゼ」の名がつく植物は18種類もある。例えばオゼソウやオゼヌマアザミは尾瀬とその周辺にだけ分布する。尾瀬だから出会える花も多いのだ。

オゼヌマアザミ

オゼソウ

新潟県
魚沼市
福島県
<352>
燧ケ岳
2356
赤ナグレ岳
ミノブチ岳
檜枝岐村
燧(長英)新道
尾瀬の中でも花の湿原として有名
大江湿原
長蔵小屋
尾瀬沼
尾瀬沼ビジターセンター
見晴新道
白砂田代
白砂湿原
段小屋坂
白砂峠
小沼
治右衛門池
大清水平
皿伏山
1917
沼越しに見るクサモミジと燧ケ岳の紅葉の光景も人気
1762
三平峠(尾瀬峠)
岩清水「水場」
一ノ瀬休憩所
荷鞍山
2024
富士見峠
1883
只見川
平滑の滝
温泉小屋
赤田代
見晴(下田代十字路)
下田代
八木沢
長沢
東電小屋
ヨッピ橋
ヨッピ川
尾瀬ヶ原
沼尻川
中田代
竜宮十字路
尾瀬ヶ原でも一番多くの品種の花が咲くといわれる
アヤメ平
横田代にかけて、標高が高いためにいっせいに花が咲き競う天上の楽園
横田代
みなかみ町
大白沢山
1942
ススケ峰
1953
景鶴山
2004
与作岳
1933
ホソバヒナウスユキソウなど珍しい花も見られる花の名山
至仏山
カッパ山
1822
八海山
1811
滝ノ沢
外田代
左俣
右俣
柳平
泉水池
牛首分岐
上田代
源五郎堀
ミツガシワの花の群落やヒツジグサ、オゼコウホネなどの水生植物
猫又川
山ノ鼻
山の鼻小屋
研究見本園
尾瀬山の鼻ビジターセンター
小至仏山
悪沢岳
2043
1591
鳩待山荘
鳩待峠
駐車場
群馬県
小赤沢
赤沢
大行山
1772
津奈木沢
津奈木橋
笠科川
坤六峠
冬路沢
硫黄沢
尾瀬沼北岸道や沼東岸から三平下までの林床などで見られるギンリョウソウ。腐葉土に住む菌類から栄養を得ており、葉緑体がないのが特徴。そのため花も茎も葉も白く、「ユウレイソウ」とも呼ばれる。
沼田街道
片品川
中ノ岐沢
尾名沢
物見小屋
大清水小屋
大清水
駐車場
<401>

尾瀬の花暦

	5月	6月	7月	8月
ワタスゲ	■	■		
ミズバショウ	■	■		
リュウキンカ	■	■		
タカネバラ			■	
ヒツジグサ			■	■
オゼヌマタイゲキ			■	■
ナガバノモウセンゴケ			■	■
ギンリョウソウ			■	■
ニッコウキスゲ			■	■
オゼコウホネ			■	■
オゼソウ			■	■
オゼヌマアザミ				■

タカネバラ

リュウキンカ

尾瀬+α

尾瀬で暮らす動物

天然記念物であるニホンヤマネは、ほ乳類の中でも最も古い種で「生きた化石」と呼ばれる。丈夫な歯や筋肉はもっておらず、堅い木の実などが食べられない。そのため、餌は花の種や蜜、花粉、昆虫が主。尾瀬の貴重な花々が天然記念物を育んでいるのだ。半年以上も冬眠し、尾瀬の山小屋の布団の中で眠っている姿が見つかることもあるとか。

ニホンヤマネ

木道は総延長65kmにも及び、約20kmを東京電力が敷設・管理。木道から外れて湿原への立ち入りは厳禁だ。木道には、施工者の焼印が押されている。

自然保護活動と歩んできた尾瀬

日本の自然保護活動の原点といわれる尾瀬。明治時代の水力発電のダム建設計画をはじめとして開発計画が繰り返され、昭和30年代には唱歌『夏の思い出』が流行りハイカーが押し寄せた。そのため急速に湿原は荒廃していった。1972年、自然を守るために全国に先駆けて「ごみ持ち帰り運動」が始まる。現在も地元や東京電力を中心に、自然保護活動がさかんだ。大正時代から尾瀬の土地を所有し、現在もその土地の約4割を所有する東京電力は、木道の維持管理や湿原復元などさまざまな取り組みを行っている。

こんな話も　尾瀬を愛し、その自然保護に人生を捧げた長蔵小屋の主・平野長蔵。開発計画に反対するために、尾瀬沼の畔に移り住んだという。その小屋は現在も沼の東畔で多くの登山客を支えている。

花咲く尾瀬ヶ原散策日帰りコース

日帰りでミズバショウなどの花を楽しみたい方におススメ。日帰りのウォーキングでも準備はしっかりと。

おすすめコース

鳩待峠
徒歩　70分
山ノ鼻／尾瀬山の鼻ビジターセンター
徒歩　50分
牛首分岐
徒歩　45分
竜宮十字路
徒歩　30分
ヨッピ橋
徒歩　40分
牛首分岐
徒歩　50分
山ノ鼻
徒歩　90分
鳩待峠

尾瀬ではマナーを守りましょう

埼玉《さいたま》

県花「サクラソウ」

ハート形の花びらが特徴で、1971年に身近な花として県の花に指定。北海道南部から四国沿岸まで川のほとりや野原に自生し、かつては荒川沿岸に広く見られた。

西部の山地と東部の平地に分かれる埼玉県は、東京都心部と繋がる鉄道や道路が発達している。秩父地方には長瀞などの美しい渓谷や桜の名所があり、首都圏の身近な行楽地になっている。

【紫陽花《アジサイ》】

弘法大師が再建したと伝わるあじさい寺

能護寺《のうごじ》【6～7月】(D2)

☎048-588-0901

行基上人が開山し、弘法大師が再建したと伝わる古刹。妻沼の「あじさい寺」として親しまれ、境内にヒメアジサイやガクアジサイなどが咲き乱れる。1814年に再建された本堂の格天井には、絵師金井烏洲、岩崎榮益、樋口春翠の手による花鳥獣がある。

花と緑の歳時記

- **4月上旬** こだま千本桜まつり (C2)
- **4月中旬** さくら草まつり (桜草公園 E3)
- **4月下旬～5月上旬** 五大尊つつじ祭り (D3)
  ぼたんまつり (東松山ぼたん園 D2)
- **5月中旬～下旬** こうのす花まつり
  (ポピー・ハッピースクエア E2)
- **6月上旬～7月上旬**
  あやめ・ラベンダーのブルーフェスティバル
  (菖蒲城址あやめ園 E2)
- **6月下旬** あじさい街道まつり＆城山ハイキング
  (あじさい街道 D3)
  べに花まつり (べに花摘み取り園 E3)
- **7月中旬** 行田蓮まつり (古代蓮の里 D-E2)
- **7月中旬～9月上旬**
  ムクゲまつり (ムクゲ自然公園 C2)
- **9月中旬～下旬** 巾着田曼珠沙華まつり (D3)
- **10月下旬** 城峯公園冬桜まつり (C2)
- **2月下旬～3月下旬** 越生梅林梅まつり (D3)

【紅葉《コウヨウ》】

10kmにもわたって続く紅葉が彩る絶壁

中津峡【10～11月】(B3)

中津川が南天山と白泰山の間を縫う渓谷で、約10kmにわたる。高さ100mの絶壁が続き、紅葉の名所として有名。ウルシノキ、ナナカマド、モミジなどが観賞できる。近くには平賀源内の設計による建築物「源内居」があり、源内はここで鉱山経営や執筆をしたと伝えられる。

江戸時代の文献にも記された梅の産地

越生梅林【2～3月】(D3)

一説には梅園神社に太宰府から天満宮を分祀する際に梅を植えたのが起源とか。偕楽園、熱海梅園とともに関東三大梅林に数えられる。約2haもの敷地には、越生野梅など保存古木を含む約1000本が植えられている。この辺りは江戸時代の地誌『新編武蔵風土記稿』に梅干の産地として記され、現在も県内随一の梅の実の産地。明治時代には、佐々木信綱、野口雨情などが訪れている。

【彼岸花《ヒガンバナ(マンジュシャゲ)》】

高麗川のほとりに広がる日本一の彼岸花群生地

巾《きん》着《ちゃく》田《だ》【9～10月】(D3) ☎042-982-0268

高麗川の蛇行でできた形が巾着のように見えるため名づけられた。地元では「川原田」と呼ぶ。8世紀に移り住んだ高麗の渡来人がこの地に稲作を伝えたといわれ、近隣には高麗神社などが名残を伝える。高麗川河川敷の平地には、多くの花々が咲き、とくに約500万本ものヒガンバナが咲く光景は圧巻。日本一の群生地である。

【花菖蒲《ハナショウブ》】

残された屋敷門に花菖蒲が風情を添える

菖《しょう》蒲《ぶ》城址あやめ園【6月】(E2)

水田地帯の一角に約50種35000株のハナショウブが咲く。園内には江戸時代の旗本内藤家屋敷門などが移築されており、風情が漂う。もともと15世紀に古河公方足利成氏が築城し、菖蒲の節句に竣工したために名づけられたとされる菖蒲城があった。対立していた上杉氏への防御網として整備されたものである。1590年の小田原の役の後に廃城になったが、徳川家康に仕えた徳川十六将の一人内藤正成が陣屋を構え、旗本として幕末まで一帯を治めた。

埼玉"花"物語

世界に知られた大宮盆栽村

大宮公園北側に、9軒の盆栽園が営まれる町がある。国内外から愛好家が訪れる通称大宮盆栽村だ。もともと東京小石川に集まっていた盆栽業者が、1923年の関東大震災で被災し、より広く環境のいい土地で盆栽業者だけの村をつくろうと移住してきた。造園業、植木業、園芸農家はいない。戦後、調査で大宮を訪れたアメリカ軍によって米国に紹介され、高く評価されたことが注目のきっかけ。2010年には、大宮盆栽美術館が誕生した。

【梅《ウメ》】

【桜《サクラ》】

桜をはじめ四季折々の花が咲き誇る

長瀞【3～4月】(C2)

長瀞にはソメイヨシノを中心に約3000本の桜がある。有名な岩畳の辺りには約5万本のユキヤナギも自生しており、あわせて楽しめる。近くで青緑色の緑《りょく》泥《でい》片《へん》岩《がん》や紅色の紅《こう》簾《れん》石《せき》片岩などの結晶片岩が観察できることから、日本の地質百選にも指定されている。ドイツの地質学者ナウマンや宮沢賢治が調査に来ており、日本地質学の発祥の地でもある。

千葉《ちば》

県花「ナノハナ」

千葉を代表する花で、「なのはな体操」「菜の花ロード」など、至るところで"ナノハナ"が用いられている。正式決定ではないが広く親しまれているため、県の花とされている。

県の大部分がなだらかな台地や丘陵地で、全体的に穏やかな気候の千葉県。黒潮が流れるため、房総半島南部はとくに温暖で、花の露地栽培がさかん。また交通の便も良いため、季節を問わず多くの花見観光客を魅了し続けている。

【紫陽花《アジサイ》】

あじさい寺と親しまれる名刹

本土寺【6月】(A2) ☎047-346-2121

日蓮上人の弟子日朗を導師として開堂し、東京・本門寺、神奈川・妙本寺と合わせて「朗門の三長三本」と称される。四季折々の花を楽しめる境内にはアジサイやハナショウブも咲く。

【花菖蒲《ハナショウブ》】

手賀沼のほとりを彩る花菖蒲

水生植物園【6月】(B2)

手賀沼親水広場に隣接する敷地にハナショウブが植えられ、手賀沼の湖畔を散策しながら楽しめる。もとは湖の入り江であったが、江戸から昭和にかけての干拓によって約8割の水域が陸地になった。かつてはウナギなどの漁獲もあり、湖畔に志賀直哉や武者小路実篤などの別荘もあるほど風光明媚な場所だった。

【水仙《スイセン》】

八犬伝ゆかりの地に咲く水仙

城山公園【12~3月】(A4)

☎0470-23-5212(館山市立博物館)

館山市街を望む公園内に咲くニホンズイセン。かつて戦国武将里見氏の居城・館山城があった。里見氏に仕えた側近8人は藩主の死去の際に殉死しており、「八賢士」と讃えられ、『南総里見八犬伝』のモデルになったといわれている。また、南房総はスイセンの日本三大群生地の一つとされている。

【鬱金香《ウコンコウ(チューリップ)》】

オランダ風車と関東最大級のチューリップ畑

佐倉ふるさと広場【4月】(B2) ☎043-486-8898

佐倉藩は、蘭医学が盛んで「西の長崎、東の佐倉」とうたわれた。佐倉ふるさと広場には、その歴史にちなみオランダ人技師が手がけた本格的な水汲み風車がある。70万本のチューリップのほか、夏のヒマワリ、秋のコスモスによく映えるシンボルだ。

千葉"花"物語

収穫量日本一を誇る八街市の落花生

千葉県の特産物として突出した生産量をあげるラッカセイ。とくに八街市のラッカセイは全国的に有名。ラッカセイは地中で豆が成熟するまでの過程はあまり知られていない。夏に黄色の花を咲かせた後、子房が伸びて地中に潜る。やがて地中で豆ができてラッカセイになるのである。収穫後は自然乾燥のために野積みされ、独特の畑の風物詩になっている。

(B2) (B3) (A2) (C2) (A3)

【紅葉《コウヨウ》】

関東一遅い紅葉

養老渓谷【11～12月】(B3)

「日本の地質100選」に指定された紅葉の名所で、関東一色づきが遅いといわれる。弘文洞《こうぶんどう》跡では、蛇行した河川をトンネルで短絡させた「川回し」の跡がみられ、独特の景色のもと紅葉が楽しめる。付近の温泉街や粟又の滝なども立ち寄りたい。

花と緑の歳時記

3月下旬～4月上旬	さくらまつり(清水公園 A2)	5月下旬～7月上旬	花野辺の里あじさいまつり(B3)
	里見公園桜まつり(A2)	6月	宗吾霊堂紫陽花まつり(B2)
	アンデルセン公園さくらまつり(B2)	6月中旬	佐倉城下町菖蒲まつり(佐倉城址公園 B2)
4月	佐倉チューリップフェスタ(佐倉ふるさと広場 B2)	6月中旬～下旬	紅花フェスティバル(長福寿寺 B3)
4月～5月中旬	水郷おみがわ桜つつじまつり(小見川城山公園 C2)	10月上旬～11月中旬	オータムフェア(京成バラ園 B2)
		11月中旬～下旬	成田山公園紅葉まつり(B2)
4月下旬～5月上旬	つつじまつり(清水公園 A2)	11月下旬	養老渓谷もみじまつり(B3)
	花はなフェア(京成バラ園 B2)	12月中旬～2月上旬	水仙まつり(をくづれ水仙郷 A3)
5月下旬～6月	あやめまつり(水生植物園 B2)	2月中旬～3月中旬	坂田城跡梅まつり(B2)

世界が認める新品種を生み出してきた

京成バラ園【5～6月、10～11月】(B2) ☎047-459-3347

運営会社・京成バラ園芸は、バラの育種育苗や品種改良と、バラ文化の普及に力を入れている。2010年に権威のあるローマ国際バラコンクールで「快挙」が金賞を受賞するなど、世界でも有名。"ミスターローズ"と呼ばれた育種家・鈴木省三は京成バラ園芸の研究所で所長として育種に取り組み、多くの品種を作出した。

【薔薇《バラ》】

花どころ満載のドライブウェイ

南房総の花めぐり

沖合を暖流が流れる房総半島は、温暖湿潤で冬も比較的暖かい。とくに南房総の海沿いでは、東京に近い地の利を生かして、花卉栽培が盛んだ。こうした花々をめぐるドライブ旅行も人気となっている。

春 ナノハナ 2~4月

ほぼ通年で楽しめる一大花スポット

1 マザー牧場

千葉県富津市 ☎0439-37-3211

動物とのふれあいをテーマとした観光牧場だが、250haの広大な敷地には、花のゾーンも多い。なかでも斜面を埋め尽くして咲く春のナノハナはマザー牧場を代表する花景色だ。

キバナコスモス 8~9月

サルビア 9~10月 秋

夏 ペチュニア 5~10月

冬 スイセン 12~2月

日本三大群生地の一つ

2 鋸南町の水仙郷

千葉県鋸南町

安政年間、鋸南町のスイセンを江戸に向けて出荷したのが、房総の花づくりの始まりだという。町内の「江月水仙ロード」や「をくづれ水仙郷」などで里山の自然散策を楽しみながら、スイセン観賞を堪能できる。

冬 スイセン 12~2月

夏 アジサイ 6月

秋 ミヤギノハギ 9~10月

里山を彩る四季の花

3 花野辺の里

千葉県勝浦市 ☎0470-70-1127

約6万株のアジサイのほか、散策路をたどればミヤギノハギが生い茂る萩の道、竹林に一際鮮やかな秋のヒガンバナなど、里山の懐かしい風景が蘇る自然園。

秋 ヒガンバナ 9月

昭和40年代まで房総ではマーガレットの栽培が非常に盛んで、洲埼灯台周辺は別名マーガレット岬とも呼ばれた。近年は有志によるマーガレット岬復活を目指した植栽活動が行われている

ハーブを集めた英国風庭園が美しい道の駅。農産物直売所もある

11~6月と花期の長いキンギョソウをはじめ、ポピーやキンセンカ、ハマナス、ヒマワリの花摘みができる

南房総 春の ドライブコース

東京都心から1時間もかからない木更津Jct.を起点に南房総をぐるっと1周1泊旅行。

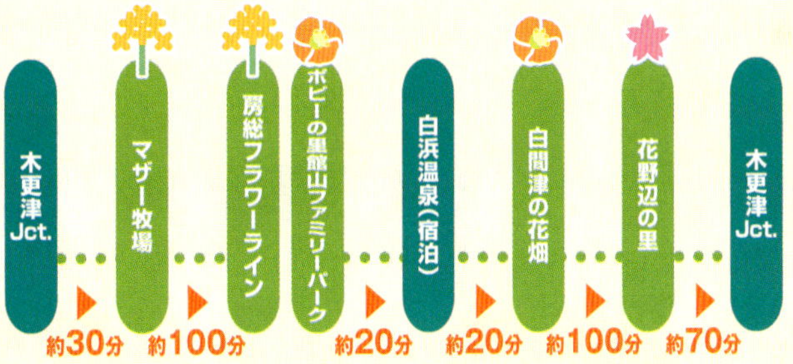

④ 房総フラワーライン　ナノハナ 1~3月

千葉県館山市

館山市の洲埼灯台から南房総市白浜の野島埼灯台へと至る約17kmの道。館山市伊戸～相浜の約6kmは、冬から春にかけてはナノハナやポピー、夏はマリーゴールドが沿道を飾り「日本の道百選」に選定されている。

⑥ 白間津《しらまづ》の花畑　ストック 1~3月

千葉県南房総市

南房総市千倉町の白間津地区は花の露地栽培が盛ん。太平洋の青を背景にストックやポピー、キンセンカなど色とりどりの花が咲く花畑が約20か所あり、1~3月にかけては花摘みや写真撮影など大勢の人で賑わう。

⑤ ポピーの里 館山ファミリーパーク　ポピー 3~4月

千葉県館山市　☎0470-28-1110

南国のリゾート地を思わせるパームツリーの足元に、関東最大級約10万株100万本のポピーが咲き誇り、花摘み体験も楽しめる。ラベンダーやヒマワリ、スターチス、キンギョソウなどの多様な花を1年中観賞できるのも魅力だ。

東京《とうきょう》・23区

「本郷もかねやすまでは江戸の内」といわれる江戸の下町や、明治時代に官僚や資産家が暮らした山手、武蔵野の面影を残す都西部。東京23区ならではの伝統や文化が根づいている。歴史に登場する人物ゆかりの名所も多く、花とともに歴史も楽しめる。

花と緑の歳時記

3月中旬～4月上旬

うえの桜まつり(上野恩賜公園 C2)

隅田公園桜まつり(D2)

4月中旬～5月上旬

文京つつじまつり(根津神社 C2)

【薔薇《バラ》】

洋館の前に広がる薔薇の庭園

旧古河庭園【5～6月、10～11月】(C1)

☎03-3910-0394

陸奥宗光の別邸でもあった洋館と洋風庭園は、鹿鳴館やニコライ堂の設計で有名なジョサイア＝コンドルの手による。幾何学的なフランス式庭園と立体的なイタリア式庭園の技法を併せもつ洋風庭園にはバラが咲く。バラと洋館が調和した絵画的な美しさが見事。

【菊《キク》】

由緒ある庭園で見られる菊

新宿御苑【11月】(C2)

☎03-3350-0151

信州高遠藩主内藤氏の屋敷跡に、皇室の庭園として1906年に誕生。皇室中心の観菊会が1929年から新宿御苑で行われるようになった。江戸菊や肥後菊などの多彩な菊や、懸崖《けんがい》作りなど特色ある技法の菊花壇が見られる。

【紅葉《コウヨウ》】

紅葉が彩る中国趣味豊かな庭園

小石川後楽園【11月】(C2)

☎03-3811-3015

1629年、水戸藩屋敷内に水戸徳川家の祖である頼房が造り、光圀の時に完成。小石川台地の末端部に位置し、そこへ神田上水の流れを引き入れて造った池中心の回遊式築山泉水庭園。明の儒学者である朱舜水の意見と光圀の儒学思想に基づいており、中国趣味豊かである。秋には紅葉が鮮やかに庭園を彩る。

【花菖蒲《ハナショウブ》】

神宮にひっそりと咲き誇る花菖蒲

明治神宮御苑【6月】(B-C2)

☎03-3379-5511

日本一の初詣参拝者数を誇る明治神宮にあり、江戸時代には加藤家や井伊家の下屋敷があった。苑内の菖蒲田は明治天皇が昭憲皇太后のために全国から優良品種を集めて植えさせたといわれている。

4月下旬～5月上旬　藤まつり(亀戸天神社 D2)
5月中旬～6月上旬
春のバラフェスティバル(旧古河庭園 C1)
6月　葛飾菖蒲まつり(水元公園・堀切菖蒲園 D1)
6月中旬　花菖蒲祭り(清澄庭園 C2)
11月　菊花壇展(新宿御苑 C2)
2月　春を呼ぶ小石川後楽園
黄門様のお庭で梅まつり(C2)
2月上旬～3月上旬　湯島天神梅まつり(C2)
2月中旬～3月中旬　梅まつり(亀戸天神社 D2)

おもな道の駅
花の百名山・新花の百名山
日本さくら名所100選
日本紅葉の名所100選
県花が見られるおもなスポット
草加市
八潮市
足立区
北区
荒川区
文京区
台東区
墨田区
葛飾区
江戸川区
江東区
千代田区
中央区
港区
品川区
大田区
松戸市
市川市
浦安市
川崎市
東京湾
水元公園
都内最大規模のハナショウブの群生が見られる
西新井大師
境内に3か所あるボタン園
青和ばら公園
住宅街の中にあるバラの名園
飛鳥山公園
江戸っ子の行楽地として開かれた桜の名所
旧古河庭園
六義園
p.74-75
根津神社
約50種のツツジが咲き競う
小石川植物園
小石川後楽園
上野恩賜公園
向島百花園
隅田公園
湯島天神
靖国神社
千鳥ヶ淵公園
堀切菖蒲園
錦絵にも描かれた江戸名所の一つ
小岩菖蒲園
江戸川河川敷に広がるハナショウブ約5万本
亀戸天神社
15棚100株の華麗なフジ
清澄庭園
ハナショウブのある回遊式林泉庭園
浜離宮恩賜庭園
かつては鷹狩場で、ボタン園のある大名庭園
葛西臨海公園
伊豆・下田より贈られたスイセン
東京スカイツリー
東京ドーム
東京タワー
皇居
東京ディズニーランド
東京ディズニーシー
東京ゲートブリッジ
東京国際空港
多摩川
荒川
中川
0
5km

梅《ウメ》

香しく梅咲き誇る学問の神様

湯島天神【2~3月】(C2)

☎03-3836-0753

梅にまつわる伝説のある菅原道真公を祀る由緒正しい神社で、江戸時代から梅の名所として親しまれてきた。梅園には、白梅を中心に約300本が咲き誇り、梅が咲く期間には梅まつりも行われる。湯島天神に伝わってきた白梅太鼓などの奉納演芸も催され、東京の初春の風物詩となっている。

【萩《ハギ》】

多くの文人墨客が訪れた花園に萩の風情

向島百花園【9月】(D2)

☎03-3611-8705

江戸の文化・文政期に開園した草花中心の民営の花園。骨董商の佐原鞠塢《さはらきくう》が交遊のあった文人墨客の協力を得て造った。当初は360本の梅が主体だったが、中国や日本の古典に詠まれた植物を集めて「百花園」と呼ばれるようになった。絵師酒井抱一や狂歌師大田南畝などが利用するサロンでもあった。現在は全長約30mのハギのトンネルが名物。

東京・23区"花"物語

春の下町花めぐり

東京23区内の下町と呼ばれるエリアには、江戸の歴史と情趣を楽しみながら花見ができるスポットがある。ゴールデンウィーク頃、江東区の亀戸天神社ではフジが、文京区の根津神社ではツツジが、台東区の上野東照宮ではボタンが、時期が重なるようにして咲き誇る。この3つの神社とも、徳川幕府の将軍ゆかりの場所。門前には下町ならではの老舗や名店も多く、個性あふれる3社の花とともに江戸時代の風情をしのぶことができる。

亀戸天神社

“桜の都”東京

東京の桜は、江戸時代に3代将軍徳川家光が上野の寛永寺に吉野山（奈良県）のヤマザクラを移植させたことに始まる。また、隅田川堤や飛鳥山など、8代将軍吉宗が整備させた桜の名所も少なくない。これらは庶民に開放された娯楽の場であったとともに、当時度々発生した大火に備えるための防火帯でもあった。春に多くの見物客や花見客を集める東京の桜は、江戸時代から脈々と続く歴史に彩られている。

屋形船から見上げる東京スカイツリーと桜並木

隅田公園　東京都墨田区・台東区

隅田川の両岸にまたがる隅田公園は、約640本の桜が咲き誇る花見の名所。屋形船や水上バスから川と桜、スカイツリーが織りなす都市景観を楽しめるのは東京ならでは。

隅田公園＋α

桜餅の起源　長命寺桜もち

桜餅には餡を餅でくるむ関西風と焼いた皮でくるむ関東風があるが、その発祥を尋ねるといずれも隅田川沿いにある和菓子店「山本や」に行き着く。この店の初代が江戸時代に考案した関東風の「長命寺桜もち」がその起源なのである。

桜を楽しみながらカフェめぐり

目黒川　東京都目黒区など

護岸工事を記念して植えられた桜が両岸にずらりと並ぶ。約3.8kmにわたる桜を観賞しつつカフェで一服というのが目黒川の花見スタイル。

シンボルは滝のように流れ落ちるシダレザクラ

六義園《りくぎえん》　東京都文京区 ☎03-3941-2222

六義園は、5代将軍綱吉に重用され、当時の幕政を主導した柳沢吉保が造営した大名庭園。高さ約15m幅約20mのシダレザクラが有名だ。

作画　黒澤達矢

皇居の周囲は都心の桜ベルト地帯

千鳥ヶ淵公園　東京都千代田区

皇居の堀の一つである千鳥ヶ淵の周囲は、千鳥ヶ淵公園や靖国神社など、見事な桜のベルト地帯となっている。これらの桜は、明治時代に靖国神社に植えられた桜が始まりというが、英国公使アーネスト・サトウが植え、後に東京市に寄贈された英国公使館前の桜も起源の一つとされる。イギリス大使館前には今も美しい桜並木がある。

靖国神社には東京都の桜開花日を決める標準木（3本のソメイヨシノ）がある

都内最大約200万人の花見客が繰り出す名所

上野恩賜公園　東京都台東区 ☎03-3828-5644

上野恩賜公園の前身といえる寛永寺は徳川家の菩提寺である。上野戦争で彰義隊が立てこもり、伽藍は焼失したが、1873年に日本初の公園として公開された。約40種1200本の桜の下、毎年賑やかな花見の宴が繰り広げられる。

歌川広重が描いた名所江戸百景「上野清水堂不忍ノ池」（1856年）

こんな話も　重箱を広げて飲み食いしながら桜を愛でる花見弁当の習慣は、江戸時代にはすでに定着していた。古典落語『長屋の花見』は、飛鳥山や上野の山を舞台にした花見弁当にまつわる滑稽な噺だ。

東京《とうきょう》

県花「ソメイヨシノ」

江戸から明治にかけて、染井村（現在の豊島区駒込）の植木職人がヤマザクラを品種改良したのがソメイヨシノ。近年、染井産「ソメイヨシノ」を作る試みがある。

政治、経済の中心地として発展している首都東京。西部は関東山地、中央部には武蔵野台地が広がっている。伊豆諸島や小笠原諸島も含まれ、2011年には小笠原が日本で4番目の世界自然遺産に登録されて話題になった。

花と緑の歳時記

- 3月下旬～4月上旬　八丈島フリージアまつり(F3)
- 3月下旬～5月下旬　フラワーフェスティバル(国営昭和記念公園 C…
- 4月　羽村のチューリップまつり(C1)
- 4月上旬　小金井桜まつり(D2)
- 　　　　滝山城跡さくらまつり(C2)
- 4月中旬～5月上旬　塩船観音寺つつじまつり(C1)

【秋桜《コスモス》】

季節のうつろいを見事な花畑で楽しむ

国営昭和記念公園【9～10月】(C2)

☎042-528-1751

立川飛行場跡地につくられ、総面積180haもの広大な敷地は植物の生育に適した土壌で、さまざまな花や樹木が育つ。春には、31品種のサクラ、ポピー、紫のナノハナ、約22万株ものチューリップが咲く。とくに秋は、花の丘に約400万本ものコスモスが風に揺れる姿が見られ、多くの人が訪れる花の名所だ。

【紫陽花《アジサイ》】

紫陽花が美しい高幡のお不動さん

高幡不動尊【6～7月】(C2)

☎042-591-0032

「高幡のお不動さん」と呼ばれて親しまれる古刹。境内には仁王門や不動堂があり、6～7月には約7500株ものアジサイが五重塔を背景に咲き誇る。新撰組副長の土方歳三の生家土方家の菩提寺でもあり、ほかにも土方歳三銅像や碑、書簡などの資料も充実している。

【紅葉《コウヨウ》】

紅葉の鮮やかな自然の宝庫

高尾山【11～12月】(B2)

山頂、高尾山薬王院、ケーブルカー周辺を中心にイロハモミジなどが色づく。奥高尾にはモミジの林が広がる「もみじ台」もある。古くから森林が保護され、カシやイヌブナなどの自然林、スギやヒノキの植林、コナラやクリの雑木林などさまざまな林からなる。そのため林床には、カタクリやタカオスミレなどの多彩なスミレ群、ノコンギクなどさまざまな花も見られる。

【躑躅《ツツジ》】

色鮮やかな躑躅に抱かれた名刹

塩船観音寺【4〜5月】(C1)

☎0428-22-6677

塩船という地名は、周囲の地形が小さな丘に囲まれ、舟の形に似ていることから、仏が衆生を救おうとする願いの舟である「弘誓の舟」になぞらえて名づけられた。すり鉢状の斜面一帯には、ツツジが咲き競い、境内を埋め尽くす光景は華やか。ツツジが咲く時期には、真言宗修験道の火渡りの荒行も行われる。

独自の進化をとげた動植物の聖地

小笠原【5〜6月】(F3)

「東洋のガラパゴス」と呼ばれるほど独自の進化を遂げた貴重な動植物が多い世界自然遺産。ムニンツツジなど固有植物の宝庫である乾性低木林が豊かで、島それぞれに多様な生態系がある。もともと1670年に紀州のみかん船が漂着したことで発見された。この時の正式名称は「無《む》人《にん》島」という。19世紀に現れた初めての定住者は欧米系やハワイ系の人々で、当時小笠原近海は欧米の捕鯨船が操業する場だった。

©OTA/OVTB

【無人姫椿《ムニンヒメツバキ》】

5月中旬〜6月上旬	春のバラフェスタ(神代植物公園 D2)	9月中旬〜11月上旬	コスモスまつり(国営昭和記念公園 C2)
6月	吹上花しょうぶまつり(C1)	10月中旬〜下旬	秋のバラフェスタ(神代植物公園 D2)
6月	東村山菖蒲まつり(北山公園 C1)	11月	高尾山もみじまつり(B-C2)
6月〜7月上旬	あじさいまつり(高幡不動尊 C2)	1月下旬〜3月下旬	伊豆大島椿まつり(F3)
7月上旬	ほおずき・あさがお市(薬師池公園 C2)	2月上旬〜3月中旬	京王百草園梅まつり(C2)

【桜《サクラ》】

江戸の飲み水だった上水を彩る山桜

玉川上水【3〜4月】(C2)

羽村から四谷付近まで続く約43kmの水路で、江戸時代には江戸市中へ飲み水を供給していた。上水沿いにはヤマザクラが植えられ、当時は花見客に堤を踏み固めてもらうと同時に、桜の花びらが水質を浄化すると信じられていたとか。とくに小金井橋を中心に続く桜並木は小金井桜と呼ばれ、約6kmにわたり2000本あまりが咲く名勝で、明治天皇が観桜に来たほどだった。また国木田独歩『武蔵野』でも当時の武蔵野風情とともに花見の様子が描写された。

東京“花”物語

国分寺崖線から湧き出る清流と花

東京都区部の西部に広がる武蔵野台地には平らな面と、急な崖からなる国分寺崖線が続いており、これを武蔵野の方言で「ハケ」や「ママ」と呼んでいる。崖下の各所で水が湧き、国分寺市の「お鷹の道・真姿の池湧水群」は名水百選にも指定された。かつてはハケの湧水を利用したわさび田があったほど豊かな水量で、野川はこれらの湧水を源流としている。季節にはカラーやシャガなどの花が咲くのどかな風景を楽しめる。

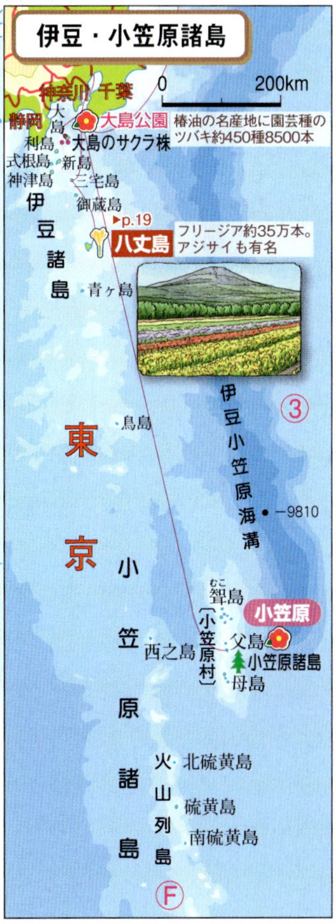

神奈川《かながわ》

県花「ヤマユリ」

1951年、全国に先駆けて県民の投票で制定された県花。日本特産の花で気品に満ちた姿が好まれる。気候風土によく合い、津久井地方、丹沢や箱根などの山中で見られる。

四季折々の花が趣を添える古都・鎌倉、日本有数の保養地・箱根の紅葉に染まる山なみ。神奈川県の自然は、美しい日本の季節を存分に堪能できるもの。丹沢山系や相模湾など海も山も川も、豊かで多様性に満ちた自然が随所に見られ、見所が尽きない。

花と緑の歳時記

3月下旬～4月上旬
小田原桜まつり(小田原城址公園 A2-3)
三渓園観桜の夕べ(C2)
5月 つつじ・しゃくなげフェア(小田急 山のホテル A3)
6月 小田原城あじさい花菖蒲まつり(A2-3)
花しょうぶまつり(横須賀しょうぶ園 C2)

7月下旬・8月中旬 ひまわりまつり(ひまわり畑 B2)
9月下旬～11月上旬
くりはま花の国コスモスまつり(C3)
11月～12月上旬 大山寺もみじ祭り(A-B2)
11月中旬～下旬 西丹沢もみじ祭り(中川温泉 A2)
1月中旬～下旬 城ヶ島水仙まつり(C3)

1月下旬～3月上旬
小田原梅まつり
(曽我梅林 A2、
小田原城址公園 A2-3)
2月～3月中旬
田浦梅林まつり(田浦梅の里 C2)

【梅《ウメ》】

白梅が咲き香る3つの梅林

曽我梅林【1~2月】(A2)

「曽我兄弟の仇討ち」で知られ、能や歌舞伎の演目『曽我物語』に登場する地に白梅が咲く。「白加賀」など梅干用品種が多いのは、戦国時代の北条氏や江戸時代の小田原藩が梅の実を兵糧にしていたためという。その後も栽培が奨励され、箱根越えの旅人の必需品にもなった。

【桜《サクラ》】

天守閣に映える桜と藤

小田原城址公園【3~4月】(A2-3)

天守閣やお堀周辺にソメイヨシノ約350本が咲く。地理的に重要だった小田原城は、北条早雲が考案したという奇策、牛の角に松明をつけて夜襲する「火牛の計」でも知られる。5月には大正天皇が感嘆したという樹齢180年の「御感の藤」や、6月にはハナショウブとアジサイも楽しめる。

岩崎小彌太が集めた全国の躑躅

小田急 山のホテル【5月】(A3) ☎0460-83-6321

もとは岩崎小彌太男爵（三菱財閥創業者・岩崎彌太郎の甥）の別邸。庭園にあるツツジは男爵が全国から集めたもので、今やツツジ3000株が咲き乱れる。造園の際に一幅の絵となるように配された花壇が美しい。

【躑躅《ツツジ》】

【水仙《スイセン》】

箱根美術館の苔庭の紅葉

【紅葉《コウヨウ》】 【紫陽花《アジサイ》】

天下の景勝地を彩る紅葉と紫陽花

箱根【10〜11月】【6〜7月】(A3)

秋、芦ノ湖から仙石原、強羅、小涌谷と紅葉の見どころが移り行くのが特徴。なかでも強羅の箱根美術館は苔庭や竹庭に映えて美しい。また初夏には、1000mの区間で80mの高低差の急勾配を登る箱根登山鉄道の「あじさい電車」が人気。場所や時期によって見所が変わる沿線のアジサイを車窓から観賞できる。

あじさい電車

【薔薇《バラ》】

東洋一とうたわれた薔薇の花園

生田緑地ばら苑【5〜6月、10〜11月】(C1)

☎044-978-5270

1958年に開園され、当時品種の多さで「東洋一のばら苑」といわれた。四季咲き大輪種やつるバラなど約533種4700株のバラが咲き誇り、富士箱根に自生する日本固有種サンショウバラも観賞できる。各国の王室に由来するバラを集めたコーナーやイングリッシュローズガーデンがあり、国際色も豊か。

神奈川"花"物語

異国情緒あふれる山手に香りたつバラ

明治の文明開化期に広まったバラ。今でも横浜・山手エリアは、外国人居留地だった当時の面影をとどめ、洋館や西洋庭園が点在する。なかでも「山手資料館」は1909年築の木造洋館とバラの香りに包まれる庭園が見事に調和する。

絣姿の花笠娘が摘む花菖蒲

横須賀しょうぶ園【5〜7月】(C2)

江戸系、肥後系、伊勢系のハナショウブ約14万株が咲き、花笠に絣《かすり》を着た女性が枯れ始めた花を摘む。かつてこの辺りは衣笠城の出城として設けられた城館を中心に農耕が行なわれていた。園内のハス池はそこにあった堰が姿を変えたもの。

北原白秋が愛した海と松と水仙

城ヶ島公園【1〜2月】(C3)

海風で傾いた松と約30万株の八重ズイセンの群生が独特の風景を見せ、ハマユウなどの海浜植物も自生する。ウミウやクロサギが生息する海食崖も見ごたえがある。もともと鎌倉時代からの景勝地で、大正時代には流行歌『城ヶ島の雨』でロマンの島として全国に知れ渡った。作詞した北原白秋は城ヶ島や三崎をこよなく愛したという。

【花菖蒲《ハナショウブ》】

明月院の方丈にある円窓

四季折々の美しい時間を寺に訪ねて

鎌倉花の寺めぐり

中世に幕府が置かれた鎌倉は、南に相模湾、ほか三方を山で囲まれた天然の要害で、今なお多くの神社仏閣が点在する。お寺で丹精される季節の花々は禅味ある景観に風情を添えて美しく、なかでもアジサイは梅雨の鎌倉をしっとりと彩っている。

松嶺院はボタン寺と呼ばれる
円覚寺
明月院
浄智寺
東慶寺
極楽寺
サルスベリ

鳥瞰図のベースは鎌倉時代の想像図。

4月上旬～5月上旬

春の桜と躑躅《ツツジ》

建長寺　☎0467-22-0981

鎌倉五山の第一位の寺格を持ち、日本で初めて禅宗の専門道場を開いた寺院。けんちん汁発祥の寺でもある。総門から続く参道の石畳のソメイヨシノの桜並木が三解脱門に趣を添える。

妙本寺　☎0467-22-0777

鎌倉時代に比企氏の屋敷跡に創建された日蓮宗最初の寺。ソメイヨシノ、枝垂桜、ハナカイドウと咲き、花色が淡色から濃色へ移り変わる様は美しい。

4月下旬～5月上旬

安養院（ツツジ寺）のツツジ

こんな話も　ハナカイドウには、小林秀雄が『中原中也の思ひ出』で記した秘話がある。

高徳院（鎌倉大仏）　☎0467-22-0703

与謝野晶子が「美男」と歌に詠み、ほめ讃えた鎌倉大仏をソメイヨシノやシダレザクラが装う。約50本と多くはないが、桜が彩る阿弥陀如来像の尊顔は、春の鎌倉見物のハイライトとして抑えておきたい。ツツジも見られる。

6月中旬～7月上旬

夏の紫陽花《アジサイ》

長谷寺　☎0467-22-6300

奈良時代創建と伝わり、国内最大級の木彫仏が本尊。観音山中腹の観音堂横に広がる「あじさい散策路」にヤマアジサイやアナベルなど約40種2500株のアジサイが植えられている。回遊式庭園に群生するハナショウブや紅葉も美しい。

明月院（アジサイ寺）
☎0467-24-3437

戦後、荒廃した世の中と人々の心を慰めようと植えたのが始まりとか。参道に咲くアジサイは日本古来のヒメアジサイが多く、淡い青から濃い青へと変わり、「明月院ブルー」と呼ばれる。特別公開の庭園のハナショウブも見事。

こんな話も　かつて鎌倉では名水が湧く井戸を「鎌倉十井」と呼んでいた。境内には、現在も使用できるその一つ「瓶ノ井」がある。

成就院（アジサイ寺）
☎0467-22-3401

鎌倉攻めの古戦場である極楽寺坂切通しに沿った石段に般若心経の文字数と同じ262株のアジサイが群生している。花越しには由比ヶ浜が望め、同じ季節に夏ツバキとイワタバコも楽しめる。

アジサイが咲き乱れる鎌倉をゆく

潮風に強い、根が土手や崖の崩れを防ぐ、水分の多い地質に向くなどの理由で好まれてきたアジサイ。梅雨の風物詩を訪ねて歩きたい。

おすすめコース

明月院 ―徒歩 20分― 東慶寺 ―徒歩 10分― 鎌倉駅 ―江ノ電 10分― 極楽寺駅 ―徒歩 3分― 成就院

瑞泉寺
フジとボタンが見事な
足利氏ゆかりの寺
浄妙寺
大イチョウの神木
荏柄天神社
建長寺
杉本寺
鎌倉宮
苔の石段が美しい
鎌倉最古の寺
報国寺
紅葉が美しい
孟宗の竹林で
有名な竹寺
鶴岡八幡宮
長壽寺
シャガの見事な
足利尊氏の菩提寺
ツツジ
浄光明寺
宝戒寺
英勝寺
段葛
参道を装う桜
のトンネル
大巧寺
海蔵寺
キキョウや
カイドウなど
花の寺で有名
源氏山公園
春には桜、秋には
紅葉の名所
妙本寺
安養院
安国論寺
日蓮上人ゆかりの
シダレザクラ
鎌倉文学館
洋館に映えるバラが美しい
高徳院
由比ヶ浜
光明寺
ハスの咲く記主庭園
光則寺
鎌倉三大カイドウの一つ
長谷寺
成就院
記号凡例
春の見所
夏の見所
秋の見所
冬の見所
そのほかの花の見所

11月下旬〜12月下旬

秋の紅葉と花

鶴岡八幡宮

☎0467-22-0315

源氏の氏神として祀られた関東の総鎮守。ご神木の大銀杏は強風により倒れてしまったが、源氏池の紅葉など風情のある秋の景観を見せる。

鶴岡八幡宮+α

鳩サブレーとのおいしい関係

八幡

鎌倉土産で有名な鳩サブレー。販売元の豊島屋の初代が、崇敬する八幡様の本殿の扁額に「ハト」のモチーフを見つけて、今の形が生まれたという。

瑞泉寺

☎0467-22-1191

紅葉ヶ谷と呼ばれた古くからの景勝地に、夢想疎石が開山。ほかの寺より見頃は1週間ほど遅い。山門や本堂を彩る紅葉は見事。境内は花の寺として鎌倉随一の呼び声が高い。

こんな話も　鎌倉時代に五山文学の拠点として栄え、文学や学問にも縁が深い。江戸時代、学問を重んじた徳川光圀は千手観音を寄進している。

9月上旬〜中旬

宝戒寺（萩寺）のハギ

9月中旬

英勝寺のヒガンバナ

10月上旬〜11月上旬

大巧寺のムラサキシキブ

12月下旬〜 3月上旬

冬の梅と蠟梅《ロウバイ》

東慶寺

☎0467-33-5100

北条時宗夫人が開創。歴代の住職には尼僧が多く、江戸時代には縁切り寺だった。現在は可憐な花が咲く北鎌倉を代表する花の寺で、なかでも梅は見せることを意識して植えられており、変化に富む。

12月下旬〜1月上旬

浄智寺のロウバイ

山梨《やまなし》

県花「フジザクラ」

4月から5月にかけて、富士山麓を彩る。淡いピンクの小ぶりの花が下向き加減に咲く。その様から「オトメザクラ」、また木や花の小ささから「マメザクラ」とも呼ばれる。

日本一高い富士山や日本屈指の生産量を誇るブドウなどの果実が有名な山梨県。豊かな自然や風土の特徴をいかして、富士山麓の河口湖や山中湖などでは花畑が広がり、春にはモモの花が甲府盆地全体を彩り、桃源郷を思わせる。

【桜《サクラ》】

日本三大巨桜の堂々たる春の姿

山高神代桜

【4月】(B1) ☎0551-26-2740(実相寺)

日蓮宗の実相寺にある日本三大巨桜の一つで、樹齢2000年に達するエドヒガンザクラの古木。樹高約10m、根回り約12mと日本では最大級のもの。日本武尊が東征の折に記念に植えたといわれ、鎌倉時代には日蓮聖人が衰えた神代桜の回復を祈ったところよみがえったという伝説も。

山梨"花"物語

市川團十郎発祥の地？ 歌舞伎文化公園

江戸歌舞伎を代表する市川團十郎。この初代ゆかりの地として歌舞伎文化にふれられる公園が市川三郷町にある。初代市川團十郎の曽祖父にあたる堀越十郎は、武田氏の武将に仕えていたという。園内には文化資料館のほか、團十郎家の裏家紋でもあるボタンが約153種2500本ほど植えられ、美しい花を咲かせる。

山々を背景にした桃源郷

新府桃源郷 【4月】(B2)

甲府盆地は古くから果物の産地で、モモは日本一の生産量。モモの花が咲くと、まるで桃源郷のような景色が随所で見られる。新府桃源郷は新府城跡の麓約60haに広がる。富士山、八ケ岳などの山々を背景にした景色は見事。1581年に築城された新府城は、武田信玄の息子武田勝頼の居城だった。近年の発掘調査で、政庁機能を持つ防御施設だとわかっている。

【桃《モモ》】

【紅葉《コウヨウ》】

水墨画の世界を彩る秋の景色

御《み》岳《たけ》昇《しょう》仙《せん》峡《きょう》 【10〜11月】(C2)

長《なが》潭《とろ》橋《ばし》から断層によってできた仙《せん》娥《が》滝まで約5kmにわたる渓谷。標高差があり、紅葉を1か月程度楽しめる。富士川の支流が花崗岩を侵食してできた奇岩が多く、覚《かく》円《えん》峰《ぼう》はまるで水墨画の世界。1842年に画家竹《ちく》邨《そん》三陽が描いた絵で知られるようになり、多くの画家が訪れている。

凡例
おもな道の駅
花の百名山・新花の百名山
日本さくら名所100選
日本紅葉の名所100選
県花が見られるおもなスポット
0
10km
Ⓐ
Ⓑ
八ケ岳(赤岳)
138° 15′
①
②
③
東沢大
赤い橋と
が鮮やか
小海線
中央自動車
こぶちざわ
小淵沢
中央本
釜無渓谷
駒ケ岳を源とする尾白川のエメラルド色の渓流と紅葉
尾白川渓谷
白州
〈20〉
武川《むかわ》
山高神代桜
▶p.7
若神子新町
スモモの花
駒ケ岳
2967
35° 45′
仙丈ヶ岳
3033
鳳凰山
2840
甘利山
レンゲツツジの大群
点在するスズラン
北岳(白根山)
3193
農鳥岳
(西農鳥岳)
3051
早川
西山
櫛形山
身《み》
延《のぶ》
35° 30′
山
地
七面山
1989
35° 15

花と緑の歳時記

3月下旬〜4月上旬
大法師さくら祭り(B2)

4月下旬
ぼたんの花まつり(歌舞伎文化公園 C2)

4月下旬〜5月
富士芝桜まつり(富士本栖湖リゾート C3)

4月下旬〜5月上旬
チューリップフェア(山中湖花の都公園 D3)

5月上旬
アヤメ・やぶさめフェスタ(滝沢川河川公園 B2)

6月中旬〜下旬
南部あじさい祭り(うつぶな公園 B3)

6月中旬〜7月中旬
河口湖ハーブフェスティバル(C-D2)

10月中旬〜11月上旬
KIKUフェスタ&紅葉(山中湖花の都公園 D3)

10月下旬〜11月下旬
富士河口湖紅葉まつり(C-D2)

富士山に抱かれた高原に広がる花畑

山中湖花の都公園【4～5月】(D3) ☎0555-62-5587

富士山麓の標高約1000m、30万㎡の高原エリアに広がる。春にはチューリップ約15万本、夏にはヒャクニチソウ約75万本やヒマワリ約25万本、秋にはコスモス約500万本などが見られる。ほかには全天候型の温室に約130種8000株の珍しい熱帯系植物やランなども。公園内では山梨特産のブドウが栽培され、それを使用した「山中湖ワイン」が購入できる。

【向日葵《ヒマワリ》】

【薫衣草《クンイソウ（ラベンダー）》】

ラベンダーと富士山の絶景ポイント

河口湖畔【6～7月】(C-D2)

☎0555-76-8230(河口湖自然生活館)

「富士山が見えなくても、観光客に楽しんでもらいたい」と河口湖南岸にある八木崎公園にラベンダーを植栽したのが始まり。北岸の大石公園にも植栽され、合わせると10万株ほど。とくに大石公園では湖畔に咲く満開のラベンダー畑越しに富士山がよく見え、絶景を楽しめる。

富士山を彩る花々

春

▲田《た》貫《ぬき》湖 4月 静岡県富士宮市

富士山を真東に望む農業用の貯水池で、富士山の方角に建物が少なく、ダイヤモンド富士や逆さ富士の撮影スポットとして名高い。春は約350本のソメイヨシノが湖岸に咲く桜名所でもある。内陸にあって標高も高いため、気温が低く、桜の開花は例年4月中旬が見頃となる。

◀富士本栖湖リゾート 4～5月

山梨県富士河口湖町 ☎0555-89-3031

富士山をバックに約80万株ものシバザクラが広い敷地一面に咲き揃う。花は白いリトルドット、薄ピンクの多摩の流れなど6種ほどあり、色彩も鮮やか。展望広場や竜神池などの見所も満載。

こんな話も

富士芝桜まつり(4月下旬～5月下旬)
会場では「富士山うまいものフェスタ」も同時開催され、富士宮やきそば、吉田うどん、甲州鳥もつ煮などのご当地グルメが集結する。お腹も大満足のイベントだ。

夏

▶大石公園 6～7月 山梨県富士河口湖町

☎0555-76-8230(河口湖自然生活館)

河口湖の北岸にあるラベンダーの名所。ほかにも春から秋まで、チューリップやルピナス、コキアなどさまざまな花が見られる。ベゴニアを飾り付けた花のナイアガラもおすすめ。

▼山中湖花の都公園 8月 山梨県山中湖村 ☎0555-62-5587

標高1000m、富士五湖の中で富士山に一番近い山中湖の畔にあり、園内の花畑には、四季を通じて花が咲く。夏は約30万本のヒマワリをはじめ、約100万本のヒャクニチソウや約10万本の西洋アサガオが咲く。

写真付きで紹介している花スポット
その他の花スポット
桜のおもな名所
紅葉のおもな名所
世界文化遺産 構成資産
1 富士山(富士山域)
1-1 山頂の信仰遺跡群
1-2 大宮･村山口登山道
1-3 須山口登山道
1-4 須走口登山道
1-5 吉田口登山道
1-6 北口本宮冨士浅間神社
1-7 西湖
1-8 精進湖
1-9 本栖湖
2 富士山本宮浅間大社
3 山宮浅間神社
4 村山浅間神社
5 須山浅間神社
6 冨士浅間神社(須走浅間神社)
7 河口浅間神社
8 冨士御室浅間神社
9 御師住宅(旧外川家住宅)
10 御師住宅(小佐野家住宅)
11 山中湖
12 河口湖
13~20 忍野八海(出口池／お釜池／底抜池／銚子池／湧池／濁池／鏡池／菖蒲池)
21 船津胎内樹型
22 吉田胎内樹型
23 人穴富士講遺跡
24 白糸の滝
25 三保松原 ※本図範囲外
登山道ルート
山梨
静岡
もみじ回廊
ラベンダーやハーブが楽しめる
八木崎公園
富士山を背景に咲く桜
大石公園
富士ビューホテル
約10万本のアジサイ
河口湖天上山公園
正面に富士山とソメイヨシノを眺められる高台の公園
新倉山浅間公園
スイセンや桜などさまざまな花を里山の風情とともに味わう
忍野八海周辺
アヤメやソバの花が一面に咲く撮影スポット
原地区田園地帯
山中湖花の都公園
ひまわりと富士山
山中湖花の都公園は、富士山を背景に広大なひまわり畑が広がる
山中湖パノラマ台展望台
富士山に添えられた楚々としたモミジと山中湖
富士霊園
約1000本のソメイヨシノと約7000本のヤマザクラ
西尾連湖県立自然公園
富士本栖湖リゾート
富士花鳥園
樹齢約600年といわれるツツジが見事
猪之頭のみつばつつじ
田貫湖
富士山の雪解け水が岩層のすき間から糸のように流れ出す
白糸の滝
ヤマザクラとしては国内最古級といわれる
狩宿の下馬桜
富士箱根伊豆国立公園
長く山麓の紅葉を楽しめる
富士山スカイライン
ススキの群生地
国道469号線沿いは黄金色の海のようなススキ
梅の里公園
約700本の紅白梅
祭神にまつわる桜を神木とする
富士山本宮浅間大社
約70種のハスを栽培する日蓮宗の寺
代通寺
丸火自然公園
紅葉や万葉植物が楽しめる
須津川渓谷
愛鷹山系随一の美しい紅葉
岩本山公園
「富士にかかるばらの虹」のバラ園
広見公園
人柱伝説の残る河川敷にコスモスやヒガンバナ
かりがね堤
駿河湾や伊豆半島が見渡せる徳川家康ゆかりの桜の名所
御殿山
浮島ヶ原自然公園
固有種ナヨナヨワスレグサなど希少な花が見られる湿原
クレマチスの丘
四季折々のクレマチスを見られる
浮島沼
レンゲソウと新幹線と富士山
中央公園
バラのアーチと富士山
ソメイヨシノと愛鷹山越しの富士山
香貫山
源兵衛川
柿田川
富士山 3776 剣ヶ峰
宝永山 2693
愛鷹山 1188
富士吉田
富士宮
御殿場
裾野
沼津
三島
富士
都留
駿河湾
0 5km 10km

秋

富士山+α

富士湧水で育つミシマバイカモ

富士山の清流によって育つ繊細な水生植物ミシマバイカモは、かつて三島市内では一般的に見られるものだった。湧水の減少と水質の悪化で柿田川以外の場所では姿を消したものの、常に水をきれいに保つよう泥を取り除くなどボランティアによる地道な作業の末に、源兵衛川などでも復活した。

◀もみじ回廊 10~11月 山梨県富士河口湖町

河口湖北岸の梨川沿いに、約60本のイロハモミジの古木が続く。秋になると真っ赤に色づく巨大なモミジのトンネルは圧巻。夜間紅葉がライトアップされると辺りは幻想的な光景となり、日中とは違った木々の表情を楽しめる。

こんな話も
河口湖紅葉まつり(10月下旬~11月下旬)ではたくさんの出店も並ぶ

▶岩本山公園 2~3月

静岡県富士市

「富士山と梅」の絶好の撮影スポットとして、県内外から多くの人が訪れる。標高193mの岩本山山頂にあり、園内の梅園には、約30種の白梅と紅梅が咲き乱れる。祭りも行われ、さまざまなイベントや屋台で盛り上がる。

冬

長野《ながの》

県花「リンドウ」
やや乾燥した山地や草地に咲く秋の花で、根は胃薬としても利用される。1966年に県民の投票により決定された。ほかにはソバ、コマクサなどがあった。

本州のほぼ中央に位置する内陸県で約8割の面積を山地が占めており、温泉や高原が多い。盆地ではあんずの里や丹霞郷のように果樹栽培を観光資源として活用するなど、長野県ならではの魅力的な光景が多く見られる。

【桃《モモ》】

赤い霞がたなびくように広がる幻想的な桃畑
丹《たん》霞《か》郷【4〜5月】(C1)

北信五岳を一望できる桃畑約10haに桃の花が咲く。季節にはタンポポとナノハナも彩る。1933年に洋画家岡田三郎助が春霞にかすむ桃の花を「まるで丹《あか》い霞がたなびいているようだ」と言ったことから名づけられた。

文人墨客に愛でられた旅館の躑躅
臨泉楼柏屋別荘【5月】(C2)
☎0268-38-2345

約43種3000株が咲くつつじ庭園がある。上田藩の出屋敷だった木造4階建ての老舗旅館には、川端康成、有島武郎、北原白秋など多くの文人が湯治や執筆活動に訪れている。隣接の共同浴場石湯は真田幸村の隠し湯とされている。

【杏《アンズ》】

杏の花に包まれたのどかな産地
あんずの里【4月】(C1)

長野盆地の異称、善光寺平は県内でもリンゴやモモ、ブドウなどの果樹栽培がさかんで、とくに南部は有名なアンズ産地。春は「一日十万本」といわれる花が咲く。元禄時代にアンズがもたらされ、種子にある杏仁が咳止め薬として珍重されたため松代藩が栽培を奨励した。

霧に包まれる日光黄萱の大群落
霧ケ峰高原【7月】(C2)

【日光黄萱《ニッコウキスゲ》】

車山から鷲ヶ峰にかけてゆるやかな起伏が続く草原にニッコウキスゲの大群落をはじめ、レンゲツツジやマツムシソウ、リンドウなどの高山植物が咲く。南からの風が上昇気流を生みやすくグライダー飛行に適しており、ドイツ人ウォルフ=ヒルトはグライダー発祥の地ワッサークッペに匹敵すると讃えた。

【躑躅《ツツジ》】

【三色菫《パンジー》】

爽やかな安曇野に咲く三色菫

安曇野ちひろ公園【4月】(B2)

☎0261-62-0772(安曇野ちひろ美術館)

安曇野ちひろ美術館にあり、大花壇が広がる。絵本作家いわさきちひろが愛したという北アルプスを望む安曇野の風景に、春はパンジー、夏はサルビアなどが咲く。

【桜《サクラ》】

小彼岸桜に包まれる高遠城

高遠城址公園【4月】(C3)

戦国時代には武田氏の軍事的拠点になり信玄の軍師山本勘助が改築を行った高遠城があった。桜の名所として有名で、約1500本あるコヒガンザクラはここでしか見られないもの。明治初期の荒れていた城址に旧藩士らが藩の馬場の桜を移植したのが始まりとされる。

花と緑の歳時記

3月	福寿草祭り(赤怒田福寿草群生地 C2)
4月	高遠さくら祭り(高遠城址公園 C3)
4月上旬～中旬	あんずまつり(あんずの里 C1)
4月中旬～下旬	臥竜公園さくらまつり(C1)
	懐古園桜まつり(C2)
5月上旬	いいやま菜の花まつり(菜の花公園 C1)
5月上旬～中旬	鶴峯公園つつじ祭り(C2)
6月中旬～下旬	信州安曇野あやめまつり(龍門渕公園・あやめ公園 B2)
10月中旬～11月中旬	懐古園紅葉まつり(C2)
11月上旬	高遠城址の秋まつり(C3)

長野"花"物語

北アルプスの雪解け水がもたらす安曇野のわさび田

環境省の名水百選にも選ばれた「安曇野わさび田湧水群」は、北アルプスの雪解け水の伏流水で真夏でも水温が15℃をこえることはない。昔から新田開発や用水に利用され、大正時代からはワサビの栽培やニジマスの養殖に循環利用されている。周辺には日本一の規模を誇る「大王わさび農場」など多くのわさび田があり、春には、ワサビの白い花が咲く。残雪の常念岳とわさび田の緑のコントラストが美しい。

高山植物の楽園が広がる

北アルプス雲上の花園

長野、岐阜、富山、新潟の4県にまたがる飛騨山脈。「北アルプス」とも呼ばれ、登山者憧れの名峰が連なっている。北・中央・南とある日本アルプスの中でも、北アルプスは、天険の中に高山植物の花畑が点在することで名高い。

涸沢カールのキンポウゲ

北アルプスを代表する名峰は貴重な花の楽園

白馬岳[しろうまだけ]

日本最大の白馬大雪渓で有名。堆積岩や蛇紋岩などの多様な地質が、多彩な高山植物群をうみだした。固有種や希少種が豊富で、とくにウルップソウは自生地が限られており貴重。山中や山麓に温泉が多く、標高2100mの白《はく》馬《ば》鑓《やり》温泉から望む絶景は登山者のみが味わえる。

広大な平原広がる花の涸《から》沢《さわ》が美しい

穂高連峰[ほたかれんぽう]

穂高連峰の主峰奥穂高岳は日本第3位の高峰。日本では珍しい椀状の氷河地形涸《から》沢《さわ》カールがあり、夏でも雪渓が残る。一帯は、夏にはシナノキンバイ、チングルマなど多くの高山植物が咲き誇り、岩場や稜線沿いにイワギキョウやヨツバシオガマなどが顔を出して花の楽園となる。ナナカマドやダケカンバの紅葉も美しく、秋も登山者で賑わう。

イワギキョウ(8月)

チングルマ(8月)

北アルプスの女王と高山植物の女王

燕岳[つばくろだけ]

山名は春の残雪の雪形がツバメに似ていることによる。緑のハイマツに覆われた白い花崗岩の山容は美しく、「アルプスの女王」と呼ばれる。奇岩塔が連なる白い砂礫の斜面に、「高山植物の女王」コマクサが群生することで知られる。危険箇所が少なく、北アルプスデビューに適当なこともあり人気が高い。

コマクサ(7月)

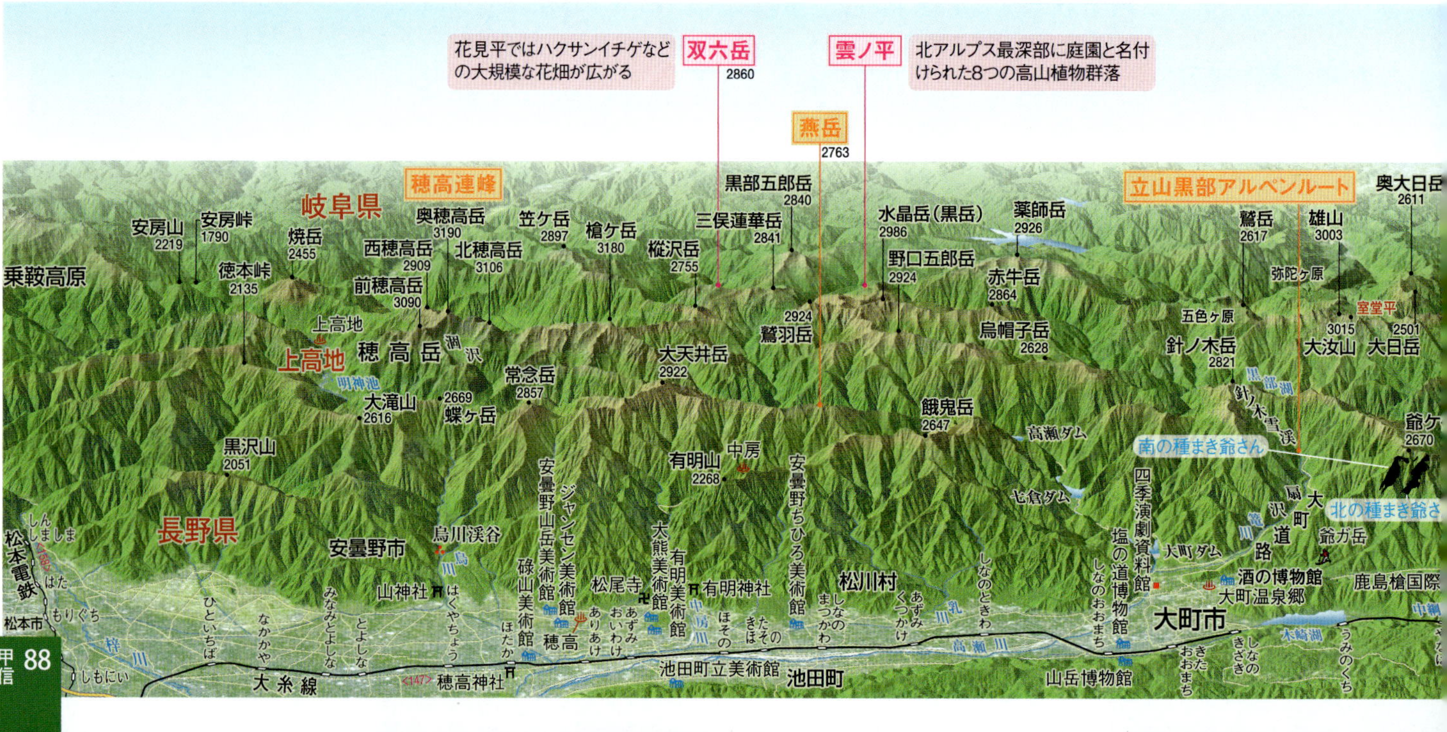

花見平ではハクサンイチゲなどの大規模な花畑が広がる
双六岳
2860
雲ノ平
北アルプス最深部に庭園と名付けられた8つの高山植物群落
燕岳
2763
穂高連峰
岐阜県
乗鞍高原
安房山
2219
安房峠
1790
焼岳
2455
徳本峠
2135
奥穂高岳
3190
西穂高岳
2909
北穂高岳
3106
前穂高岳
3090
笠ケ岳
2897
槍ケ岳
3180
樅沢岳
2755
黒部五郎岳
2840
三俣蓮華岳
2841
水晶岳(黒岳)
2986
野口五郎岳
2924
薬師岳
2926
赤牛岳
2864
2924
鷲羽岳
烏帽子岳
2628
立山黒部アルペンルート
奥大日岳
2611
鷲岳
2617
雄山
3003
弥陀ヶ原
五色ヶ原
室堂平
3015
2501
大汝山
大日岳
針ノ木岳
2821
黒部湖
針ノ木雪渓
上高地
上高地
穂高岳
涸沢
明神池
大滝山
2616
2669
蝶ヶ岳
常念岳
2857
大天井岳
2922
餓鬼岳
2647
高瀬ダム
爺ケ
2670
南の種まき爺さん
北の種まき爺さ
黒沢山
2051
有明山
2268
中房
七倉ダム
長野県
安曇野市
烏川渓谷
烏川
安曇野山岳美術館
ジャンセン美術館
大熊美術館
有明美術館
碌山美術館
松尾寺
有明神社
山神社
安曇野ちひろ美術館
松川村
四季演劇資料館
塩の道博物館
扇沢
大町道路
篭川
大町ダム
爺ガ岳
酒の博物館
大町温泉郷
鹿島槍国際
大町市
木崎湖
中綱
しんしましま
松本電鉄
<158>
はた
もりぐち
松本市
しもにい
梓川
ひといちば
なかかや
みなみとよしな
とよしな
はくやちょう
ほたか
穂高
ありあけ
あずみおいわけ
ほその
きたほその
しなのまつかわ
あずみくつかけ
しなのときわ
乳川
しなのおおまち
きたおおまち
しなのきざき
うみのくち
大糸線
<147>
穂高神社
池田町立美術館
池田町
高瀬川
中房川
山岳博物館

地名にも残る立山信仰

地獄谷、血の池──。立山には恐ろしい地名が多い。火山活動の影響で荒涼とした景観が広がっており、その様が地獄に見立てられたためだ。立山は、古くは『万葉集』にも歌われた神のおわす聖地だった。仏教が広まると、山中には地獄と浄土の他界があると考えられるようになる。立山でも、「立山信仰」という独特の信仰が根づいた。硫黄臭が漂い、水蒸気を吐き出す地獄谷には、鍛冶屋地獄など計136もの地獄があるといわれる。その世界観は「立山曼荼羅《まんだら》」という絵図に凝縮され、今なお山麓のかつての宿坊家などに受け継がれている。

立山曼荼羅 佐伯家本(個人蔵)

岩と雪の殿堂を擁する高山植物の宝庫

立山黒部[たてやまくろべ]アルペンルート

1971年に開通し、長野県大町市と富山県立山町を結び、立山連峰と後立山連峰を縦貫する。一帯は、室堂平、弥陀ヶ原、天狗平などの溶岩台地の平原からなり、チングルマ、ハクサンイチゲ、タテヤマリンドウなど多くの高山植物の花畑が見られる。室堂平はライチョウが多く生息し、4〜6月に出会えるチャンスが多い。富士山と並ぶ霊峰立山は、かつては女人禁制の山だった。

こんな話も　剱岳には「長次郎谷」など人名を冠した谷や雪渓がある。山に名を残した山案内人がモデルとして登場する新田次郎の小説『劔岳 点の記』は明治の山岳測量隊の話。

アオノツガザクラ(8月)

クロユリ(7月)

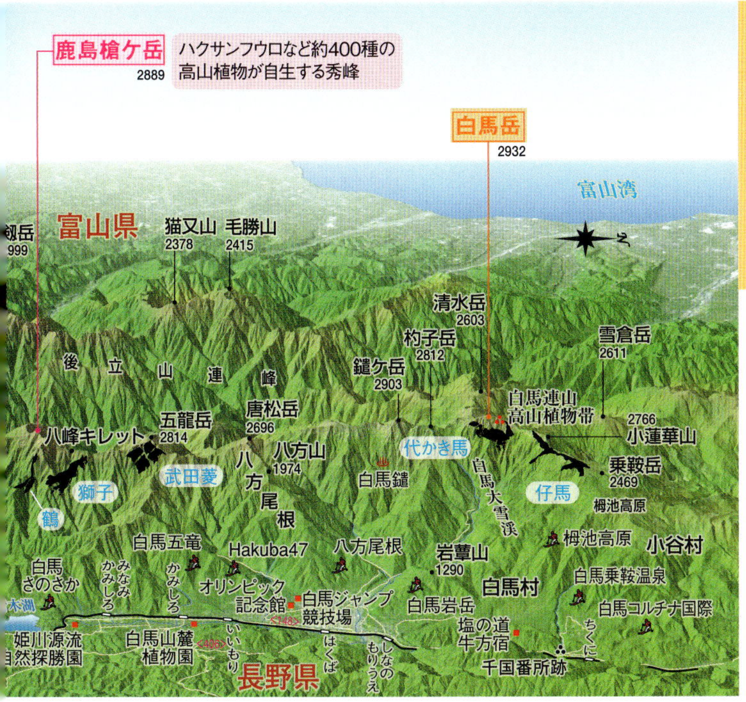

雪形コレクション

黒い岩肌と白い雪が作りだす模様を何かの形に見立てる雪形。昔は、これを見て農作業の適期を判断していたという。とくに白馬岳の「代かき馬」は、田植えの準備の代かきの時期を教えてくれるものとして知られる。

代かき馬

登山史上に輝く北アルプス登頂の先人たち

槍ケ岳を開山したのは江戸時代の播隆上人。明治時代、イギリス人ウィリアム＝ガウランドは、初めて飛騨山脈を「日本のアルプス」と呼んだ。また、イギリス人宣教師ウォルター＝ウェストンは日本アルプスを世界に紹介し、日本山岳会設立のきっかけを作った。北アルプス一帯には、登山史における先駆者たちの功績を讃える祭りや碑も多い。

ウォルター＝ウェストン

新潟《にいがた》

県花「チューリップ」

明治後期に旧越路町で栽培が試みられ、産業として栽培が本格化したチューリップ。現在は県内で広く栽培され、輸出もしている。

【飛島萱草】

日本有数の豪雪地帯で、雪国ならではの文化がある新潟県。植物もまた雪国らしい花が多い一方、花卉栽培がさかんで、五泉市の巣本や東公園などで見られるチューリップやボタンは出荷量が日本有数である。

【桜《サクラ》】

日本三大夜桜が浮かぶ幻想的な風景

高田公園【4月】(B3)

☎025-526-5915(高田城三重櫓)

徳川家康の六男・松平忠輝が舅の伊達政宗に縄張りと工事の総監督をさせて築城した高田城。その後陸軍駐屯地になり、陸軍の入城を記念して1909年に桜が植えられ、現在約4000本になった。日本三大夜桜の一つで、ボンボリが桜と三重櫓を幻想的に照らしている。

馥郁《ふくいく》とした薔薇の香りに癒される

越後丘陵公園【5〜6月、10〜11月】(C3)

☎0258-47-8001

計画面積400haの国営公園で、バラの香りにこだわり、約609種2220本が咲き誇る。「香りのばら園」が有名。モダンローズ中心のエリアや日本の野生バラのみのエリアなど7つのテーマに沿って植栽されている。ほかに新潟県を中心に日本海側に自生するユキワリソウ、約100万株のカタクリ、ユキツバキの群落などが見られる。

【薔薇《バラ》】

を呼ぶ佐渡の風物詩

大野亀【5〜6月】(B1)

形と佐渡に自生するトビシマカンゾウ
大群落が見られる。地元では「ヨーラ
」と呼ばれており、「ヨー」は魚、「ラメ」は
をはらむことを意味し、花が咲くと産
期の魚がたくさん獲れるという。

【牡丹《ボタン》】

花卉栽培が育んだ多様な牡丹

東公園【5月】(D2)

五泉市は花卉栽培がさかんで、とくにボタン苗木は1902年頃から栽培されてきた。全国二大産地の一つといわれ、促成栽培された鉢植えは正月を飾る花として出荷される。園内には「ぼたん百種展示園」があり、約120種5000株のボタンが咲き誇る。

【紅葉《コウヨウ》】

文豪も愛した水辺の紅葉

奥只見湖【10〜11月】(D3)

江戸時代には銀山開発で、戦後はダム開発で賑わった人造ダム湖。紅葉の季節はブナなどが色づき、遊覧船から景色を楽しめる。「銀山湖」とも呼ばれ、三島由紀夫など多くの文豪がモチーフとしている。なかでも釣り師としても有名な開高健は『夏の闇』執筆時に湖畔の宿を利用して以来、度々釣りと景色を満喫しに訪れている。

新潟"花"物語

雪国で春を告げる里山の樹木マルバマンサク

日本海側の多雪地帯の里山によく見られる樹木マルバマンサク。しなやかで折れにくいため、燃料の粗朶《そだ》「ボイ」を縛る材料や輪かんじきなどに使われ、かつては生活に欠かせなかった。マンサクの変種で、葉が菱形になる太平洋側のものと違い、日本海側のものは上半分が丸く扇形になるのが特徴。「豊年満作」や「先ず咲く」に由来するといわれ、雪が残る春先に花を咲かせる姿は、雪国に春の訪れを告げるなじみ深い植物。

花と緑の歳時記

3月中旬〜4月上旬
雪割草まつり(越後丘陵公園 C3)

3月下旬 雪割草まつり(雪割草の里 C3)

4月 雪椿まつり(加茂山公園 D2)
村松公園桜まつり(D2)

4月上旬〜中旬
高田城百万人観桜会(高田公園 B3)

4月中旬 つばめ桜まつり 分水おいらん道中
(大河津分水桜並木 C2)

4月中旬〜5月上旬
新発田の春まつり(新発田城址公園 D2)

4月下旬 チューリップまつり(巣本 D2)

4月下旬〜5月上旬 日本ボケ公園まつり(D2)

5月上旬〜中旬 五泉市花木まつり(東公園 D2)

5月下旬〜6月上旬
越後三条・高城ヒメサユリ祭り(ヒメサユリの小径 D2)

5月下旬〜6月中旬
香りのばらまつり(越後丘陵公園 C3)

6月上旬 佐渡カンゾウ祭り(大野亀 B1)

6月中旬〜下旬
しばたあやめまつり(五十公野公園 D2)

6月下旬〜7月下旬
護摩堂山あじさいまつり(D2)

7月 あじさいまつり(あじさい公園 C3)

10月 香りのばらまつり・秋(越後丘陵公園 C3)

10月下旬〜11月下旬
石油の里もみじまつり(D2)

富山《とやま》

県花「チューリップ」
大正時代に栽培が始まり、生育に適した気候、肥沃な土壌、良質な水に恵まれて水田の裏作として普及した。出荷量・栽培面積ともに日本有数の産地。

立山連峰や北アルプスを彩る紅葉や高山植物は富山が誇る景観。世界遺産・五箇山の合掌造りの里の紅葉、高岡古城公園の桜、砺波のチューリップも個性ある風景を見せ、多くの人を魅了している。

【桜《サクラ》】

水辺の風情とユニークな音楽で彩られる桜

松川公園【4月】(B2)

かつて富山城への舟運路として栄えた松川が富山市の中心部を流れる。その両岸に約520本ものソメイヨシノが咲く。遊覧船が運航しているので、春は、歴史ある七つの橋と桜のアーチをくぐりぬけながら風情を楽しめる。また、4月上旬には富山市で日本で唯一の全日本チンドンコンクールが開かれるため、桜並木沿いをチンドンマンが練り歩くイベントも見ることができる。

大伴家持も愛した桜

二《ふた》上《がみ》山《やま》公園【3～4月】(B1)

高岡市と氷見市にまたがる二上山は、山なみを走る万葉ライン沿いでソメイヨシノが、仏舎利塔などでサトザクラが咲き、桜の名所として親しまれている。かつては月や紅葉の名所として知られ、国司として越中に赴任した『万葉集』の代表的な歌人大伴家持は、『二上山の賦』を始め二上山を題材に多く歌を詠んだ。

【桜《サクラ》】

花と緑の歳時記

4月上旬	桜祭り(松川公園 B2)
4月上旬～中旬	高岡桜まつり(高岡古城公園 B1)
	あさひ桜まつり(舟川べり D1)
4月下旬～5月上旬	となみチューリップフェア(砺波チューリップ公園 A2)
	倶利伽羅さん"八重桜まつり"(倶利伽羅県定公園 A2)

【桜《サクラ》】【鬱金香《ウコンコウ(チューリップ)》】

富山を象徴する白・ピンク・赤の重なり
舟川べり【4月】(D1)

1957年、地元の人々によって舟川の両岸約1.2kmにソメイヨシノが植えられた。当地はチューリップやナノハナの栽培がさかんな田園地帯。雪の残る雄大な山並みを背景に、桜とチューリップの織りなす見事な色の重なりは、富山を象徴する風景だ。

【高山植物《コウザンショクブツ》】

高山植物とライチョウの出会い
立山黒部アルペンルート【6～8月】(C2)

山岳観光ルート沿いの室堂平、弥陀ケ原高原は高山植物の宝庫。真夏でも15℃前後で、タテヤマリンドウなどの高山帯植物からシモツケソウなどの亜高山帯植物まで楽しめる。運が良ければライチョウに出会える。

富山"花"物語

トロッコ電車から眺める黒部峡谷の紅葉

日本三大渓谷の一つ、黒部峡谷は見所の多い自然豊かな景勝地。当初ダム建設のために開通したトロッコ電車だったが、探勝を希望する一般の人々の声に押され、1953年に正式な鉄道となった。鐘釣橋付近の「錦《きん》繍《しゅう》関《かん》」は紅葉の名所。

【桜《サクラ》】

加賀藩が築いた水濠に映える桜
高岡古城公園【4月】(B1-2) ☎0766-20-1563

1609年に前田利長が高山右近に設計させたと伝わる高岡城があった公園で、ほぼ築城時のままの水濠がある。園内にはソメイヨシノを中心に桜が植えられ、中でもコシノヒガンザクラは北陸特有。2008年にはさらに新品種のタカオカコシノヒガンが見つかった。

【紅葉《コウヨウ》】

世界遺産・合掌造り集落で味わう紅葉
五《ご》箇《か》山《やま》【9～11月】(A3)

切妻造り・茅葺きの合掌造りの家屋があり、田畑や山林なども昔のまま残され、世界遺産に登録されている。「麦屋節」「こきりこ節」など「民謡の宝庫」といわれ、秋は、民謡や踊りの祭りが開かれる。五箇山は標高差があるため、長い期間紅葉が楽しめる。

5月中旬	高岡つつじまつり(水道つつじ公園 A1)
6月中旬～下旬	花菖蒲祭り(小矢部河川公園 A2)
6月下旬	高瀬遺跡菖蒲まつり(高瀬遺跡公園 A2)
	あじさい祭り(太閤山ランド B2)
7月下旬～8月	となみカンナフェスティバル
	(砺波チューリップ公園 A2)
10月上旬～中旬	となみ夢の平コスモスウォッチング(B2)

春
4月中旬～5月上旬

色とりどりの愛らしいチューリップが咲き誇る

砺波のチューリップ

砺波チューリップ公園 (TEL 0763-33-7716) 見頃：ゴールデンウィーク
春には650品種250万本のチューリップが咲く砺波チューリップ公園(上)。公園のシンボル、チューリップタワーからは、色彩豊かなチューリップの地上絵を眺めることもできる。2015年の絵柄は北陸新幹線(下)。

日本一のチューリップ球根産地

富山県砺波市では、稲作ができない冬の裏作として、大正7年からチューリップ栽培が始まった。春先からの長い日照時間や、庄川と小矢部川からの水量・栄養ともに豊富な雪解け水など、砺波市はチューリップ栽培に適した環境に恵まれており、現在では年間600万球以上を生産する日本一のチューリップ球根産地として知られている。毎年ゴールデンウィークに合わせて行われる「となみチューリップフェア」では、国内外から約30万人の観光客が訪れる。

砺波チューリップ公園＋α

一年中チューリップが咲いている世界で唯一の施設

砺波チューリップ公園に隣接するチューリップ四季彩館では、チューリップの歴史や文化を学ぶことができる。チューリップの原産国はトルコや中東だが、16世紀にオランダに伝わり有名産地となった。砺波市はオランダのリッセ市と姉妹都市で、施設内には日蘭交流400周年を記念して作られた風車も設置されている。

チューリップ四季彩館のオランダ風車

富山県生まれの品種

富山県ではさまざまな関係機関が協力して、オリジナルの品種開発と普及に取り組んでいる。

とやまレッド
富山県産チューリップのフラッグシップに位置付けられている品種。

レインボー
花びらの中央に赤い模様が入る品種。チューリップ指折りの甘い香り。

楊貴妃
ユリ咲き品種には珍しい、パステルピンク調の花色。

茜
背の高い八重咲き品種。つぼみのときは、外側の花びらが緑色に。

初桜
淡いピンクで縁取られた純白色の品種。すっきりとしたシルエット。

恋茜
大輪のチューリップ。赤と黄色のコントラストも美しい。

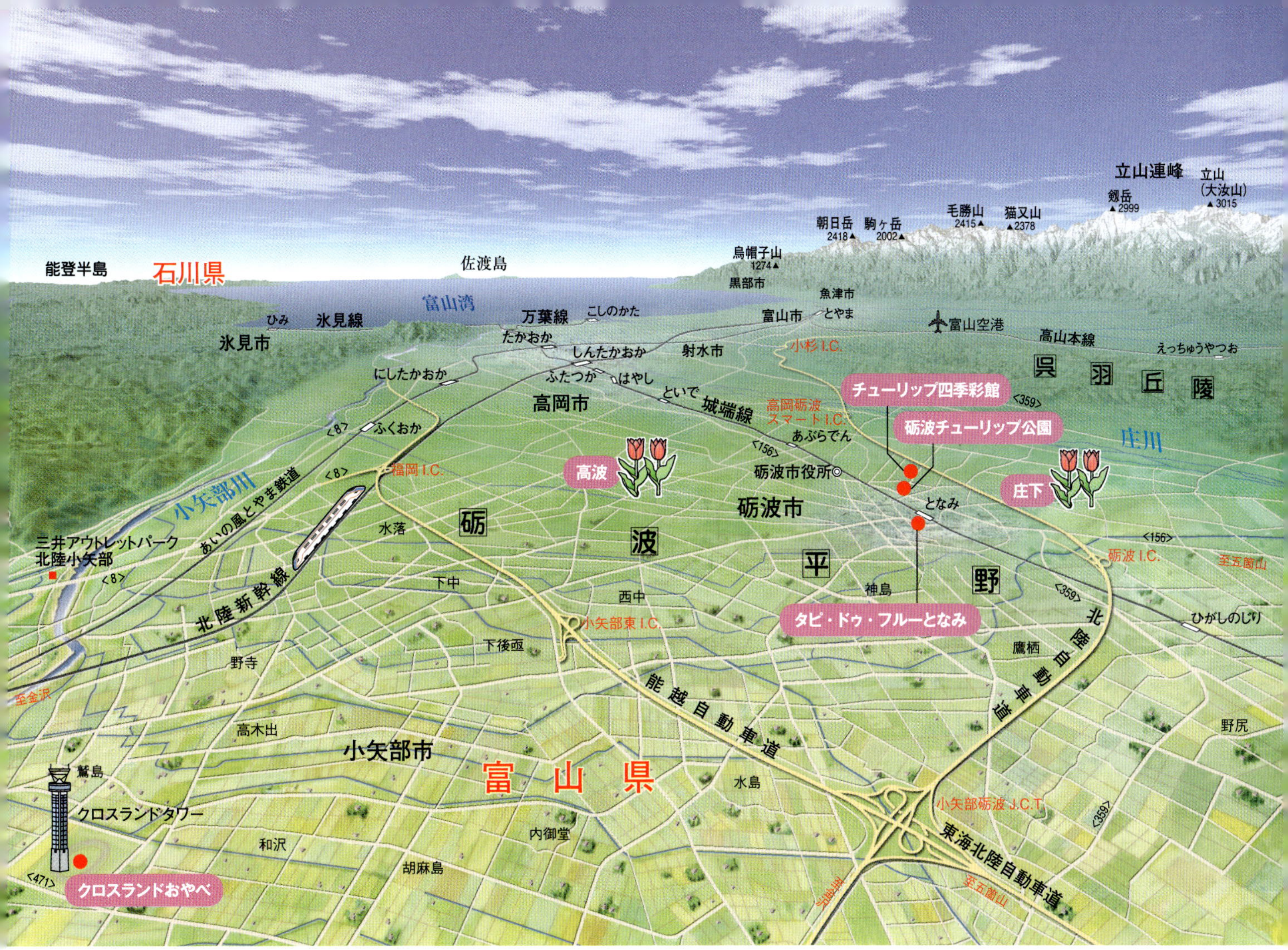

チューリップ畑と立山連峰 見頃：4月中～下旬

4月中旬頃に砺波市内の高波地区、庄下地区の周辺をドライブすると、一面のチューリップ畑に出会える。天気がよければ満開のチューリップ畑の背景に、雪化粧した立山連峰を望むことができる。雪と花の組み合わせは、歓声を上げたくなるほど美しい風景。

タピ・ドゥ・フルーとなみ

チューリップの花びらで作られた地上絵。ふかふかの絨毯のような色とりどりの作品には、思わず目を奪われる。となみチューリップフェアの開催に合わせて、砺波駅前に登場する。

クロスランドタワーから望む散居村

砺波市に隣接する小矢部市のクロスランドおやべにあるタワー。地上100mの展望フロアからは、散居村とよばれる屋敷林に囲まれた民家が点在する砺波平野が一望できる。また、晴れた日に見える雄大な立山連峰は、圧巻の一言だ。

おすすめコース

となみチューリップフェアを満喫する

春には一面チューリップ畑が広がる砺波。鮮やかな色彩を眺めながらドライブしてみては。 ※本コースは4月下旬を想定

クロスランドおやべ
車 10分
チューリップ畑（庄下地区→高波地区）
車 20分
チューリップ四季彩館
徒歩 3分
砺波チューリップ公園
徒歩 15分
タピ・ドゥ・フルーとなみ（砺波駅前）

石川《いしかわ》

県花「クロユリ」
高山植物であるクロユリは白山が日本における分布の西限。白山のシンボルマークにも使われ、室堂周辺など標高約2000m以上の草地で見られる石川県を代表する花。

加賀友禅や九谷焼、和菓子などに四季の花がデザインされ、加賀百万石の伝統文化が今も息づく石川県。兼六園に風情を添える花々や、白山に咲くクロユリなど可憐な花が多く見られるのも本県ならでは。

【桜《サクラ》】

加賀藩の誇りに咲く花々
兼六園【4月】(B3)
☎076-234-3800

江戸時代の代表的な回遊林泉式庭園。水戸の偕楽園、岡山の後楽園とともに日本の三名園と称されている。加賀藩5代藩主の前田綱紀から13代前田斉泰まで約180年をかけて造園された。広大、幽邃、人力、蒼古、水泉、眺望の六勝を兼備するという意味で松平定信により兼六園と名付けられた。桜のほかにも前田家の家紋に描かれた梅、カキツバタ、サツキ、紅葉、雪と四季折々の自然の美しさを楽しめる。

【雪割草《ユキワリソウ》】

雪解け時に咲く忍耐の花
猿山岬【3〜4月】(B2)

奥能登最後の秘境といわれ、日本有数のユキワリソウの群生地がある。「忍耐」という花言葉の通り、海風に耐えながら、雪解けのころ花を咲かせる。キンポウゲ科のミスミソウ、スハマソウなどを総称してユキワリソウと呼ぶ。

【能登霧島躑躅《ノトキリシマツツジ》】

能登の風土に溶け込む躑躅
須美矢ツツジ園【4〜5月】(C2)
☎0768-67-1013

「谷を一つ越えると違いがある」といわれるノトキリシマツツジは、葉が見えなくなるほど密集し深紅の花を咲かす。江戸時代にキリシマツツジが大流行した際、愛好家の手によって耐寒性の強い品種に改良され、能登地域に植栽されたといわれる。

石川"花"物語

茶文化が育んだ石川県の椿

中国で椿は"茶"と書くほど椿と茶の関係は深い。茶の文化が発達していた石川県でも、お茶席に椿は欠かせないもので、花を楽しむだけではなく、茶杓などの茶道具にも珍重されていた。そのような土地柄ゆえ、江戸時代、加賀藩の下級武士が栽培、研究をして、この地の椿の代表的な品種「西王母」、「加賀八朔」が生まれたといわれる。

西王母

花と緑の歳時記

3月下旬	雪割草祭り(猿山岬 B2)	4月下旬	やなぎだ植物公園さくら祭り(C2)
4月中旬	小丸山さくらまつり(B2)	6月	木場潟公園花菖蒲まつり(A4)
	花見だよ! in 能登さくら駅(B2)	11月下旬	金沢城・兼六園ライトアップ～秋の段～(B3)

秘境を紅に染める秋の景色

白山スーパー林道【10～11月】(B4)

秘境といわれ手つかずだった北方白山の森林資源有効活用のため、1977年に開通した林道。秋の紅葉、残雪（冠雪）の白山眺望や大小の滝が流れ落ちる渓谷美とブナ原生林など見所が多く、観光客が絶えない。中宮温泉付近の猿ヶ浄土といわれる山は、江戸時代「おとめ山（お咎めを受ける山）」と呼ばれる禁猟区で入山が禁じられていたことから、県内で唯一日本ザルが保護される区域となった。

【紅葉《コウヨウ》】

【黒百合《クロユリ》】

信仰の山に咲く黒百合

白山【7～8月】(B4)

富士山、立山とともに日本三名山の一つ。古くから信仰の山として知られ、御前峰山頂には白山神社奥宮がある。高山帯を持つ山として日本で最も西に位置し、約250種の高山植物が咲き、中でもクロユリは日本一の個体数といわれる。クロユリは北海道にも多く、アイヌの人々の間では、誰にも知られず好きな人の近くに置き、送り主がわからないまま相手が手にとれば必ず結ばれるという伝説もある。

「東洋の書聖」も褒めたたえた紅葉

鶴《かく》仙《せん》渓《けい》【11月】(A4)

山中温泉近くの「黒谷橋」から「こおろぎ橋」の間約1kmの渓谷。とくに秋の紅葉が美しい。鶴仙渓の名の由来は、明治の書家で詩人の日下部鳴鶴が愛した渓谷という意味。鳴鶴は、書の本場中国でも“東海の書聖”と呼ばれた文化人で、山中温泉を訪れた多くの文人墨客の一人。黒谷橋は、古くは山中温泉を訪れた松尾芭蕉が渡った橋で、近くに芭蕉堂もある。

【紅葉《コウヨウ》】

福井《ふくい》

県花「スイセン」

日本海の厳しい風雪に耐えぬいて寒中に咲くスイセンの忍耐強さは、県民性に通ずるといわれている。日本で数少ない野生のスイセンの群生地として越前海岸が有名。

県の中央部に位置する木ノ芽峠を境に、嶺北と嶺南の二つの地域に大きく分かれる福井県。地形にも違いがあり、とくに嶺北の沿岸は日本海の激しい風と波によって形づくられた越前海岸があり、日本海側では珍しいスイセンの大群落が見られる。

【水仙《スイセン》】

寒風に耐えて咲く越前の象徴

越前水仙群生地【12～2月】(C2-3)

スイセンの日本三大群生地の一つ。「越前水仙」とは越前海岸に咲くスイセンの総称。日本海の寒風に耐えながら、広大な斜面に咲き誇る。福井市居倉地区に残る越前水仙発祥伝説では、ある兄弟が一人の美しい娘をめぐって争った挙句、思い悩んで海に身を投げた娘が、翌春に生まれ変わり白い花となって海岸に流れついたとされている。

【花菖蒲《ハナショウブ》】

北陸最大規模の花菖蒲園

北《きた》潟《がた》湖畔花菖蒲園【6月】(D1)

江戸、肥後、伊勢系などの品種が咲く、北陸最大規模の花菖蒲園。北潟湖は海水と淡水が入り交じる汽水湖。魚類が豊富で、それらを餌とするカモ類やタカ類の越冬地となっている。12～3月の寒ブナの柴漬漁は明治時代より続く冬の風物詩である。

福井“花”物語

日本一の生産量を誇る薬草オウレン

オウレンとは健胃薬や整腸薬の効能がある薬草で、早春に白い小花を咲かせる。平安時代から存在し、江戸時代には、産地の名前とともに越前オウレンなどとよばれ、栽培がさかんだった。現在、全国の生産量のうち約70%を福井県が占める。

Ⓐ Ⓑ Ⓒ Ⓓ
① ② ③ ④ ⑤
0 10km
36° 15′
136°
36°
35° 45′
135° 45′
135° 30′
35° 30′
50種類以上の野鳥が棲む園内に梅やアジサイなどが咲く
海浜自然公園
東尋坊《とうじんぼう》
九頭竜川《くずりゅう》
ゆりの里公園
ベアトリクス、カサブランカなど、ユリが咲き誇る
佐野
宮ノ下コスモス広
約1億本のコスモスが咲く
大安禅寺
福井藩の歴代藩主が眠る。ハナショウブの寺として人気
305
越廼《こしの》
水仙ドームがあり、一年中スイセンを楽しめる
越前水仙の里公園
水面に映る紅葉は神秘的な美しさ
武周ヶ池
清水
越前水仙群生地
越前岬水仙ランド
越前岬
春は一面にナノハナ、冬は純白のスイセンが広がる
玉川
越前
朝日
417
織田
宮崎
福井総合植物
プラントピア
丘陵地に3000種以上の植物
広大な園内で秋の紅葉を満喫できる
越前陶芸公園
越前
365
越前
武生中央公園
キクの花を用いた菊人形は見事
紫式部公
県有数の紅
名所で、春は
ヤエザクラと
フジが見事
越前海岸
河野
立石岬

敦賀湾
木ノ芽峡
8
名勝・書院庭園の紅葉は閑寂の趣深い絶景
西福寺
歴史ある金ヶ崎城跡に桜並木
金崎宮
中池見湿地
気比神宮
つるが
敦賀《つるが》
野
坂
山
地
小浜線
美浜
美浜湾
常神岬《つねかみ》
神子の山桜
三方五湖レインボーライン
桜の巨木群と青い海のコントラストが美しい
三方五湖
三方湖
西田梅林
みかた
若狭
三方《みかた》
鳥浜貝塚
161
滋賀
若《わか》狭《さ》湾
蘇洞門《そとも》
松ヶ崎
鋸崎《のこぎり》
桜、ツツジ、レンギョウ、ボタンが咲く内浦湾に臨む公園
五色山公園
青葉山
693
高浜
シーサイド高浜
小浜湾
おばま
小浜城跡
小浜
舞鶴若狭自動車道
27
小浜線
大飯《おおい》
おおい
おばま
若狭姫神社
若狭彦神社
妙祐寺
神宮寺
萬徳寺
明通寺
上中《かみなか》
303
高さ20mのシダレザクラは圧巻
白砂とモミジを借景とする名勝枯山水庭園
熊川宿
若《わか》狭《さ》
162
名田庄《なたしょう》
頭巾山《とうきん》
871
百里ヶ岳
931
八ヶ峰
800
京都

【梅《ウメ》】

日本最古の天守閣に春を呼ぶ桜

丸岡城【4月】(E2) ☎0776-66-0303

丸岡城は、日本最古の天守閣を持ち、春満開の桜の中に浮かぶ姿は幻想的で美しい。戦国時代に、一向一揆への備えとして織田信長の命により柴田勝家が甥の勝豊に築かせた。『戦国自衛隊』など映画のロケ地にもなった。

【桜《サクラ》】

花と緑の歳時記

4月 ふくい春まつり
(足羽川桜並木・足羽山公園 D2)

4月上旬〜中旬 金崎宮・花換まつり(D4)
丸岡城桜まつり(E2)
はながたみまつり(花筐公園 D3)

5月上旬 式部とふじまつり(紫式部公園 D3)
あじまの万葉まつり
(越前の里 味真野苑 D3)
さばえつつじまつり(西山公園 D3)

6月 ゆりフェスタ(ゆりの里公園 D2)

6月中旬 花菖蒲まつり
(北潟湖畔花菖蒲園 D1)

7月〜8月上旬 はすまつり(花はす公園 D3)

10月上旬〜11月上旬
たけふ菊人形(武生中央公園 D3)

11月中旬 さばえもみじまつり(西山公園 D3)

1月中旬〜下旬
水仙まつり(越前岬水仙ランド C2-3)

見所の多い峡谷を紅葉が染める

九《く》頭《ず》竜《りゅう》峡【10〜11月】(F3)

荒島岳の閃緑岩が激流によって侵食されてできた峡谷。新緑や紅葉の時期の景観がすばらしく、途中には瀬戸大橋を作る際のテストケースとして作られた夢のかけはしや仏御前の滝など見所も多い。仏御前の滝は、平清盛の側室で舞の名手だった仏御前がこの地で生まれ、この滝で顔や髪を洗ったことからその名が付いたといわれている。

【紅葉《コウヨウ》】

【蓮《ハス》】

美しいと讃えられる花蓮の生産地

花はす公園【7〜8月】(D3)

千葉県検見川の地下で眠っていたハスの実が2000年ぶりに蘇った大賀ハスをはじめ、世界の花ハスが咲き誇る。花ハスは、南条地区の特産品。7〜8月にかけて出荷され、花びらの数・色ともに評価が高く、出荷量は日本一。ハスの葉に「はすワイン」などを注いで飲む象鼻杯やはす染め、和紙（ぐう紙）作りなど体験できる「はすまつり」も開催。隣接する温泉ではハスのエキスを入れたはす風呂もある。

福井梅の名産地に咲く7万本の梅

西田梅林【3月】(C4)

日本海側最大の梅産地で、福井梅の主産地として有名な梅林。三方五湖湖畔に約7万本の梅が咲く。福井梅は天保年間から作られ、種が小さくて果肉が多く、味は絶品。実の片側に赤みがさした梅干し用の「紅映」、梅酒に使われる「剣先」の2種類がある。

岐阜《ぎふ》

県花「レンゲソウ」

水田の緑肥として利用され、本県の田園地帯では身近な花。春のやさしい風景に似合う花として選ばれた。養蜂発祥の地といわれる本県のハチミツ生産にも役立つ。

急峻な山並みが続く山間部と、大河川によって形成された平野部が広がる岐阜県。原生林が残る天生湿原、再生活動による人々の熱意が実を結んだ淡墨桜など、自然と人が育んだ本県ならではの花名所が点在する。

【桜《サクラ》】

蘇った日本三大桜の一角

淡墨桜【4月】(B2)

蕾の時は薄紅色、満開時は白色、散り際には薄い墨色となる。樹齢1500年以上の老木で、作家宇野千代の寄稿によって保護育成が進められた。後の小説『薄墨の桜』でも知られる。

花と緑の歳時記

3月中旬	ぎふ梅まつり(梅林公園 B3)
3月下旬～4月上旬	池田サクラまつり(霞間ヶ渓 B3)
4月上旬	各務原市桜まつり(新境川堤 B3)
5月上旬	赤坂東藤まつり(赤坂スポーツ公園 B3)
5月中旬～6月下旬	花フェスタ(花フェスタ記念公園 C3)
6月中旬～下旬	ゆりまつり(谷汲ゆり園 B2)
8月中旬～9月下旬	飛騨にゅうかわコスモスまつり(ほおのき平コスモス園 C1)
10月～11月	もみじまつり(養老公園 B3)
10月上旬～11月上旬	秋のバラまつり(花フェスタ記念公園 C3)
11月上旬～12月上旬	もみじまつり(大矢田もみじ谷 B2)

一斉に咲き誇る渓流沿いの桜

霞《か》間《ま》ヶ《が》渓《たに》【3～4月】(B3)

大垣藩が治水のために山林を保護したことから、渓流沿いにヤマザクラ、エドヒガン、ソメイヨシノなどが自生する。東海有数の桜の名所で、1928年に国の名勝に指定された。この一帯は「美濃いび茶」の古くからの生産地でもある。

【桜《サクラ》】

【百合《ユリ》】

地元が育てた日本屈指の百合園

谷汲ゆり園【6～7月】(B2)

☎0585-56-3988(開園期間中)

地元の人々によって植えられた、スカシユリ系、ヤマユリ系(オリエンタル・ハイブリット)など、約30万球が咲く。今では、国内屈指のゆり園の一つといわれる。

岐阜"花"物語

孤独な日本固有種のハナノキ

ハナノキは日本固有種で、国内では、岐阜県の東濃地域、愛知県の奥三河、長野県の飯田市周辺、滋賀県東近江市などのごく限られた地域に自生する。世界でも北米に分布しているのみで、絶滅危惧種に指定されている。

【水芭蕉《ミズバショウ》】

原生林に包まれて咲く水芭蕉

天生《あもう》湿原【5～6月】(B1)

ミズバショウのほか、リュウキンカ、ニッコウキスゲなどが見られる。ここは法隆寺釈迦三尊像を作った飛騨出身の仏師・止利《とり》の住居と田の跡といわれている。ブナの原生林に覆われ、白川村の三湿原回廊とあわせ県の「岐阜の宝もの」に設定されている。

【紅葉《コウヨウ》】

重要文化財に映える天然記念物の紅葉

大矢田《おやだ》もみじ谷【11～12月】(B2)

大矢田神社の境内で、ヤマモミジの自然樹林が残る楓谷。古い巨木も多く、谷川沿いの一部が国の天然記念物に指定されている。国の重要文化財で華やかかつ精巧な造りの社殿ときめ細かで鮮やかなモミジの調和が美しい。

【薔薇《バラ》】

世界に誇る薔薇の庭園

花フェスタ記念公園【5～6月、10～11月】(C3) ☎0574-63-7373

世界のバラ約7000種を植栽。岐阜県大野町の育種家が作出した世界で一番青に近い色の品種「ブルーヘブン」は必見。大温室や展望タワーなどもあり、のんびりと過ごせる。

静岡《しずおか》

県花「ツツジ」

ツツジは、静岡県の気候風土に適し、多く野生している。とくに富士宮市猪之頭の個人宅にあるミツバツツジは、この種としては県内最大級で天然記念物に指定されている。

太平洋岸の温暖な気候に恵まれ、多種多様な花々が咲き競う静岡県。かつて東西を結んでいた要所らしさがうかがえる花の寺や、富士山や伊豆半島など豊かな自然を活かした花の名所など、1年を通して多くの観光客で賑わっている。

木々と渓流が織りなす秋景色

寸又峡【10〜12月】(B2)

1000m級の山々が周囲にそびえる渓谷沿いに、針葉樹と広葉樹の混ざった中部地方有数の天然林が広がり、色とりどりの紅葉が楽しめる。かつてここから、大井川を通じて駿府城へと建材が運ばれた。

【紅葉《コウヨウ》】

能の物語に登場する女人のお手植え

熊《ゆ》野《や》の長藤【4〜5月】(A3)

☎0538-34-0344(行興寺)

樹齢800年、花房が1m以上になる。能の代表作『熊野』は、旧豊田町に生まれ都へと召された美しい熊野御前の物語。この熊野御前が植えたフジだと伝わる。

【藤《フジ》】

赤
石
山
脈
長
野
3051 農鳥岳(西農鳥岳)
3047 塩見岳
荒川岳(東岳) 3141
35°30′
3121 赤石岳
聖《ひじり》岳(前聖岳) 3013
光《てかり》岳 2592
大無間山 2330
大井川
井川湖
いかわ
井川ダム
身《み》
延《のぶ》
山
地
山
梅ヶ島
文人にも愛された紅葉を望める温泉地
安倍川
寸《す》又《また》峡《きょう》
接岨峡
紅葉の景勝地
蕎《そ》麦《ば》粒《つぶ》山 1627
明神峡
渓流とそそり立つ断崖を紅葉が彩る渓谷美
静
岡
駿《する》河《が》
本《ほん》川《かわ》根《ね》
中川根
川《かわ》根《ね》本《ほん》町《ちょう》
大井川鐵道
駿府城跡の美しい石垣にソメイヨシノが咲く
駿府城公園
静岡
愛
知
大原トンネル
水《み》窪《さく》 みさくぼ
峰トンネル
佐久間ダム
佐久間
ちゅうぶてんりゅう
飯田線
35°
秋葉山 885
秋葉神社
春野
龍山
川根温泉
川根
玉露の里
宇津ノ谷峠
丸子宿
岡部
日本坂トンネル
渋川つつじ公園
静岡、愛知、三重県の一部のみに自生するシブカワツツジ約4000株
天竜相津花桃の里
遠《とおと》江《うみ》
小國神社の神饌田で試作したことから始まった
一宮花しょうぶ園
数千本のドウダンツツジ
どうだん原
江戸時代の農業灌漑用水池の周囲に藤棚やハス
蓮華寺池公園
137°30′
方広寺の三重塔と桜が見事に重なる
奥山公園
はままつフルーツパーク時《とき》之《の》栖《すみか》
600本のアーモンドの花
天竜
てんりゅうふたまた
にしかじま
梅酒用に栽培されている3000本の梅
豊岡梅園
豊岡
蓮華寺 はぎ寺
森
香勝寺 日本三大「キキョウ寺」
加茂花菖蒲園
バラ栽培がさかんな町にある公園
ばらの丘公園
藤枝
焼《やい》津《づ》
金比羅山緑地
瀬戸川堤に1000本の桜
島田
金谷
かなや
大井川流域で自生するカタクリは貴重
牧之原公園カタクリ園
引《いな》佐《さ》
かなさし
小堀遠州作の庭園を彩るサツキ
龍潭寺
花咲乃庄
天保時代から続く庭園のドウダンツツジ
三《みっ》ケ《か》日《び》
1500株300種のバラが見事
細江
三方原
三方原用水
ばらの都苑
万葉の森公園
万葉の植物300種
マンサク群落のある万葉時代の歌の地
乎《お》那《な》の峯《みね》
浜名湖
舘《かん》山《ざん》寺《じ》
庄内
はままつフラワーパーク
東名高速道路
新東名高速道路
遠州鉄道
浜北
磐田原
山梨
可睡斎
掛《かけ》川《がわ》
富士山静岡空港
勝間田公園
ミヤマツツジ群生
吉田
大井川
菊川
袋井
掛川花鳥園
約100種のスイレンなど
熊野の長藤
しんじょはら
湖《こ》西《さい》
はまゆう大橋
神座地区
トキワマンサク北限
浜松
磐田
豊田
東海道本線
東海道新幹線
浅《あさ》羽《ば》
榛《はい》原《ばら》
牧《まき》之《の》原《はら》
大鐘家住宅
柴田勝家の家臣・大鐘氏の屋敷に咲く1万本のアジサイ
牧ノ原
小笠
相《さ》良《がら》
新居関跡
新《あら》居《い》
雄《ゆう》踏《とう》
舞《まい》阪《さか》
篠原
可美
はままつ
福《ふく》田《で》
竜洋
大須賀
大東
中田島砂丘
遠州大橋
はまぼう公園
太田川の河口で咲く
御前崎
浜岡
天竜川
遠州灘
太平洋
0 10km
137°30′
138°
Ⓐ
Ⓑ
①
②
③

春を彩るチューリップと桜の共演

はままつフラワーパーク【3~4月】(A3)

☎053-487-0511

浜名湖畔に3000種10万本の花々が咲き、年間を通して楽しめる。春の60万球のチューリップと、1300本の桜の共演は見事。秋には、東南アジアに分布し、香水などにも使用されるイランイランノキが花をつけ、甘い香りを漂わせる。

【鬱金香《ウコンコウ(チューリップ)》】

【梅《ウメ》】

文学ゆかりの地に咲く紅白梅

修善寺梅林【2～3月】(C3)

樹齢100年をこえる古木のほか「白加賀」や「青軸」など約20種1000本の紅白梅が咲く。「花と文学の散歩道」とよばれ、岡本綺堂の『修善寺物語』記念碑をはじめ、夏目漱石詩碑、高浜虚子句碑、尾崎紅葉句碑、先代中村吉右衛門句碑、市川左団次句碑など、修善寺ゆかりの文学碑を観梅とともに楽しめる。

花と緑の歳時記

3月下旬～6月中旬
浜名湖花フェスタ
(はままつフラワーパーク A3)

3月下旬～4月上旬
かんばら御殿山さくらまつり(C2)

4月上旬 伊豆高原桜まつり
(大室山さくらの里 D3)

4月下旬～5月上旬
池田・熊野の長藤まつり(A3)

5月中旬～6月上旬
渋川つつじまつり(A3)

6月 花しょうぶまつり
(修善寺虹の郷 C3)

10月下旬～11月
菊まつり(楽寿園 C2)

1月 日本一早い!チューリップフェア
(はままつフラワーパーク A3)

2月～3月上旬
梅まつり(修善寺梅林 C3)

【牡丹《ボタン》】

古刹から牡丹の歴史が始まった

可《か》睡《すい》斎《さい》【4～5月】(A3)

東海道一の禅の修行道場で、徳川家康が名づけた古刹。今から400年前、日本で初めてボタンの花を咲かせ、ここから日本のボタンの歴史が始まったといわれている。ボタンの名所島根県の大根島《だいこんじま》へボタンを伝えたというのも有名。
静岡“花”物語

松崎町の桜葉生産

伊豆半島の南西にある松崎町は、桜餅に巻く桜葉の生産がさかんで、全国シェアは7割以上にも及ぶ。毎年初夏に収穫されたオオシマザクラの葉は、半年から1年間塩漬けにされる。オオシマザクラは、薪や炭の材料に使われてきたが、香りが豊かで葉が大きいことから、桜餅の葉にも使われるようになった。

河津桜と伊豆の花々をたずねる

伊豆半島花めぐり

黒潮洗う伊豆半島は、沿岸部の年平均気温が15〜17℃にもなる温暖な地。早咲きで有名な河津桜をはじめ、サボテンやアロエなど伊豆ならではの花々と出会える旅が待っている。

河津桜並木 静岡県河津町 2月上旬〜3月上旬

1955年、河津町で発見された桜の新種で、早咲きオオシマザクラとカンヒザクラの自然交配種といわれる。ソメイヨシノとは異なる濃い花色と約1か月という長い花期が特徴で、同時期に咲くナノハナとのコントラストも見事だ。河津町全体では約8000本もの河津桜が咲き誇る。

2月上旬〜3月上旬

河津桜まつり

河津川沿いに続く、約4kmの桜並木が会場。桜のトンネルに菜の花ロード、たくさんの露店が並ぶ賑やかなまつりだ。

河津桜原木

河津駅から約1.3km。個人の敷地内にあるが、高さ約10m幹周り約115cmという巨木で、その見事な枝ぶりは道路からでも十分に眺められる。並木以外の町中の桜見物もおもしろい。

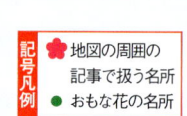

記号凡例
- 地図の周囲の記事で扱う名所
- おもな花の名所

熱海梅園 静岡県熱海市 11月中旬〜3月上旬

日本一の早咲きで知られ、例年11月中旬から12月上旬には第一号の開花を迎える。1886年の開園で、59品種472本の梅には古木・銘木も多く、歴史ある梅園ならではの風格ある姿を見せる。

伊豆シャボテン公園

静岡県伊東市　☎0557-51-1111

通年

4〜5月が花の最盛期で「サボテンの花まつり」も開催される。寄せ植えにして持ち帰ることができる「シャボテン狩り」ができるのは世界でもここだけだ。

小室山公園

静岡県伊東市　☎0557-45-1594

4月中旬〜5月上旬

桜やアジサイ、サルスベリ、ツバキなど季節の花が楽しめる花名所だが、なんといっても10万本のツツジが織りなす紅のじゅうたんと富士山の絶景は見応え十分。

10月中旬〜4月中旬

小室山公園つばき園

約1000種という多品種が集められ、秋から春にかけての長い間、個性的なツバキが堪能できる。

下田公園

静岡県下田市

6月

下田港を見下ろすかつての城山（鵜島城跡）に、その数日本一ともいわれる300万輪のアジサイが植栽され、石畳の散策路をしっとりと染め上げる。

アロエの里

静岡県下田市

11月下旬〜1月中旬

伊豆白浜の冬を彩るキダチアロエ。これほどの規模で自生するアロエは珍しく、海岸沿いの遊歩道を歩けば、青い海と赤い花とのコントラストに目を奪われる。

爪木崎

静岡県下田市

12月下旬〜2月上旬

白亜の爪木埼灯台、天然記念物である柱状節理の断崖、そして300万本といわれるスイセンの大群落が、海風に可憐な白い花を震わせる。冬の伊豆を代表する見どころ満載の景勝地だ。

愛知《あいち》

県花「カキツバタ」

『伊勢物語』において在原業平が現在の知立市八橋辺りを訪れたときに歌にした。古くから自生しており、刈谷市には国内三大自生地の一つ小堤西池もある。

江戸時代から花卉栽培がさかんで、キク、バラ、シクラメン、洋ランなどは全国一の産出額を誇る。八橋かきつばた園や矢勝川堤をはじめ、歴史的人物や童話、民間信仰などが所以のユニークな花の名所が多いのも特徴。

【桜《サクラ》】

金の鯱も見つめる歴史ある桜

名古屋城【3〜4月】(A1)

☎052-231-1700

御三家筆頭、尾張徳川家の居城、名古屋城。名古屋を代表する桜の名所で、春には石垣の上から外堀まで、ソメイヨシノやシダレザクラを中心に豪荘な城の周囲を彩る。桜のほかにもさまざまな花が咲き、フヨウやサザンカなど多種類の花を、年間を通して楽しむことができる。

【紅葉《コウヨウ》】

昼夜を問わず映える紅葉

香嵐渓【11月】(B1)

江戸時代に香積寺和尚三栄が、般若心経を1巻詠むごとに、1本ずつ植えたのが始まりとされる。香積寺の香、山中に発する嵐気の嵐をとり、昭和の初めに名付けられた。ライトアップされた夜の景色も美しい。

【彼岸花《ヒガンバナ(マンジュシャゲ)》】

童話の世界へ誘う100万本もの彼岸花

矢《や》勝《かち》川堤【9〜10月】(A2)

1990年、半田市出身の童話作家新見南吉の『ごんぎつね』の中に出てくる風景をつくろうと、南吉がよく散策をしたという矢勝川の堤に植えられた。周りのナノハナ、ポピー、マツバボタン、コスモスなどとともに童話の里の世界が広がる。

愛知“花”物語

葦毛《もう》湿原のシラタマホシクサ

橋市街にほど近い葦毛湿原は、約100万年前消滅した巨大湖「東海湖」の名残とされ、「東のミニ尾瀬」ともいわれる。ここで見られるシタマホシクサをはじめ、東海四県に点在する希な植物群落は、「東海丘陵要素植物群」と呼ば、数十種の野生植物が指定されている。

在原業平の想いを伝える燕子花

八橋かきつばた園【4～5月】(B1)

☎0566-81-4028(無量寿寺)

『伊勢物語』のなかの、在原業平の歌「から衣きつつなれにしつましあればはるばるきぬるたびをしぞ思ふ」によって、カキツバタの名所として知られるようになった八橋。茶人でもあった無量寿寺の方巌和尚が育てたもので、庭園には総数３万本が咲く。

【燕子花《カキツバタ》】

花と緑の歳時記

3月下旬～5月上旬　名古屋城春まつり(A1)
3月下旬～6月中旬　鶴舞公園花まつり(A1)
4月上旬～中旬　岡崎の桜まつり(岡崎公園 B2)
シダレザクラまつり(東谷山フルーツパーク B1)
4月中旬　チューリップまつり(名城公園 A1)
4月下旬～5月上旬　尾張津島藤まつり(天王川公園 A1)
4月下旬～5月下旬　史跡八橋かきつばたまつり(八橋かきつばた園 B1)
5月中旬～6月上旬　名古屋城さつき大会(A1)
5月下旬～6月中旬　花しょうぶまつり(賀茂しょうぶ園 B2)
6月　あじさい祭り(形原温泉・あじさいの里 B2)
6月上旬～中旬　稲沢あじさいまつり(大塚性海寺歴史公園 A1)
9月下旬～10月上旬　童話の村秋まつり(矢勝川堤周辺 A2)
10月下旬～11月下旬
名古屋城菊人形・菊花大会(A1)
11月
香嵐渓もみじまつり(B1)
2月中旬～3月中旬
佐布里池梅まつり(A2)

凡例
- おもな道の駅
- 花の百名山・新花の百名山
- 日本さくら名所100選
- 日本紅葉の名所100選
- 県花が見られるおもなスポット

民間信仰がゆかりの紫陽花

形原《かたはら》温泉・あじさいの里【6月】(B2)

☎0533-57-0660(形原観光協会)

三ヶ根山山麓にある、三河三十三観音十九番札所の補陀《ほだ》寺。盗んだアジサイを玄関に吊るとお金がたまり厄除けになるという民間信仰を信じた花盗人を見かねて、住職が寺に植えたのが始まりとされる。坂道をめぐりながら観賞するあじさい園は東海一といわれており、見事である。

【紫陽花《アジサイ》】

三重《みえ》

県花「ハナショウブ」
三重県の象徴、伊勢神宮の勾玉池のほか桑名市の九華公園や明和町の斎王の森など県下で多く見られる。白・紫・薄紅などの花色で、初夏に咲く園芸種。

古来より伊勢神宮を中心に栄えてきた三重県。そのことを示す斎宮跡では、ハナショウブが咲き広がる。桑名城の名残を留めた九華公園や上野城など、名だたる武将ゆかりの名所も多く、桜の季節になると花見客で賑わう。

【鬱金香《ウコンコウ(チューリップ)》】

広大なお花畑に咲き誇るチューリップ

なばなの里【3〜4月】(C1) ☎0594-41-0787

東海地区最大級の花をテーマにしたレジャー施設。梅、桜、チューリップ、バラなどが百花繚乱の様相を呈す。世界中のベゴニアを1年中楽しめる「アンデスの花園・ベゴニアガーデン」や、日本最大級の「あじさい・花しょうぶ園」など見所は尽きない。冬は国内屈指の規模と美しさを誇る「ウィンターイルミネーション」を開催。

凡例
- おもな道の駅
- 花の百名山・新花の百名山
- 日本さくら名所100選
- 日本紅葉の名所100選
- 県花が見られるおもなスポット

0　20km

【躑躅《ツツジ》】

山麓を飾る多様な躑躅

御在所山《ございしょやま》【4〜6月】(B1)

江戸時代から「菰野《こもの》山」として植物の豊富なことで知られ、多種多様な植物が育つ。ツツジ類は40種類以上あり、アカヤシオ、シロヤシオ、ベニドウダンなどが岩肌や山頂を彩る。また、ロッククライミングで有名な岩場が多く、渓流には数多くの美しい滝が流れ、紅葉の名所としても知られる。山麓の「湯の山温泉」には、かつて志賀直哉が滞在し、短編『菰野』を執筆した。

【桜《サクラ》】

桑名市民の憩いの桜

九華《きゅうか》公園【4月】(C1)

桑名城跡地につくられた公園で、ソメイヨシノやシダレザクラが咲く。5月にはツツジ、6月にはハナショウブで彩られる。公園名は、江戸時代から使われていた桑名の別名「九華《くはな》」から付けられた。

【花菖蒲《ハナショウブ》】

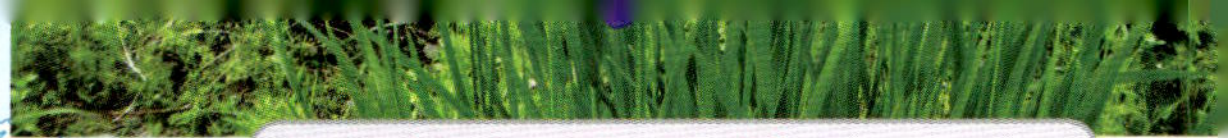

「白鳳城」から眺める桜

上野城【4月】(B2) ☎0595-21-3148

別名「白鳳城」。築城の名手藤堂高虎が徳川家康の命を受け、豊臣方との戦いに備えて築いた高石垣は日本有数の高さを誇り、黒澤明監督の映画『影武者』にも使われた。春には約800本の桜が咲き乱れ、天守閣から絶景を楽しめる。提灯の薄明かりの中で眺める夜桜も見事。園内の忍者博物館や芭蕉翁記念館も人気。

【桜《サクラ》】

花と緑の歳時記

3月下旬～4月中旬	津偕楽公園春まつり(B-C2)
3月下旬～4月下旬	チューリップまつり (なばなの里 C1)
4月上旬～中旬	さくらまつり(九華公園 C1)
6月上旬	花しょうぶまつり(亀山公園しょうぶ園 B2)
9月中旬～11月下旬	ダリア・コスモスまつり (なばなの里 C1)
10月	東員町コスモスまつり(C1)
2月中旬～3月下旬	しだれ梅まつり(結城神社 C2)
2月下旬	小船梅祭り(小船梅林 A4)

三重"花"物語

里の花として親しまれてきたシデコブシ

シデコブシの自生地は、愛知、岐阜、三重の東海三県の一部の湿地に限られる。自生地の多い東濃地域では開花が苗代づくりの時期の合図となるなど、里の花として親しまれてきた。各地で自生地が年々減る中、菰野町田光の谷間の群生地は2005年に国の天然記念物に指定されている。

地元に親しまれる"どんど花"

斎《さい》宮《くう》跡《あと》歴史ロマン広場【5~6月】(C2)

明和町内で発掘された「斎宮史跡（伊勢神宮に仕える斎王居住地）」を再現したもの。ハナショウブの原種ノハナショウブが植えられている。斎宮跡の東の群生地は国の天然記念物。「どんど」と呼ばれる取水口近くに咲くことから、地元では「どんど花」の名で親しまれ、町の花に指定されている。

中世の館跡で色づく見事な紅葉

北《きた》畠《ばたけ》氏《し》館《やかた》跡《あと》庭園【11月】(B2)

北畠氏は、南北朝時代から戦国時代にかけて伊勢国を支配した国司。庭園は、山側に林泉庭園、谷側に枯山水を配する。野趣に富む武家書院庭園で、国の名勝・史跡に指定されている。米字を形どった米字池では、枯山水の苔むした岩に、モミジ、イチョウなどの紅葉が鮮やかに映える。

【紅葉《コウヨウ》】

滋賀《しが》

（社）びわこビジターズビューロー

県花「シャクナゲ」

琵琶湖西岸の比良山系や鈴鹿山系でよく見られるシャクナゲ。とくに鎌掛谷のホンシャクナゲは、高山植物にも関わらず低地に群生するため貴重とされる。

日本最大の湖・琵琶湖を有する滋賀県は、近江国として歴史の舞台に多く登場してきた政治や交通の要所である。伊吹山や石山寺、大池寺などの文化史上、世に知られた名所に咲く四季折々の花が風情を添えている。

凡例
- おもな道の駅
- 花の百名山・新花の百名山
- 日本さくら名所100選
- 日本紅葉の名所100選
- 県花が見られるおもなスポット

【桜《サクラ》】

湖国・滋賀を象徴する桜

海津大崎【4月】(B2)

波に侵食された岩礁地帯で、竹生島を望める光景は琵琶湖八景の一つ。春には、岸沿いのソメイヨシノの並木が琵琶湖と美しいコントラストを見せる。お花見遊覧船も運航され、岸側と湖側の両方から湖北らしい景色が見られる。

写真提供 大津市

【紅葉《コウヨウ》】

月光に静かに照らされる紅葉

石山寺【11～12月】(A4)

☎077-537-0013

観音の霊地として崇敬を集める名刹。『枕草子』『更級日記』などの文学によく登場し、紫式部が『源氏物語』の着想を得た場所として有名。錦秋に染まる秋には、見事なモミジや近江八景「石山秋月」で知られる月見亭から中秋の名月を楽しめる。

滋賀"花"物語

古木巨木の競演、長浜盆梅展

梅の盆栽のことを盆梅という。盆梅展は1952年より始まり、新春に迎賓館「慶雲館」で開かれる。詩人堀口大學は、かつて「ぼくもぼくの詩も長浜の盆梅でありたい」とまで言っている。丹精こめた300鉢の中から樹齢400年超の紅梅「不老」をはじめ巨木や古木約90鉢が展示される。

【蓮《ハス》】

比叡山を背景にして湖畔に広がる蓮

烏丸《からすま》半島【7～8月】(A3)

淡水真珠の養殖でも知られる烏丸半島の東岸は、13ha以上にもわたり花ハスが広がる国内有数の群生地となっている。「天台薬師の池」と謳われる琵琶湖のほとりで、比叡山をバックにハスが広がる風景は近江にふさわしい。

【亜高山植物《アコウザンショクブツ》】

霊峰に咲く多様な植物

伊吹山【7〜8月】(C2)

日本武尊の死を招いた猪神の伝説で知られる霊峰。織田信長が薬草園を開かせたほど薬草の宝庫として知られ、麓の町では、昔から山にある薬草を生活の糧にしてきた。自生する植物は、主に北日本や日本海側に分布するものや薬草類、山の古さに由来する固有種など約1200種と多彩で、シモツケソウやユウスゲなどの花畑もある。

【梅花藻《バイカモ》】

清流に咲く水中花

地蔵川【5〜8月】(C2)

中山道の「醒井宿《さめがい》」だった町を流れる。日本武尊が名づけたとされる「居醒《いさめ》の清水」などの湧水が源流。夏になると、清流のみに生育する水生多年草であるバイカモが川面から顔を出すようにして花を開く。川沿いのサルスベリが咲く所では、落下した赤い花とバイカモの白い花が清水に揺らぎ、とくに美しい。

花と緑の歳時記

4月上旬〜中旬 彦根城桜まつり(B2) びわ湖バレイさくら祭り(A3)	**11月中旬〜下旬** 日吉大社もみじ祭（A3）
4月下旬〜5月上旬 寿長生の郷牡丹まつり(A4)	**2月中旬〜3月上旬** しがらき盆梅列車（B4）
5月下旬 ハマヒルガオまつり(第1なぎさ公園 A3)	**2月下旬** 今津ザゼンソウまつり （座禅草群生地 B2）
6月中旬 あじさい祭り(もりやま芦刈園 A3)	
11月上旬 紅葉祭（西明寺 C3）	

【皐月《サツキ》】

禅のこころを伝える皐月の山水庭園

大池寺《だいちじ》【5〜6月】(B4) ☎0748-62-0396

甲賀市にあり、白洲正子が訪れて『近江山河抄』にも記した禅寺。書院前にある蓬莱庭園は、江戸初期に小堀遠州によって造られたと伝わる。サツキを刈り込む手法で、海の大波小波と、水面に見立てた白砂の上に七福神の宝船が浮かんでいる様を表している。

京都《きょうと》

府花「シダレザクラ」
別名「いと桜」。流れるような柔らかさと薄紅色の花の美しさが京の風情を思わせ、風雪に折れにくい芯の強さが京都人気質に通じるといわれる。

平安時代から日本の都として、朝廷や貴族の文化が受け継がれてきた京都。歌や文学の舞台となった名所も多く、大田神社や平安神宮など花が咲き乱れる美しい寺社や景勝地は、今も昔も多くの人を魅了している。

凡例
おもな道の駅
花の百名山・新花の百名山
日本さくら名所100選
日本紅葉の名所100選
県花が見られるおもなスポット
Ⓐ
Ⓑ
135°
35° 30′
経《きょう》ヶ岬
犬ヶ崎
丹後
神明山古墳
浦嶋神社
竹野川
丹後半島
網野
丹後あじわいの郷
伊根
舟屋の里伊根
鷲崎
木津
あみの
弥栄《やさか》
妙性寺
丹《たん》後《ご》
①
ミツバツツジ約1万株の自然林が見事な花の寺
如意寺
浦明・平田地区
果樹園の多い地区に咲くモモとナシの花
京丹後
峰山
久美浜
美人観音で有名な寺を飾るシャクナゲ
成相寺
宮津湾
大宮
与謝野《よさの》
岩滝
天橋立
栗田湾
20万本のヒマワリが咲く段々畑
ひまわり畑
のだがわ
野田川
宮津
みやづ
舞鶴湾
加悦《かや》
丹後山地
滝の千年ツバキ
推定樹齢1200年日本最古のクロツバキ
大江山
▲832
京都丹後鉄道
京都縦貫自動車道
瑠璃寺
細川幽斎ゆかりの樹齢300年超のシダレザクラ
由良川
大江
オノ神のフジ
ケヤキの古樹が自然の藤棚になった樹齢2000年のヤマフジ
安国寺
舞鶴線
農匠の郷やくの
夜久野《やくの》
丹波大文字の姫髪山の麓にある丹波のもみじ寺
長安寺
山陰本線
②
福知山盆地
福知山城跡
ふくちやま
福知山
あやべ
綾部
▶p.19
観音寺
谷川をはさんだ斜面を埋め尽くす1万株のアジサイ
兵庫
三和《みわ》

【浜茄子《ハマナス》】

日本三景に咲く浜辺の花

天橋立【5月】(B1)

日本三景の一つである天橋立には、ハマナスの群生地がある。松林の一画などに濃いピンクの花を咲かせる。昭和初期にハマナス群生地が消滅しそうになり、保存に努めた。

【桔梗《キキョウ》】

明智光秀ゆかりの桔梗

ききょうの里【6〜7月】(B-C2) ☎0771-26-3753

明智光秀が信仰し、その首塚がある亀岡市の谷性寺には、光秀の家紋であるキキョウがいつしか植えられた。谷性寺の門前には今も約5万株が咲き、桃色、八重咲きなど珍しい種も見られる。

京都"花"物語

京都を彩る名椿

古来より愛されてきたツバキの花。江戸時代の園芸文化によって、将軍や加賀などの大名、公家がこぞって品種改良を進め、その数は日本産だけでも2000種をこえるとか。江戸時代に著された『椿花図譜』には619種も紹介されている。京都には、上方独自の審美眼によって選抜された名花が多く、法然院の三銘椿「五色八重散り椿」「貴椿」「花笠椿」は有名だ。霊鑑寺には、後水尾天皇が愛でた樹齢300年超の「日光椿」。椿寺の異名をもつ地蔵院の「五色八重散り椿」は、加藤清正が豊臣秀吉に献上したものである。ほかにもツバキの名所は数えきれず、古都の歴史や日本美の世界を、ツバキの花を通して知るのも一興である。

霧島躑躅の真紅が池に調和する風景

長岡天満宮【4月】(C3)

☎075-951-1025

大宰府左遷の折に、菅原道真が立ち寄り、在原業平らと過ごした時を懐かしんだ縁から創建された。境内の東に広がる八条が池の中堤の両側に、キリシマツツジが咲く。真紅の花が池を彩る様は日本随一といわれる。

【霧島躑躅《キリシマツツジ》】

【山吹《ヤマブキ》】

万葉の世より愛でられてきた山吹

玉川堤【4〜5月】(C3)

『万葉集』選者の一人である橘《たちばなの》諸《もろ》兄《え》が玉川の美しさを愛で、ヤマブキを植えた。井出町に咲く現在の約5000本は、昭和の玉川決壊後に植えられたもの。

花と緑の歳時記

3月下旬〜4月下旬
ツバキ展(舞鶴自然文化園 B1)

4月上旬 平野神社桜花祭(C2)

4月上旬〜中旬
紅しだれコンサート(平安神宮 C2)
さくらまつり(丹波自然運動公園 B2)

4月中旬 豊太閤花見行列(醍醐寺 C3)
滝の千年ツバキまつり(B2)

4月〜5月上旬
長岡京春の観光まつり(長岡天満宮 C3)

4月下旬〜5月上旬
乙訓寺ぼたん祭り(C3)

【桜《サクラ》】

四季折々に花が映える神苑

平安神宮【4月】(C2)

☎075-761-0221

平安神宮は、1895年に平安遷都1100年を記念し、平安京の大内裏を模して造られた。平安時代末期には、一帯に白河法皇によって造られた院御所や六勝寺などがあったという。社殿を囲むようにして南・西・中・東に池泉回遊式の神苑があり、季節の花が楽しめる。とくに南神苑の紅しだれ桜が朱塗りの神宮に映える様は、谷崎潤一郎も『細雪』の中で描写したほど。また西神苑では、白虎池のほとりに伊勢系、肥後系、江戸系などのハナショウブが群生し、中神苑では、蒼龍池の周囲に光格天皇が慈しんだカキツバタが群生している。

【燕子花《カキツバタ》】

光琳の絵にも描かれた淡く上品な燕子花

大田神社【5月】(C2)

「神山や大田の沢のかきつばた　ふかきたのみは色にみゆらむ」と歌人藤原俊成が詠んだ、上賀茂地区にある野生のカキツバタ群生地「大田ノ沢」は大田神社の境内にある。江戸時代には尾形光琳の『燕子花図』のモチーフになったといわれ、色合いも淡く上品である。国の天然記念物に指定されている。

5月上旬	才ノ神の藤まつり(B2)
7月上旬	ハス酒を楽しむ会(三室戸寺 C3)
11月中旬	もみじ祭り(長安寺 B2)
2月下旬	北野天満宮梅花祭(C2)
2月下旬～3月下旬	梅まつり(青谷梅林 C3)

【蓮《ハス》】

荘厳な趣を添える天上の蓮

三《み》室《むろ》戸《と》寺《じ》【6~8月】(C3)

☎0774-21-2067

宇治市にあり、多彩なハスが本堂前を飾る光景は、蓮弁が観音像に変じたという創建伝承をもつ古刹にふさわしい。ツツジやアジサイも有名だが、初夏には、珍種の大《たい》洒《さい》錦《きん》など250鉢が咲く。

秋の京都 紅葉めぐり

二条城を中心に、三方を山に囲まれた京都のまち。古都の美しくもはかない紅葉を眺めると、もののあはれ、欣求《ごんぐ》浄土といった平安貴族の心象が現代人の心にも浮かび上がってくるようだ。

見頃：11～12月

嵯峨野《さがの》・嵐山《あらしやま》

盆地の北西、嵯峨野・嵐山から保津峡にかけて風光明媚な自然が残る

渡月橋《とげつきょう》(京都市右京区)

紅葉の名所・嵐山。桂川のおだやかな流れが、紅葉をいっそう引きたてる。それを一望できる渡月橋は、橋の上を移り行く月を見た亀山上皇の言葉「くまなき月の渡るに似る」から命名されたという。京都の子どもたちは、数えで13を迎えると渡月橋西方の法輪寺の「十三詣り」に詣でる習慣がある。

「十三詣り」の帰り道、子どもたちは「渡月橋を渡りきるまでは、後ろを振り返ってはならない」と言い渡される。授かった知恵が失われてしまうのだという。

嵯峨野観光鉄道

景勝地・保津峡に沿って、紅葉の中をゆっくりと進む観光鉄道。トロッコ嵐山駅からトロッコ亀岡駅間7.3kmを走る。廃線を再整備し、1991年に開業。

衣笠《きぬがさ》

金閣寺、龍安寺、仁和寺と3つの世界遺産が山麓に並ぶ

金閣寺(鹿苑寺)(京都市北区) ☎075-461-0013

金色に輝く鹿苑寺舎利殿を金閣と通称する。室町三代将軍足利義満が造営させた、室町時代の北山文化を代表する建築である。紅葉する木が少ないため、紅葉スポットとしては有名ではないが、鏡湖池に映る金閣と紅葉のコントラストを楽しみたい。

常寂光寺《じょうじゃっこうじ》(京都市右京区) ☎075-861-0435

小倉山の中腹にあり、小倉百人一首を編んだ藤原定家の時雨亭があったと伝わる。山門から多宝塔にかけての紅葉は見事。寺名は天台宗で説く四つの仏土でも最上とされ、煩悩もなく智恵の徳が万象を照らすという常寂光土に、その幽雅閑寂な境内の趣をたとえたものである。

藤原定家と小倉百人一首

歌道入門といえば百人一首のかるたとり。鎌倉時代の初め、新古今調の歌人藤原定家が編んだ小倉百人一首が原型という。小倉山も第二十六番 貞信公「小倉山峰のもみぢ葉 心あらば 今ひとたびの みゆき待たなむ」で登場する。天皇の行幸を心待ちにする気持ちを紅葉に託した歌である。

貴船《きふね》・鞍馬《くらま》・大原《おおはら》

京都北方の山中には、一足はやく
紅葉のシーズンが訪れる

貴船神社（京都市左京区）　☎075-741-2016

鴨川の源流である貴船川の水源にあり、京の水を守る神様として信仰されてきた古社。11月中頃から末にかけて、貴船神社周辺では「貴船もみじ灯篭」というライトアップ・イベントが開催される。参詣の足となる叡山電車の沿道、神社境内や奥宮へと上る参道、周辺の街中などにたくさんの灯篭が灯され、紅葉を幻想的に照らし出す。

こんな話も　延暦寺や鞍馬寺、貴船神社への参詣には叡山電車が便利。沿線には、床に照り映える「床紅葉」で有名な実相院、雪月花三名園の一つ「雪の庭」がある妙満寺もある。窓外の景色をダイナミックに楽しめる展望列車「きらら」が運行されている。

三千院（京都市左京区）　☎075-744-2531

京都北東の山中にある大原は、かつて修行者が、人を避け隠棲する地であった。三千院では12世紀に建立された阿弥陀堂「往生極楽院」を訪れたい。そこでは、千年にわたり浄土への往生安楽を願い、念仏修行が行われてきた。三千院は黄葉が多い。杉木立の中、苔に覆われた瑠璃光庭の緑と黄色に輝く木々が織り成す光景は、浄土もかくやと思われる美しさである。

鮮やかな緑の杉苔に囲まれた往生極楽院

東山《ひがしやま》

世界遺産・清水寺をはじめ
多くの名刹をたどる道

西田幾多郎

哲学の道（京都市左京区）

南禅寺・永観堂の周辺から銀閣寺周辺へと続く疎水沿いの散歩道。紅葉と桜の名所である。戦前を代表する哲学者・西田幾多郎は、しばしばこの道を歩きながら思索にふけり、仏教と西洋哲学の融合とされる西田哲学を深めていったのである。

永観堂の紅葉

なぜ紅葉は“狩り”？

平安時代、紅葉する木はあまり庭木とされなかった。紅葉見物には山へ出かける必要があったのである。そこから、野山での獣の狩りが連想され、同じように狩りと呼ぶようになったとも言われる。

清水寺（京都市東山区）
☎075-551-1234

有名な「清水の舞台」は本堂から張り出している。1633年に再建され、国宝となっている。舞台の足元を流れる錦雲峡のカエデはさながら紅葉の波のよう。夜間のライトアップも美しい。

京都の紅葉が美しい理由は?

『枕草子』で清少納言も「冬はいみじうさむき。夏は世に知らずあつき」と書いたように、盆地である京都の寒暑は激しく、一日の気温差もまた大きい。しかし、紅葉が鮮やかに色づくためには、昼夜の気温差が大きいことが重要である。京都の気候は、格別に鮮やかな紅葉を愛でるうえでは好適なのである。

奈良《なら》

県花「ナラノヤエザクラ」

奈良を中心に栽培され、「いにしえの奈良のみやこの八重ざくら」と古歌にも詠まれた。知足院にある原木は国の天然記念物に指定され、現在では奈良公園などでも咲く。

自然林や原始林が未だ多く残る奈良県。貴重な寺社や文化財も多く、花が咲き乱れる自然との調和は悠久の歴史を感じさせる。なかでも、フジが見事な春日大社、紅葉の美しい奈良公園は古都らしい雰囲気を満喫できる。

奈良"花"物語
ハスの花を思わせるオオヤマレンゲ

標高1400m以上に自生し、関東以西に見られる。6月～7月上旬に芳香のある白い花をうつむきかげんに咲かせ、「天女の舞」、「森の貴婦人」などと称される。天川村と五條市大塔町にわたる自生地は、世界遺産「紀伊山地の霊場と参詣道」に含まれ、吉野から熊野へと抜ける大峯奥駈道で目にすることができる。しかし、シカの食害などで現在絶滅の危機に瀕している。

【萩《ハギ》】

歌人が一途に愛した萩

白《びゃく》毫《ごう》寺《じ》【9月】(B2)

☎0742-26-3392

「関西花の寺二十五霊場」第十八番札所。奈良市中心部の南東にあり、奈良盆地を一望できる。万葉歌人で、ハギを愛した志貴皇子がここを別荘にしたといわれ、秋に「志貴親王御忌」が行われる。開花時には100段余の石段がつづく参道の両側がハギでおおわれる。また、奈良三名椿の一つ、樹齢400年の「五色椿」が咲く寺としても知られ、4月には境内をツバキの花が彩る。

大和の自然と歴史を彩る彼岸花

飛鳥【9月】(B3)

高松塚古墳、石舞台古墳などの古代遺跡で知られる明日香村。秋には、飛鳥寺の周辺や棚田のあぜ道などにヒガンバナが並んで群れ咲く。とくに石舞台古墳から飛鳥川を遡った稲渕地区周辺の棚田にヒガンバナが咲く光景は古代日本の往時を偲ばせる風情。

【彼岸花《ヒガンバナ(マンジュシャゲ)》】

【紅葉《コウヨウ》】

【藤】《フジ》

赤と黄にけぶる原始的な森と藤の麗しい古社

奈良公園【紅葉10～12月】(B2)
春日大社【藤4～5月】(B2) ☎0742-22-7788(春日大社)

奈良公園では、イチョウ、モミジ、ナンキンハゼなどのさまざまな紅葉が見られる。神山として伐採を禁じられてきた春日山原始林にもモミジが多い。春日大社では、神域に数多く自生しているフジが有名。樹齢700年以上の古木は、地面につくほど長い花房をつけるため「砂ずりの藤」と呼ばれている。

【花菖蒲《ハナショウブ》】

剣豪一族の山里に咲く花菖蒲

柳生花しょうぶ園【6～7月】(B2)

☎0742-94-0858(期間中のみ)

多くの剣豪を輩出した柳生一族の眠る芳徳寺や柳生陣屋など、ゆかりの史跡が残る山里にある。棚田を利用した敷地に、約80万株のハナショウブが咲き誇る。6月中旬頃には、アジサイもあわせて咲く。

花と緑の歳時記

4月上旬～中旬	又兵衛桜まつり(B3)	9月中旬(敬老の日)	志貴親王御忌(白毫寺 B2)
4月中旬～5月上旬	ぼたん祭り(當麻寺 A2)	10月中旬～12月上旬	長谷寺もみじまつり(B2)
4月中旬～5月中旬	長谷寺ぼたんまつり(B2)	11月上旬	天の川もみじまつり(みたらい渓谷 B4)
9月下旬	彼岸花祭り(飛鳥 B3)	2月中旬～3月下旬	月ケ瀬梅渓梅まつり (C2)

【躑躅《ツツジ》】

斜面を染める躑躅の絨毯

葛城《かつらぎ》山【5月】(A3)

なだらかな高原状の山で葛城高原ともいう。山頂近くの「葛城高原自然つつじ園」は一目百万本と称されるツツジの名所で、斜面一面を真っ赤に染める。ヤマツツジなどが見られる。また、ここからは周辺の雄大な眺望も楽しめる。

【牡丹】《ボタン》

唐の王妃が寄進した牡丹

長谷寺【4～5月】(B2) ☎0744-47-7001

「花のみてら」として名高い長谷寺。面長な顔立ちから馬頭夫人《めずぶにん》といわれ、自分の容姿を嘆いていた唐の皇妃が、長谷寺の名を聞き及び祈願したところ、美しく変身。お礼に数株のボタンを寄進したということに始まるという。『源氏物語』にも登場し、平安時代の観音信仰と重なり、多くの貴族女性が訪れた。

歴史の舞台になった桜の名所

吉野山

修験道の聖地・金峯山寺《きんぶせんじ》を抱く吉野山は、古くからの桜の名所で、世界遺産の指定を受けた歴史ある景勝地。シロヤマザクラを中心に約200種3万本が、下千本・中千本・上千本・奥千本と呼ばれる地域ごとに咲き誇る。例年4月上旬に下千本から桜がほころびはじめ、奥千本にかけて順に開花していく。吉野山の桜は、長く見頃を楽しめるのも特徴だ。

花矢倉展望台 **上千本**

中千本、上千本、金峯山寺蔵王堂まで吉野山を広範囲に見渡せる展望台。謡曲『忠信』の舞台で、義経を落ち延びさせるために家臣佐藤忠信が留まって防戦した場所といわれる。

吉野山+α

クズと山伏

高級食材で知られる吉野葛。吉野大峯山で修行する山伏が自給自足の糧として精製していたクズのデンプンを、参拝者などが各地に持ち帰って広めたとか。

五郎兵衛茶屋 **中千本**

茶屋で一服しながら、360度の桜のパノラマを満喫できる人気スポット。かつて五郎兵衛という人が茶屋を開いていたのでこの名がついたとされる。

昭憲皇太后立碑 **下千本**

七曲り坂に咲いた桜が一面じゅうたんのように広がる絶景ポイント。運がよければ、朝方の霧の中で桜が朝日を受けて輝く幻想的な景色を見ることができる。

春の吉野山逍遥

神社仏閣や桜の名木など、桜と歴史を訪ねながら歩いてみてはいかが?

おすすめコース

銅の鳥居 …徒歩10分… 蔵王堂 …徒歩15分… 吉水神社 …徒歩25分… 五郎兵衛茶屋 …徒歩10分… 如意輪寺 …徒歩20分… 竹林院群芳園 …徒歩30分… 花矢倉展望台

さまざまな歴史人物と吉野山

吉野山は熊野三山へ続く大峯奥駈道《おおみねおくがけみち》の北端にある。7世紀に修験道の開祖役行者《えんのぎょうじゃ》が修行を積んだ場所として、また大海人皇子（天武天皇）が出家して隠棲した先としても知られる。平安時代の頃から桜が多く植えられるようになると、藤原道長や白河上皇が、時代が下れば豊臣秀吉など時の権力者が花見に詣でている。一方で、鎌倉時代には源頼朝に追われた義経一行が身を隠したり、南北朝の頃には、倒幕運動のために後醍醐天皇が南朝を開いたりと、生々しい歴史の舞台にもなった。

文人にも歌われた吉野山

「吉野山」という地名は古くは『万葉集』にも

世界遺産
金峯神社
世界遺産
大峯奥駈道
太閤桜
雲井の桜
花矢倉展望台
上千本
見頃 4月中旬～下旬
天人桜
夢見さくら
中千本
見頃 4月上旬～中旬
吉水神社
世界遺産
明治九年十一月十八日御届
仝十年二月出版
編輯兼出版人 堺縣平民 平井佐市郎

出てくるほど歌や俳句など多くの文学に登場する。例えば西行、松尾芭蕉、本居宣長、島崎藤村などである。なかでも「ねがはくは花のしたにて春死なんそのきさらぎの望月のころ」と詠んだ西行は桜を愛し、吉野の山を度々訪れたという。「吉野山やがて出でじと思ふ身を花散りなばと人や待つらむ」という歌からも吉野山中で庵を結んで起居する西行の姿が思い起こされる。

吉水神社 **中千本**

中千本・上千本が一望でき「一目千本」といわれる。豊臣秀吉が花見の本陣を敷いたほどの絶景ポイント。後醍醐天皇もここに宮を置いた。

吉野山勝景繪圖
松川半山画図
奥千本
見頃 4月中旬〜下旬
世界遺産 水分神社
西行庵
金峯山寺蔵王堂 世界遺産
四本桜
仁王門 世界遺産
世界遺産 銅《かね》の鳥居
関屋桜
大橋
下千本
見頃 4月上旬〜中旬
六田村

吉野山のシンボルで、修験道の総本山。蔵王権現が本尊で、桜がご神木になっている。蔵王堂は東大寺大仏殿に次ぐ規模の木造建築で、白鳳年間に役行者が創建、奈良時代に行基が改修したと伝えられる。

大阪《おおさか》

府花「サクラソウ・ウメ」

金剛山麓にサクラソウの原生種「クリンソウ」が自生しており選ばれた。また、古今和歌集の中で「難波津に咲くやこの花…」と詠まれるなどゆかりの深い梅も府花に選ばれている。

浪花の春の風物詩である造幣局の桜の通り抜けや住吉大社のウノハナ、東光院のハギなど、歴史と花を愛でながらのそぞろ歩きが楽しい街だ。「国際花と緑の博覧会」(1990年)を記念して選定された「大阪みどりの百選」には花の名所がずらり。

【萩《ハギ》】

萩の寺で1200年の歴史を感じる

東光院【9月】(B2) ☎06-6852-3002

1200年にわたり歴代住職に守り続けられてきた色とりどりのハギが咲く通称「萩の寺」。庭園「萩露園」は北大路魯山人命名という由緒ある名所だ。秀吉の妻・淀君も当山のハギに魅せられたひとりで、有名な民芸品、淀君ゆかりの「萩の筆」はここから生まれた。紅白の小さな花が美しい「宮城野萩」を中心に、可憐な花を咲かせ、古刹の秋を彩る。

大阪“花”物語

千利休ゆかりの黒文字つまようじ

樹皮の斑紋が文字のように見えることからこの名で呼ばれるようになった黒文字(クロモジ)。つまようじの原料として使われるようになったのは豊臣秀吉の時代、千利休が御茶事の菓子用に用いたのが始まりとか。特産として知られる河内長野周辺には、昔からこの黒文字の原木が豊富にあり産業として定着した。初春、山地の雑木林で黄色い花をつけ、目を楽しませてくれる。

一面花畑の向こうに太陽の塔

万博記念公園【4月】(C2) ☎06-6877-7387

1970年に開催された大阪万博の跡地。甲子園球場約65個分の広大な公園には、桜やポピー、アジサイ、ヒマワリ、コスモスなど一年を通じて様々な花が咲き乱れる。岡本太郎デザインの「太陽の塔」と花の共演なら、広場一面を埋めるチューリップの季節がオススメだ。

【鬱金香《ウコンコウ(チューリップ)》】

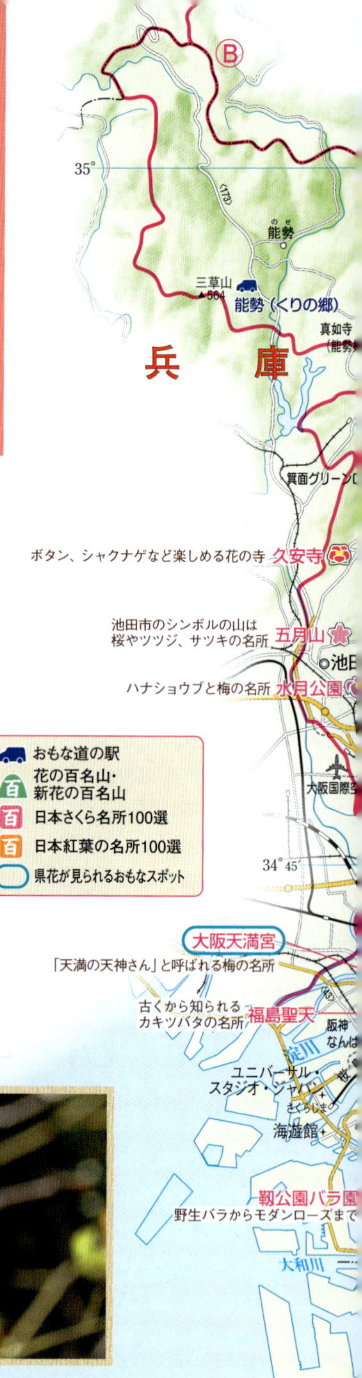

【桜《サクラ》】

大阪の春の代名詞「通り抜け」

造幣局の桜の通り抜け【4月】(C3) ☎06-6351-5361

桜の時期になると造幣局構内旧淀川沿いの通路が開放される。この「通り抜け」は1883年から開始されたもので、関山、普賢象、松月、紅手毬、芝山、楊貴妃などの珍種を含む桜が華やかに迎えてくれる。旧藤堂藩蔵屋敷で育成されていた桜を受け継ぎ、造幣局の敷地に移植されたものだという。

花と緑の歳時記

3月下旬〜4月上旬
万博記念公園桜まつり(C2)

3月下旬〜4月上旬
摂津峡さくら祭り(C2)

4月上旬　さくらまつり(五月山公園 B2)

4月下旬
レンゲまつり(三島江レンゲの里 C2)

5月上旬　ポピー祭り(サバーファーム C4)

5月中旬　靭公園バラ祭(B3)

6月上旬　花菖蒲まつり(水月公園 B2)

6月中旬〜7月中旬
あじさいまつり(府民の森 ぬかた園地 C3)

9月中旬〜下旬
萩まつり道了祭(東光院 B2)

10月上旬〜11月上旬
万博記念公園コスモスフェスタ(C2)

11月中旬　もみじまつり(久安寺 B2)

2月中旬〜3月中旬
梅まつり(道明寺天満宮 C3)

【卯ノ花《ウノハナ（ウツギ）》】

住吉大神御鎮座にゆかりの花

住吉大社【5月】(B3)

☎06-6672-0753

住吉大社はウノハナにゆかり深い。住吉大神の御鎮座が神功皇后摂政11年辛卯年卯月上の卯日だったことに由来し、5月最初の卯の日に御鎮座を祝して「卯之葉神事」が行われる。卯の花苑には白や淡紅、紫紅色の花を楽しみに多くの人が訪れる。

【躑躅《ツツジ》】

躑躅越しのハーバービュー

淡輪遊園《たんのわゆうえん》【4〜5月】(A4)

岬町の淡輪《たんのわ》遊園は花の咲くレジャースポットとして人気。山肌がツツジで覆われる春は、眼下の港とともに遠く明石海峡大橋や淡路島を花越しに望むことができる。

和歌山《わかやま》

県花「ウメ」

紀州の温暖な気候に育まれる梅は品質の高さと日本一の収穫量で知られる。「一目百万、香り十里」と称される南高梅の産地・みなべ町は、2月の見頃には梅の花で真っ白に染まる。

ウメやモモ、ミカンなど果樹生産が盛んで、紀の川市の桃畑や「南高梅」で有名なみなべ町の梅林（p.22-23）では、果実の花々が壮大な規模で咲き誇る。世界遺産に登録された霊場・高野山は金剛三昧院のシャクナゲをはじめ四季折々の花と紅葉が美しい。

写真提供 和歌山市観光協会

【桜《サクラ》】

芭蕉も俳諧に詠んだ早咲き桜

紀三井寺【3～4月】(A1) ☎073-444-1002

早咲き桜で名高く、松尾芭蕉がすでに散り始めた桜を仰ぎ「みあぐれば 桜しもうて 紀三井寺」と詠んだ。桜の起こりは当寺を開基した唐僧の為光上人が竜宮城から持ち帰った七本桜であると伝えられる。境内から風光明媚な和歌浦が一望でき、観光地としても人気だ。

凡例
おもな道の駅
花の百名山・新花の百名山
日本さくら名所100選
日本紅葉の名所100選
県花が見られるおもなスポット
Ⓐ
135°
大阪湾
友ヶ島水道（紀淡海峡）
大阪
和泉
葛《かつら》
友ヶ島 紀淡海峡に浮かぶ4つの島々でツバキの群落が見られる
孝子峠
かだ
加太
田倉崎
南海加太線
南海本線
阪和線
〈26〉
〈24〉
パノラマ花壇や熱帯・亜熱帯の植物の温室、あじさい園など
植物公園緑花センター
根来寺《ねごろじ》
秀吉の紀州攻めの舞台に7000本の桜が咲く
紀の川
こかわ
粉河
打田
岩出
桃源郷
龍門山
桃山
和歌山県の特産種であるキイシモツケの貴重な群
わかやまし
和歌山城
ソメイヨシノをはじめ約600本の桜が白亜の天守閣に映える
紀伊風土記の丘
和歌山
わかやま
紀ノ川
和歌山城跡
わかやまこうう
貴志川
和歌山電鐵
きし
〈42〉
〈424〉
阪和自動車道
桃源郷運動公園 つばき園
300品種 330本のツバキが植栽されている
あやめ池、あじさい小路がある汐入大名庭園
養翠園
和歌浦
紀三井寺
和歌山平野
紀美野
野上
海南
かいなん
美里
徳川家の菩提寺に桜400本やボタン1200本など
下津
長保寺
熊野古道・紀伊路
生石《おいし》ケ峰 ▲870
ミカン栽培の歴史を詳しく展示
有田
有田市みかん資料館
〈480〉
あらぎ島・久野原地区
円形の棚田のあぜに咲くヒガンバナ
仁平寺
真砂谷にたたずむ無住の寺にアジサイが咲き乱れる
ふじなみ
金屋
有田川
明恵ふるさと館
吉備《きび》
湯浅
広川
石垣尾神社
周辺に4万本のアジサイが咲く地震封じの神社
有田川
白馬山 ▲957
『万葉集』に詠まれた景勝地にスイセンが群生する
34°
広八幡神社
湯浅御坊道路
白崎海岸
美山
中津
みやまの里森林公園
清冷山 ▲878
〈424〉
由良《ゆら》
紀勢本線
あやめ公園
歌舞伎女形役者芳澤あやめ誕生の地に約1500株のアヤメ
日高川
日高
道成寺《どうじょうじ》
川辺
日高川
〈425〉
ごぼう
美浜
三尾
135°
水の郷日高川 龍游
▲523 真妻山
御坊
日ノ御埼
にしごぼう
日高川河口
清川天宝神社
紀伊水道
〈42〉
印南《いなみ》
阪和自動車道
紀州田辺梅林
紀州備長炭記念公園
南部川《みなべがわ》
みなべ
南部《みなべ》
▶p.23 南部梅林
「一目百万、香り十里」と名高く観梅客でにぎわう
岩口池周辺の遊歩道中心にソメイヨシノやヤマザクラが咲く
動鳴気峡
きいたなべ
天神崎
田辺
救馬渓観音
山頂付近の「あじさい曼荼羅園」に1万株
田辺湾
温泉街を一望する公園に四季折々の花が咲く
平草原公園
白浜
瀬戸崎
上富田《かみとんだ》
しらはま
南紀白浜空港
椿
志原海岸

【黄槿《ハマボウ》】

河口を黄色に染める黄槿

日高川河口【7月】(A2)

暖地の塩性湿地に自生するハマボウが河口から1.2kmの場所まで群生している。近畿での自生地は和歌山県だけで、日高川河口は全国でも屈指の規模の群生地。

歴史を伝える灯台と水仙

樫《かし》野《の》埼《ざき》灯台【12～2月】(B3)

☎0735-65-8515（樫野埼灯台旧官舎）

冬になると、樫野の断崖にたつ日本最古の石造り灯台のもとに甘い香りを放つスイセンが咲き乱れる。灯台建設のとき、英国技師R＝H＝ブラントンらが故郷を慕んで持ち込んだスイセンが根付いたものといわれている。1870年に点灯した灯台とスイセンの香りが、開国の歴史ロマンを今に伝えている。

【水仙《スイセン》】

【桃《モモ》】

悠然と流れる紀ノ川を彩る桃源郷

桃源郷【3〜4月】(A1)

全国有数の桃の生産を誇る紀の川市桃山町。その歴史は古く、約400年前に紀ノ川沿いにモモの苗木を植えたのが始まりだという。一目十万本といわれるピンクの花が一斉に開花する様はまさに「桃源郷」。甘い香りが辺りを包みこむこの一帯は、かおり風景100選にも選ばれている。

花と緑の歳時記

- 3月下旬〜4月上旬　平草原公園桜まつり(A2)
- 3月下旬〜4月中旬　和歌山城桜まつり(A1)
- 3月下旬〜4月下旬　桜まつり(紀三井寺 A1)
- 4月上旬　桃山まつり(桃源郷 A1)
- 4月下旬〜5月上旬　みやまの里 ふじまつり(A2)
- 10月〜11月　和歌山公園菊花展(和歌山城 A1)
- 11月中旬　紅葉祭(熊野那智大社 B2)
- 1月下旬〜2月下旬　南部梅林梅まつり(A2)

【石楠花《シャクナゲ》】

世界遺産に咲く石楠花

金《こん》剛《ごう》三《さん》昧《まい》院《いん》【5月】(B1)

☎0736-56-3838

弘法大師空海が開山した高野山。世界遺産登録された金剛三昧院はシャクナゲの名所として有名。信者が寄進したものが始まりで一番古いものは樹齢が450年とも。境内いっぱいに咲くピンクの花は、高野山の春を知らせる。

和歌山"花"物語

南部高校ゆかりの南高梅

早春、一面に梅の花が咲き乱れるみなべ町は日本一の梅の里。特産品である南高梅は、高田貞楠が発見した「高田梅」が基礎となっている。1950年に発足した「梅優良母樹選定委員会」で「高田梅」はこの風土にもっとも適した優良品種と認定。5年間におよぶ地道な調査研究に南部高等学校の教諭竹中勝太郎と生徒が深くかかわったことから、「南部高校」と「高田」から名をとり「南高梅」と命名された。

兵庫《ひょうご》

県花「ノジギク」
1924年姫路市大塩でノジギクの発見者牧野富太郎博士により確認された日本一の大群落が有名。兵庫県以西の瀬戸内海・太平洋沿岸近くに自生。

広大な花畑やスイセンの群落など花の見所満載なのが瀬戸内海最大の淡路島。丹波、播磨、摂津とそれぞれ特色ある自然と花の景観が広がり、日本海に面した県北部の但馬では城崎温泉や樽見の大桜、立雲峡といった桜名所めぐりを楽しめる。

【水仙《スイセン》】

海へと続く斜面を埋め尽くす水仙群

灘黒岩水仙郷【1～2月】(B4)

☎0799-56-0720

淡路島の最高峰、諭鶴羽山から海に続く斜面にスイセンの群落が広がっている。約180年前、海岸に漂着した球根を付近の漁民が植えたのが繁殖したとされており、500万本という自生の規模は日本最大級といわれる。12月下旬から咲き始め、野生のスイセンの甘い香りに包まれる。

【桜《サクラ》】

ピンクの花びら散る温泉地の春

城崎温泉【4月】(B1)

小説『城の崎にて』の志賀直哉をはじめとする文豪たちも訪れた名湯。春になると川沿いの桜並木が風情豊かで、ぼんぼりが灯るなかでの散策は歴史が刻まれた温泉地のロマンにひたれるひと時。城崎温泉がある兵庫県北部は出石城跡や樽見の大桜、泰雲寺のしだれ桜などが点在しており、桜めぐりも楽しめる。

【百日紅《サルスベリ》】

鉱山の繁栄を今に伝える百日紅の大木

神《み》子《こ》畑《はた》ムーセ旧居【8月】(B2)

☎079-677-1717(ムーセハウス写真館)

鉱山の町として栄えた神子畑で、1887年から鉱山事務所として利用されていた。その傍らに、根回り257cm、樹高約8mのサルスベリの大木がある。枝いっぱいに真紅の花が咲き、洋館の白い壁に映えて鮮やか。洋館はフランス人技師ムーセの住居だったため「ムーセ旧居」として親しまれている。

【牡丹《ボタン》】

天保の飢饉が生んだ但馬ぼたん寺

隆《りゅう》国《こく》寺《じ》【4～5月】(B2) ☎0796-44-0005

別名「但馬ぼたん寺」の歴史は古く、天保の飢饉の際、寺の米蔵を開いて住民を救ったことから、人々がお礼に庭園を造りボタンを植えたことが始まりという。心の富貴を象徴するボタンは、約70種1000株もの花を咲かせ人々の心を癒している。

花と緑の歳時記

3月下旬	アーモンドフェスティバル(東洋ナッツ食品 C3)	4月中旬～5月上旬	チューリップフェア(光都チューリップ園 A3)	2月中旬	みつ梅まつり(世界の梅公園 B3)
3月下旬～4月下旬	兵庫県立フラワーセンターチューリップまつり(B3)	5月上旬	全国しゃくなげ公園祭り(B2)	2月中旬～3月下旬	須磨浦山上の梅まつり(C3)
4月上旬	好古園夜桜会(B3)	7月中旬～下旬	佐用町南光ひまわり祭り(A2-3)	2月下旬～3月中旬	淡路島国営明石海峡公園 春一番の花まつり(C3)
	姫路城観桜会・姫路城お花見太鼓(B3)	9月下旬	高照寺白萩祭(B2)		

【梅《ウメ》】

全国屈指の梅の町、御津

綾部山梅林【2～3月】(B3)

☎079-322-3551(黒崎梅園組合)

ウメの町として知られるたつの市御津町。綾部山梅林は一目二万本と称されるウメと瀬戸内海を望むロケーションで有名。また隣接する世界の梅公園は異国情緒あふれる建物とウメが調和する人気スポット。

兵庫"花"物語

東洋ナッツ食品のアーモンドの花

神戸市の東洋ナッツ食品にはカリフォルニアから譲り受けたアーモンドの木が植えられている。桜に似た薄紅色の花を一般にも公開しようと、毎年3月に「アーモンドフェスティバル」を開催。地域に根付いた花見イベントとなっている。

【ダリア】

全国有数の生産地で楽しむダリア摘み

佐《さ》曽《そ》利《り》ダリア園【10月】(C3)

☎0797-91-0003(佐曽利園芸組合)

宝塚市上佐曽利地区は全国有数のダリアの球根生産地。平地に比べて気温が低く、ダリア栽培に適しているので、1930年から生産が始まった。観光農園「佐曽利ダリア園」ではのどかな山村風景のなかダリア数百種約2万本が咲く。

鳥取《とっとり》

県花「二十世紀梨の花」

二十世紀梨は栽培面積、収穫量、出荷量ともに日本一。県民の暮らしや産業に関わりが深く、広く親しまれている。1954年に県花に制定された。

鳥取砂丘をはじめとした砂浜が美しい日本海の海岸線や中国地方随一の秀峰・大山を抱き、神話の息遣いが宿る土地。降雪のある日本海側の気候としては比較的温暖であり、鮮やかな四季の移り変わりの中で、色どり豊かに花々が咲く。

【紅葉《コウヨウ》】

赤と黄の雄大なコントラスト

大山【10〜11月】(C2)

中国地方最高峰である大山は古くは山岳信仰で隆盛を誇った霊山。別名「伯耆《ほうき》富士」と呼ばれる雄大な山は四季折々に美しいが、司馬遼太郎が著書『街道をゆく　因幡・伯耆のみち』で触れた秋景色は黄金色と燃える赤のコントラストがとくに素晴らしい。

凡例
- おもな道の駅
- 花の百名山・新花の百名山
- 日本さくら名所100選
- 日本紅葉の名所100選
- 県花が見られるおもなスポット

【藤《フジ》】

境内に垂れさがる六尺の花房

住雲寺《じゅううんじ》【5月】(B2)

☎0859-54-3327

花房の長さ六尺の「六尺藤」が、張りめぐらされた藤棚に紫色の花を咲かせ垂れさがる。日本でも数か所にのみ存在する貴重なもので、「ふじ寺」と親しまれる名所となった。

【桜《サクラ》】

レトロな鉄道と桜のコラボレーション

若桜《わかさ》駅【4月】(F2)

☎0858-82-0919(若桜鉄道㈱)

1930年に全通した若桜線の終着駅。木造駅舎、手動式転車台などSL時代の設備が残され、春には桜と蒸気機関車がレトロな雰囲気をかもしだす人気の撮影スポットとなる。若桜駅を含め若桜線の施設は国の登録有形文化財に指定されている。

鳥取"花"物語

100年の歴史を誇る梨の花

二十世紀梨の一大産地、湯梨浜町。町には樹齢100年以上になる二十世紀梨「百年樹」があり、梨栽培の歴史のシンボルとなっている。町内の梨園では、4月上旬から中旬の短い期間に、純白可憐な梨の花が咲く。

【浜茄子《ハマナス》】

神話と白砂海岸と紅色の花

白兎海岸【5〜6月】(E1)

神話「因幡の白兎」の舞台となった白砂の美しい海岸には、鮮やかなピンク色のハマナスが群生している。バラ科の落葉低木であるハマナスは寒冷地に咲く植物で、ここは大山町松河原とともに自生南限地帯として国の天然記念物に指定されている。

【サルビア】

大山を背景に真っ赤なじゅうたん

とっとり花回廊【10月】(B2)

☎0859-48-3030

広い園内に四季折々の花が咲く日本最大級のフラワーパーク。珍しい木々や南国の植物を楽しめるフラワードーム、1周1kmの屋根付き展望回廊などがあり、天候や季節を問わず花を楽しめる。人気スポットのひとつがサルビアの花の丘。秋空の下、大山を背景に真っ赤なサルビアが一面咲き誇る。

花と緑の歳時記

- **3月下旬〜5月下旬**
  倉吉春まつり(打吹公園 D2)
- **4月上旬〜中旬**
  桜まつり(米子城跡・湊山公園 B2)
- **4月中旬** チューリップマラソン(日吉津村 B2)
- **4月下旬** 船上山さくら祭り(C2)
- **4月下旬** 燕趙園《えんちょうえん》ボタン祭り(D2)
- **5月上旬** 藤まつり(住雲寺 B2)
- **9月下旬〜10月上旬**
  城下町鹿野そばの花ウォーク(E2)
- **9月下旬〜11月上旬**
  とっとり花回廊 オータムフェスティバル(B2)
- **10月下旬**
  鳥取砂丘らっきょう花マラソン大会(E1)

【辣韮の花《ラッキョウノハナ》】

砂丘がもたらす名産品の花

鳥取砂丘【10月】(E1)

鳥取砂丘は全国屈指のラッキョウ産地。水はけの良い砂丘地で栽培され、その品質の良さで知られる。10月下旬、可愛らしい花が咲くと畑は一面紫色のじゅうたんを敷いたよう。

塩害を防いだ艶やかな花々

逢《おお》束《つか》あじさい公園【6月】(C1)

その昔、塩害防止のために植えられたアジサイを、防波堤工事にともなって一か所に集め公園としたもの。増殖と多様化に努めた結果、海岸沿いに10種類2000本が咲く名所となった。

【紫陽花《アジサイ》】

島根《しまね》

県花「ボタン」
およそ300年前から栽培がはじまり、全島いたるところ約300種が咲き乱れる大根島（松江市）のボタンが全国的にも有名なことから県の花に制定された。

日本海の豊かな恵みをうけて太古からの歴史が刻まれる島根県。出雲大社をはじめとする日本神話ゆかりの名所や景勝地が多数ある。神話の舞台に咲き誇る季節の花々は、この地ならではの景色である。

花と緑の歳時記

3月中旬	松江城椿まつり(D2)
3月下旬	荒神谷椿の森まつり(荒神谷史跡公園 C2)
3月下旬〜4月中旬	松江城山公園お城まつり(D2)
4月上旬	きすき桜まつり(斐伊川堤防桜並木 C2)
4月中旬	はくたチューリップ祭(D2)
	斐川チューリップ祭(今在家農村公園 C2)
4月下旬〜5月上旬	大根島ぼたん祭(D1-2)
5月上旬	三隅公園つつじまつり(A3)
	しゃくなげ祭り(村上家隠岐しゃくなげ園 F5)
5月下旬〜6月上旬	カキツバタ祭り(三瓶山北の原・姫逃池周辺 C2)
6月上旬	東三瓶フラワーバレーポピー祭り(C2)
7月上旬	荒神谷ハスまつり(荒神谷史跡公園 C2)

【蓮《ハス》】

歴史ロマンの地に一面の蓮

荒神谷史跡公園《こうじんだにしせきこうえん》【6〜7月】(C2)

☎0853-72-9044(荒神谷博物館)

358本の銅剣、6個の銅鐸、銅矛16本などが出土し考古学上の一大発見となった遺跡。周辺が史跡公園として整備され、5000㎡のハス田に西日本最大規模5万本の古代ハスが咲く。

【桜《サクラ》】

雪の小山のような桜の大木

三隅大平桜《みすみおおびらざくら》【4月】(A3)

推定樹齢約660年、ヒガンザクラとヤマザクラの両方の性格を併せ持つ貴重な品種。所有者の祖先が馬をつなぐために植えたと伝わる。その満開の姿を作家の水上勉は「雪の小山を見るようだ」と絶賛した。

【花菖蒲《ハナショウブ》】

小京都の水辺を彩る花菖蒲

津和野殿町通り【5〜6月】(A4)

山陰の小京都と呼ばれる津和野。城下町の風情が残る殿町は、武家屋敷や白壁の旧家などがある津和野のシンボル的なスポット。鯉の泳ぐ堀割には白や紫のハナショウブ約3000本が咲く。5〜10月にかけては白壁と花がライトアップされる。

古くからの牡丹一大産地

大根島《だいこんじま》【4〜5月】(D1-2)

中海に浮かび古くからボタン栽培が行われ年間180万本が生産される日本一の産地。約300年前、全隆寺の住職が修行に出た際、薬用として持ち帰り境内に植えたのが始まりだとか。島内には「中国ボタン園」のほか、珍しいボタンを観賞できるボタン園が点在する。

Ⓒ
Ⓓ
①
②
③
凡例
おもな道の駅
花の百名山・新花の百名山
日本さくら名所100選
日本紅葉の名所100選
県花が見られるおもなスポット
0
20km
133°
35°30′
35°
島根半島
多古鼻
潜戸鼻《くけど》
島根
恵曇《えとも》
鹿島
地蔵崎
美保神社
五本松公園
小高い丘に約5000本のツツジ
美保関《みほのせき》
大根島
美保湾
熔岩トンネル
中海
安来《やすぎ》
春の桜と秋の紅葉が見事
清水寺
松江
月照寺
松江城山公園
桜、紅葉、ヒトツバタゴなどが楽しめる
秋鹿なぎさ公園
いちばたぐち
ベゴニア、フクシアを中心とする花の別天地
松江フォーゲルパーク
松尾(佐香)神社
十六島鼻《うっぷるいばな》
日御碕《ひのみさき》
約80万本のチューリップ
今在家農村公園
日御碕神社
出雲大社
いずもたいしゃまえ
大社《たいしゃ》
一畑電車
平田
宍道湖《しんじ》
出雲空港
宍道《しんじ》
玉湯
八雲立つ風土記の丘
玉造
玉湯川堤の桜並木が有名
東出雲
出雲国分寺跡
八雲
日本一の庭園と評価された四季折々の景観
足立美術館
山陰道
山陰自動車道
斐川《ひかわ》
湯の川
荒神谷遺跡
加茂岩倉遺跡
出雲縁結び空港周辺のひまわり
搾油用品種のヒマワリ畑
荒神谷史跡公園
いずもし
出雲
加茂
大東
広瀬
富田(月山)城跡《とだ》
広瀬・富田城
伯太
はくたチューリップ畑
風車をバックに約60万本のチューリップ
湖陵
キララ多伎
多伎
山陰本線
しまね花の郷
一年中様々な季節の花が楽しめる
立久恵峡《たちくえ》
三刀屋《みとや》
雲南《うんなん》
木次《きすき》
斐伊川堤防桜並木
斐伊川の堤防約2kmに沿って桜のトンネル
木次線
酒蔵奥出雲交流館
佐田
須佐神社
〈184〉
〈314〉
石照庭園
約400品種のハナショウブとシャクナゲ
奥出雲《おくいずも》
仁多
鬼の舌震《したぶるい》
横田
いずもよこた
〈432〉
船通山
1142
鳥取
掛合《かけや》
吉田
松江自動車道
出雲《いずも》
三瓶山北の原
鐘形のエンジ色の花を下向きに咲かせるオキナグサが見られる
姫逃池
1126
三瓶山《さんべ》
東三瓶フラワーバレー
広大な土地に春はポピー、秋はコスモス
三瓶
〈375〉
美郷
邑智《おおち》
はまはら
頓原
頓原《とんばら》
大万木山
1218
猿政山《さるまさ》
1268
奥出雲おろちループ
みいのはら
三国山
1004
山地
赤名湿地
ミツガシワ、リュウキンカ、ハンカイソウなどが自生
飯南
赤来高原
赤木《あかぎ》
赤名観光ぼたん園
2万8千本の栽培本数を誇る
〈54〉
赤名峠
580
女亀山
山頂部には大径木のブナが残存
中国
大和
くちば
羽須美
広島

Ⓔ
Ⓕ
⑤
⑥
133°
36°
島根
島後《どうご》
白島崎
花の咲き具合でその年の豊作凶作を占ったという樹齢650年以上の桜
世間桜
布施
五箇
村上家隠岐しゃくなげ園
〈485〉
大満寺山▲608
油井の水仙
野生のスイセンが道路沿いや岸壁などに群落をつくる
隠岐国分寺境内
西郷
隠岐の島
都万《つま》
隠岐空港
隠岐諸島
西ノ島
海士《あま》
西ノ島
焼火山
▲452
隠岐神社
参道の桜並木
隠岐《おき》
ヒメヒマワリ群生地
海を望む高台に咲く夏の花
中ノ島
島前《どうぜん》
アカハゲ山
▲325
知夫《ちぶ》
知夫里島《ちぶり》
隠岐

【隠岐石楠花《オキシャクナゲ》】

山の花の女王、隠岐の石楠花

村上家隠岐しゃくなげ園【4～5月】(F5) ☎08512-5-3256

「山の花の女王」と呼ばれるオキシャクナゲは葉が小さく花弁の先が7つに分かれた可憐な花。日本で最も低地に自生するシャクナゲである。1万本が約2haの斜面に保護され、観光名所として人気。絶滅を危惧した元村長が、地元の人たちから収集し植栽したのが始まり。

【牡丹《ボタン》】

【燕子花《カキツバタ》】

伝説の池に浮く燕子花の島

姫逃池《ひめのがいけ》【6月】(C2)

三瓶山の北麓、周囲約300mの池にカキツバタで覆われた浮島が漂う。カキツバタの根が絡み合ってできた浮島は珍しく、池周囲の群落も含めて県の天然記念物に指定されている。姫逃池という名は、長者の娘が身を投げたという悲しい伝説が由来で、カキツバタは娘の化身だという。

島根“花”物語

品種改良でそばの薬味に 浜大根の花

おろすと刺激が強く、そばの薬味として注目されている「出雲おろち大根」。出雲神話の「ヤマタノオロチ」を彷彿とさせるひげ根の多い形状から命名された。もともとは宍道湖畔や島根半島の海岸一帯に自生する浜大根（野大根）を品種改良したもの。浜大根は大根が野生化して広がったものとされており、春には淡い赤紫色の小さな花を咲かせる。隠岐諸島の知夫里島のアカハゲ山に群生する野大根の群落が有名。

岡山《おかやま》

写真提供 岡山県

県花「モモ」

明治期からモモの生産が始まり、瀬戸内海の穏やかな気候が生んだ白桃などが有名。産地のモモ畑は3月下旬〜4月上旬になるとピンクの花で染まる。

「晴れの国おかやま」といわれるほど晴天の恵みを受け、モモなど果物の花が艶やかに県土を彩る。岡山は桃太郎伝説で知られ、舞台となる吉備路は史跡と花とのコントラストが人気の観光地である。

【萩《ハギ》】

秋の倉敷を控えめに彩る

倉敷美観地区【10月】(B2)

江戸時代より商業の中心地として発展し、古き町並みを色濃く残す。倉敷川沿いの柳並木が印象的だが、秋にはハギの花が咲きこぼれ、そぞろ歩きを楽しませてくれる。

【薔薇《バラ》】

西日本有数の薔薇の名所

RSKバラ園【5〜6月・10〜11月】(B2)

山陽放送（RSK）ラジオ送信所の用地に植栽されたバラ園。同心円型の花壇に約400品種15000株のバラが咲き乱れる西日本有数のバラの名所。

【蓮華草《レンゲソウ》】

五重塔と蓮華草の織り成す田園風景

備中国分寺付近【4〜5月】(B2)

☎0866-94-3155(国分寺観光案内所)

丘陵地にそびえる五重塔は吉備路の象徴的な景観。春には周辺の田んぼに紅紫色のレンゲソウが咲き、のどかな田園風景を作り出す。開花期には「吉備路れんげまつり」が開催。ナノハナやコスモスの季節も美しい。

凡例
おもな道の駅
花の百名山・新花の百名山
日本さくら名所100選
日本紅葉の名所100選
県花が見られるおもなスポット
0 20km
蒜山《ひるぜん》 1202
(上蒜山《かみひるぜん》)
蒜山大山スカイライン
標高約900mの鬼女台から大山の紅葉が楽しめる
蒜山高原
犬挟峠《いぬばさり》
川上
八束
中和《ちゅうか》
133° 30′
蒜山ハーブガーデン ハービル
ラベンダー畑や紫陽花園、工房などがある
黒岩の山桜
樹齢約700年。県下一の山桜の巨樹
湯原
四十曲峠 770
新庄
旧出雲街道の面影残る宿場町に咲く桜並木
がいせん桜
明地峠(明智峠) 755
美甘《みかも》
神庭滝《かんばのたき》
日本百景、日本の滝百選に選ばれた滝を彩る紅葉
神庭《かんば》の滝
御洞渓谷
シャクナゲ、紅葉の見所。県立自然公園の特別区
谷田峠
大佐
アテツマンサクの森
牧野富太郎が命名した黄色の花が自生
神代四季桜
4・11月、年2回の開花。後醍醐天皇の伝説が宿る
ちゅうごく かつやま
勝山
真庭
久世
三室峡
四季の峡谷美を楽しめ、シャクナゲの群生が圧巻
醍醐桜
圧倒的な存在感でそびえ立つ一本桜
落合
醍醐の里
35°
神郷
龍頭峡
ツツジ、紅葉のほか、アテツマンサクが自生する
新見
普門寺
アジサイやソバの花、四季桜と紅葉がみな花の山寺
北房
北房のコスモス
100万本のコスモス広場と6kmのコスモス街道
哲西
鯉が窪
哲多
哲多すずらんの園
自生のスズランなどの湿生植物が豊富
草間台
間歇冷泉
井倉洞
秋葉山 591
有漢
吉備中央
賀陽
桜と柳の並木がつづく川筋は「日本の道100選」のひとつ
紺屋川美観地区
かよう
桜の名所。白谷川沿いに、夜は提灯が灯る
白谷公園
高梁《たかはし》
備中松山城跡
頼久寺
国の名勝の枯山水庭園にサツキが彩りをそえている
備中
磐窟渓《いわやけい》
成羽《なりわ》
豪渓
弥高山
標高654m。10万本ものツツジが咲く、展望スポット
川上
県の三大庭園のひとつで、桜、ボタン、紅葉も美しい
近水園
昭和
禅僧雪舟の伝説と紅葉の彩り
宝福寺
川沿い1kmにわたる紅葉の名所。巨樹や老木も多い
天神峡
芳井
美星
総社《そうじゃ》
矢掛《やかげ》
清音
真備
備中国分寺付近
井原
倉敷美観地区
倉敷
県の重要文化財の石造りの眼鏡橋とカキツバタ
菅原神社
鴨方
浅口
里庄
34° 30′
笠岡
沙美
玉島
水島
寄島
玉島E地区フラワーフィールド
開花時のみ一般公開される工業地帯のコスモス畑
笠岡湾干拓地
ヒマワリとナノハナが咲き誇る
上水島
通仙園
多島美を背景に咲く3000本のツツジ
瀬戸内海を望む山の斜面がツツジで真っ赤に染まる
高島
水島灘
白石島
北木島
真鍋島
大飛島の藪椿
大飛島
自生しており、昔は島内の家庭で椿油を作っていた
六島
133° 30′

花と緑の歳時記

4月上旬～中旬	津山さくらまつり(鶴山公園 C1)
4月上旬	たけべの森はっぽね桜まつり(B2)
4月中旬	がいせん桜まつり(新庄村がいせん桜通り B1)
4月下旬	吉備路れんげまつり(備中国分寺付近 B2)
4月下旬～5月上旬	渋川公園藤まつり(B3)
5月中旬～6月中旬	RSKバラ園春のバラまつり(B2)
6月上旬	哲多ふる里すずらんまつり(哲多町 A2)
10月中旬～11月中旬	おかやま菊花大会(烏城公園 B2)
10月中旬～11月下旬	RSKバラ園秋のバラまつり(B2)
10月上旬～11月上旬	玉島E地区フラワーフィールド一般公開(B2)

【桜《サクラ》】

備中櫓と桜の共演

鶴山公園(津山城跡)【4月】(C1)

☎0868-22-4572

津山城の石垣を背景に数千本の桜が咲き乱れる西日本有数の桜の名所。日本さくら名所100選に選ばれており、多くの観光客が訪れる。津山城は津山藩主森忠政が12年の歳月をかけて完成させた。2005年に復元された「備中櫓」と桜との共演が美しい。

【紫陽花《アジサイ》】

文学と紫陽花の香り

大《だい》聖《しょう》寺《じ》【6～7月】(C1)

☎0868-76-0001

吉川英治が幾度と逗留《とうりゅう》し、小説『宮本武蔵』の中で「大聖寺の鐘が鳴る」と記している。アジサイの名所として有名で、境内に1万株のアジサイの花が咲く。

【椿《ツバキ》】

学び人の憩いの椿山

旧閑《しず》谷《だに》学校【3～4月】(C2)

江戸時代に岡山藩主池田光政によって開かれた日本で最も古い庶民のための学校。校内にある椿山は光政の髪や爪などをおさめた御納所で、400本ものヤブツバキが植えられ、高さ5～6mのツバキのトンネルが小道を覆う。

岡山"花"物語

桃王国を彩るピンクの花

フルーツ王国といわれる岡山県では明治以降からモモ栽培が始まり、気候風土にも恵まれ一大産地として発展してきた。中でも生産量で日本一を誇る清水白桃は、岡山市・倉敷市・赤磐市が主な産地で、「吉備丘陵の白桃」として「かおり風景百選」に選ばれている。4月になると、一面のモモ畑がピンクの花で鮮やかに染め上がり、あたりはふくよかな香りで包まれる。

広島《ひろしま》

県花「モミジ」

正式ではないが、三段峡や帝釈峡、宮島など名所が多いことから県の木にモミジが制定されており、県民になじみが深いこれを県の花としている。

花と緑の歳時記

3月下旬～4月上旬　向原カタクリ祭り（向原町のカタクリ B2）

4月　春の桜まつり（世羅甲山ふれあいの里 C

4月上旬　桜まつり（正福寺山公園 B3）

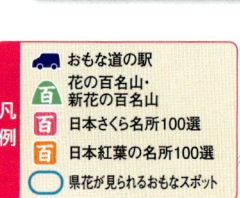

世界遺産の厳島神社と原爆ドームで知られるが、県土全域に花と自然の見所が多い広島県。南は瀬戸内海、北は中国山地が連なり、地形と四季の変化に富んだ豊かな自然風景を見せてくれる。

【躑躅《ツツジ》】

真紅の橋に映える大輪の躑躅

音戸の瀬戸公園【5月】(B3)

音戸の瀬戸は本州と倉橋島の間にある狭い海峡で、平清盛が1日で切り開いたという伝説が残る。4月から5月に約8300本の紅白のヒラドツツジが咲き乱れ真紅の音戸大橋との壮観な共演を見せる。『新平家物語』執筆中の吉川英治がこの地を訪れたときの感懐の句が文学碑として建つ。

【片栗《カタクリ》】

里山に咲く凛とした片栗

向原町のカタクリ【4月】(B2)

里山の斜面に密生する葉の間から茎を伸ばして薄紫の花を咲かせる。うつむき加減の花は日中は開いて反り返り、日が暮れると閉じる。向原町はカタクリが自生する日本の南限で、3月下旬に「向原カタクリ祭り」が開催される。

【薔薇《バラ》】

焼け野原に咲かせた福山のシンボル

ばら公園【5～11月】(C3)

戦禍で焼け野原となった街に住民たちが約1000本のバラの苗を植えたのが「ばら公園」の始まり。今ではバラは福山のシンボルとなっている。公園内には280種5500本のバラが植えられているほか、市内各所で約50万本のバラが咲き誇る。5月には「福山ばら祭」が開催される。

4月上旬～5月上旬 芝桜まつり（花夢の里ロクタン B2）	**5月中旬** 福山ばら祭（ばら公園 C3）
4月上旬～7月上旬 春の花まつり（世羅ゆり園 B2）	**8月** ひまわりまつり（世羅高原農場 C2）
4月中旬 春起祭（高塚城跡 B2）	**9月上旬～10月下旬** ダリア祭（世羅高原農場 C2）
5月 ふじまつり（フラワーパークせらふじ園 C2）	

【芝桜《シバザクラ》】

西日本一の規模を誇る芝桜

花夢の里ロクタン【4～5月】（B2）☎0847-39-1734

5万㎡の丘に鮮やかに咲く80万株のシバザクラは西日本一の規模。広大な丘一面に赤、ピンク、白、紫の4色で様々な絵柄が描かれており、さながら夢の世界のよう。

【紅葉《コウヨウ》】

自然の造形美が引き立つ紅葉の季節

帝釈峡【10～11月】（C2）

帝釈川の侵食によりできた渓谷。約18kmにわたって渓谷が続き、鍾乳洞「白雲洞」や急流が下る渓谷「断魚渓」など、自然が作り出す造形美を紅葉が色鮮やかに縁取る。見所のひとつ、世界三大天然橋の雄橋は高さ40mの巨大な岩盤の下部を渓水が貫通してできたもの。紅葉をバックにしたその佇まいは迫力と神秘に溢れている。

【じゃがいもの花《ジャガイモノハナ》】

瀬戸内を見渡すジャガイモ畑に咲く花

赤崎海岸【6月、11月】（B3）

瀬戸内海を見渡す赤崎海岸は付近にジャガイモ畑が広がり、開花期には一面白い花で覆われる。粘土質の赤土と気候条件、瀬戸内海の潮風が品質日本一ともいわれるジャガイモを作り出す。

広島“花”物語

国産レモン発祥の地 生口島のレモンの花

瀬戸内海に浮かぶ生口島はレモン生産日本一の島。国産レモン発祥の地として知られる。5月、レモンが花をつけると島一帯さわやかな香りに満ち溢れる。

日本三景の“花”安芸の宮島

広島県廿日市市

かつての安芸国にあることから「安芸の宮島」と親しまれる島。島全体が神体とされ、中でも厳島神社がそのシンボルとなっている。日本三景を雪月花に例えると“花”とされる宮島は、花や紅葉が美しく、弥山原始林など島の面積の14%が世界遺産に登録されている。

宮島の鹿は古くから神鹿として大切にされてきた。島の至る所で姿を見ることができ、桜や紅葉の下で佇む姿は風情豊か。

海上の大鳥居が象徴的な厳島神社は推古元年(593年)の創建と伝えられ、平清盛によって現在の姿に造営された。社殿を浜に作ったのは島を神聖視したためと言われている。

桜

島内には約1900本の桜の木があり、厳島神社周辺をはじめ歴史を秘めたスポットが桜で彩られる。

見頃：4月上旬

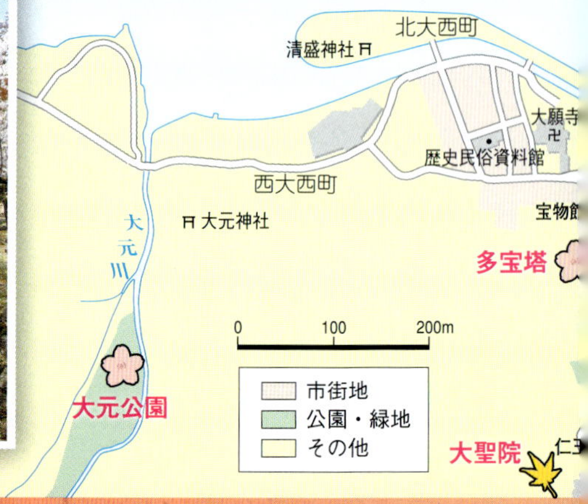

厳島八景に選ばれた桜の名所 大元公園

約300年前、中国の景勝地・瀟湘《しょうしょう》の八景図が描かれたことから、日本でも厳島八景、近江八景、金沢八景などが描かれた。厳島八景の一つ「大元櫻花」とは、大元公園の桜の景色のこと。300年の時を経て桜の名所として親しまれている公園である。

桜に浮かぶ二重の塔　多宝塔

厳島神社の西の丘に立つ。赤い二重の塔がソメイヨシノで覆われる。

川と石垣に美しく映える宝蔵のしだれ桜

川添いの宝蔵の傍に咲き人々の目を楽しませている。

紅葉

燃えるような赤に染まる紅葉谷公園をはじめ、イロハカエデが鮮やかに色づく秋は宮島がひときわ美しさを増す季節。

見頃：11月中旬～下旬

古刹と紅葉の共演　大聖院

☎0829-44-0111

1200年の歴史を持ち、豊臣秀吉や伊藤博文などに庇護された古刹。紅葉の見ごろにあわせて「もみじ祭り」が開催される。

宮島 歴史と自然の散策コース

徒歩に宮島ロープウエーを組み合わせて弥山までめぐるコースがオススメ

おすすめコース

宮島桟橋 … 御笠浜 … 厳島神社 … 宝物館 … 多宝塔 … 大聖院 … 紅葉谷公園 …(宮島ロープウエー)… 弥山

大正4年発行の宮島鳥瞰図（岩惣所蔵）

歴史

6世紀末、厳島神社の創建より悠久の歴史を刻んできた宮島。信仰の島から交易・文化の中心地、そして観光地へとその姿を変えてきた。

歴史を見つめてきた老舗の宿　岩惣

☎0829-44-2233

　厳島神社の裏手にあり、紅葉谷公園に溶け込みながらも存在感をはなつ老舗旅館。1854年、初代岩国屋惣兵衛が奉行所より許可を受け、紅葉谷の渓流に茶屋を設けたのが始まりだという。厳島神社の管絃祭に集う人々や、道行く人々の憩いの茶屋として賑わいを見せた。旅館になったのは明治期に入って間もなくのこと。伊藤博文、夏目漱石、森鷗外、ヘレン＝ケラーなど国内外の著名人が宿泊したことで知られる。

広島銘菓「もみじ饅頭」は岩惣が発祥

銘菓として多くの人に愛されている「もみじ饅頭」。1906年頃、岩惣の女将栄子が「岩惣でしか味わえないお茶菓子を」と和菓子職人の高津常助に依頼したのが始まりだとか。また、一説にはお茶を差し出された伊藤博文が、その娘の手を「紅葉のようだ」と言ったことがきっかけとも伝えられている。

色鮮やかな迫力の景色紅葉谷公園

　弥山の麓に広がる紅葉の名所。江戸時代に開拓され紅葉の苗木が植えられたのがはじまりと言われている。秋にはイロハカエデをはじめとした200本のモミジが一斉に色づき、圧巻の景色となる。

自然

霊峰・弥山をはじめ、古代から島全体が信仰の対象だった宮島には、固有の植物や昆虫など貴重な自然が残されている。

原始的な被子植物であるヤマグルマ。花弁も萼もない花を初夏に咲かせる。

弥山山頂からは瀬戸内海の多島美が一望できる。

撮影 新谷孝一

信仰と植生の聖地　弥山

　弘法大師空海によって開基されたと伝えられる弥山。信仰の対象として崇められたことから手つかずの自然が残っており、厳島神社後背地の原始林が世界遺産に指定されている。「生きている化石」と称されるヤマグルマやマツブサなど原始的な植物を見ることができ、その植物の多様性は日本の縮図とも言われるほど。

　また、空海が修法の際に焚いた護摩の火が今日まで消えずに残っている「霊火堂の消えずの火」や、空海が立てかけた錫杖《しゃくじょう》が梅の木になったという「錫杖の梅」など、「弥山の七不思議」と言われる伝説も見所。

山口《やまぐち》

県花「ナツミカンの花」

明治維新後、旧士族を経済的に救うために奨励された萩のナツミカン栽培。今では名産として定着し、5月には甘酸っぱい香りを含んだ白い花が一斉に咲く。

大内氏や毛利氏、また高杉晋作など明治維新の志士の足跡の残る地に季節の花が咲き誇る山口。萩の城下町には県花であるナツミカンの花の香りがただよう。県土の海岸線は約1500kmにも及び、瀬戸内側と日本海側では花名所の趣も異なる。

【浜万年青《ハマオモト》】

悲話の残る浜辺の白い花

二位の浜ハマオモト群落【7～8月】(B2)

壇ノ浦の合戦で敗れ海へ身を投げた平清盛の妻・時子（二位尼）の亡骸が流れ着いたといわれる浜。悲話を偲ぶように、夏になるとハマオモト（ハマユウ）が白い花を咲かせる。

【夏蜜柑《ナツミカン》】

幕末志士が生んだ夏蜜柑の香り

旧田中別邸【5月】(B2)

「かおり風景100選」に選ばれるなど、ナツミカンは歴史ある城下町、萩の代名詞。1876年、小幡高政が困窮した旧士族救済のために栽培を奨励したのが始まり。小幡高政の邸宅はのちに田中義一別邸となり、別邸北側のかんきつ公園には、今もナツミカンをはじめとする柑橘類10種約380本が植えられている。ナツミカンの香りが街を包む頃、「萩・夏みかんまつり」が開催される。

高杉晋作を偲ぶ紅白の梅

東行庵【2～3月】(B2) ☎083-284-0211

【梅《ウメ》】

高杉晋作の愛人 おうの のために山縣有朋が譲った庵。「東行」は晋作の号であり、おうのは1909年に亡くなるまでここで晋作を弔ったという。梅を愛したとされる晋作を偲ぶように「曲水の梅苑」に紅白の梅が咲きほころぶ。おうのが好んだハナショウブや、ツバキ、サザンカも咲く花の名所である。

【椿《ツバキ》】

落ち椿の静寂な眺め

笠山椿群生林【2〜3月】(B2)

笠山の麓、日本海に突き出した虎ヶ崎には約25000本のヤブツバキが自生している。薄紅色の小ぶりな「萩小町」、萩小町のそばに濃い朱紅色の花をつけることからその名がついた「深草の少将」など、椿林に咲く品種は約60余種。椿林に赤いじゅうたんを敷く落ち椿の風景も美しい。

【桜《サクラ》】

5連の橋が華やぐ桜の季節

錦帯橋【4月】(D2)

岩国藩主吉川広嘉によって構想され1673年に完成した日本三名橋の一つ。巻金とかすがいを使用した木組の技法で作られた橋は、現代の橋梁工学から見ても優れたものとされる。5連のアーチ型が美しい木橋と錦川の周辺は、花の名所としても人気。春には3000本の桜が咲き、艶やかな眺めとなる。

【躑躅《ツツジ》】

赤い山肌越しに瀬戸内海を望む

大《おお》平《ひら》山《やま》【5月】(C2)

標高631mの大平山はかつて周防国の国府が置かれた防府市街や瀬戸内海を見渡せる360度の眺望が楽しめる。5月にはヒラドツツジを中心に10万株が咲き、歴史深い街に華やかな季節をもたらす。

花と緑の歳時記

- **3月下旬〜4月上旬**　春の花まつり(リフレッシュパーク豊浦 A2)
- **4月上旬**　ときわ公園さくらまつり(B3)
- **4月中旬**　江汐公園つつじまつり(B2)
- **5月上旬**　しゃくなげまつり(浅江神社 C3)
- **5月上旬**　永源山公園つつじ祭り(C2)
- **5月上旬〜中旬**　大平山つつじまつり(C2)
- **5月中旬**　萩・夏みかんまつり(かんきつ公園・旧田中別邸 B2)
- **6月中旬**　あじさい祭り(光スポーツ公園あじさい苑 C3)
- **2月中旬〜3月中旬**　萩・椿まつり(笠山椿群生林 B2)

山口“花”物語

長門市仙崎 金子みすゞのバラ

26歳で短い生涯を終えた童謡詩人・金子みすゞは、長門市仙崎の出身。幼少期を過ごした金子文英堂跡に記念館があり、裏庭には親戚の家に残されていたというバラの木が植えられている。大津高等女学校時代の同窓会誌に掲載された『我が家の庭』という一文に出てくるバラとのこと。みすゞも眺めたバラは、その優しい詩作の世界へと見る者を誘ってくれる。

徳島《とくしま》

県花「スダチの花」
昔から各家庭の庭先で自家用に栽培されてきた県を代表する特産品。大麻比古神社にその原木があるとも言われている。5月頃に白い花を咲かせる。

「阿波踊り」で有名な徳島県は、鳴門海峡の渦潮、祖谷渓といった自然景観も多く、大勢の観光客を集める。那賀川、吉野川、四国山地、紀伊水道など水と山に恵まれ、「スダチの花」に象徴されるように風土に根付いた花の風景が見られる。

花と緑の歳時記

3月　徳島つばきまつり(椿自然園 E2)	4月　北島チューリップフェア	5月上旬～中旬　春のバラまつり
阿川梅の里 梅まつり(D1)	(北島チューリップ公園 E1)	(藍住町バラ園 D1)
3月中旬　武家屋敷原田家一般公開(E1)	4月上旬　津峯公園桜まつり(E2)	6月中旬　内妻あじさい祭
3月下旬～4月中旬	5月上旬～中旬　岳人の森シャクナゲまつり(D2)	(内妻あじさいロード D3)
岩脇公園桜まつり(E2)	4下旬～5月上旬　藤まつり(地福寺 D1)	2月中旬～3月中旬　明谷梅林まつり(E2)

【紅葉《コウヨウ》】

奇橋を際立たせる紅葉美

かずら橋【11月】(B2)

シラクチカズラを使って編んだ吊り橋は高さ14m、長さ45m、幅2mで、日本三奇橋のひとつ。3年ごとに架替えが行われている。起源については平家の落人や弘法大師ゆかりなど様々な説がある。橋から見る祖谷川の清流と紅葉した木々が美しい。

【躑躅《ツツジ》】

春の青空と躑躅のコントラスト

船窪つつじ公園【5月】(C1-2)

高越山から奥野々山につながる峰筋に広がる標高1060mの公園。ツツジが約1200株群生しており、そのうち多くを占めるオンツツジの群落地は天然記念物に指定されている。4月に入るとコバノミツバツツジとトサノミツバツツジが咲き始め、オンツツジの見頃は5月中旬。高さ6m、広さ6畳ほどにもなる大木のオンツツジと空の青さとのコントラストが爽快。

【桜《サクラ》】

川べりの桜並木とヒウオ漁の白い網

椿川【3～4月】(E2)

産卵のため潮にのって上ってくる群れを四つ手網ですくいあげるヒウオ漁と、土手沿いに植えられたソメイヨシノの並木が春の風物詩となっている。地元の阿南市などではヒウオと呼ばれるシロウオは、踊り食いなどの珍味で知られる。川面に輝く桜と白い網が並ぶ様子は椿川ならではの風景。

【桜《サクラ》】

徳島のシンボルに咲く桜

眉山《びざん》【3～4月】(E1)

「眉のごと雲居に見ゆる阿波の山」と『万葉集』にも詠まれた徳島市のシンボル。遠く讃岐山脈や瀬戸内海を望め、夜景スポットでもある標高290mの丘陵地は、春には桜の名所となる。ソメイヨシノをはじめとする約1500本の桜が咲き誇り、ロープウェイから眺める夜景と夜桜も美しい。

【菜の花《ナノハナ》】

河川敷の黄色いじゅうたん

吉野川の菜の花【3～4月】(D1)

利根川、筑後川とともに日本三大暴れ川のひとつで「四国三郎」の異名を持つ吉野川。春になるとあちこちの河川敷がナノハナの黄色いじゅうたんで埋まる。阿波市吉野町の吉野川堤やつるぎ町の美馬中央橋あたり、上板町の六条大橋近くなどが見所。

【蓮《ハス》】

車窓の向こうに広がる蓮畑

鳴門の蓮畑【7月】(E1)

徳島県のレンコンは全国第2位の生産量を誇る。鳴門市の大津町から大麻町一帯にかけてレンコン畑が広がっており、夏になるとピンクや白の大きなハスの花が顔を出す。国道の東西やＪＲ鳴門線の線路際を彩るハスの可憐な花は、開花時には道行く人たちの目を楽しませる。

【紫陽花《アジサイ》】

高原の初夏を紫陽花が演出

大川原《おおかわら》高原【6～7月】(D2)

佐那河内村にあり、標高1019mの旭ヶ丸山頂から紀伊水道など、360度の眺望が楽しめる。標高900m付近では約3万本のアジサイが咲き誇り、立ち並ぶ風車と高原の初夏を演出する。頂上付近にはアワノミツバツツジの群生も。

徳島"花"物語

鳴門に咲くラッキョウの花

鳴門海峡に面し大鳴門橋がかかる鳴門市大毛島。鳴門金時や鳴門わかめなどで有名だが、ラッキョウの産地でもある。島内は砂地が多く、とくに銀砂と呼ばれるミネラルたっぷりの海砂が品質の高いラッキョウを作るのだとか。鳴門大橋をバックに広がるラッキョウ畑は11月になると薄紫の花が満開となり人気のビューポイントとなる。この時期に「鳴門らっきょの花まつり」も開催。

香川《かがわ》

県花「オリーブ」

日本で初めて栽培に成功した小豆島のオリーブ。5月から6月に白い花を咲かせたあと、加工用果実や油用果実が収穫される。香川県は県木もオリーブである。

四季を通じて温和で雨の少ない瀬戸内海。その地中海のような気候を生かし、小豆島のオリーブ栽培など独自の風土が育まれてきた。年間を通じて晴れの日が多い気候のもと、各地の花の名所を訪れる人も多い。

浦島伝説の地に咲く花々

フラワーパーク浦島【マーガレット4～5月】【キンセンカ3～4月】(A3)

かつて「浦島」と呼ばれた荘内半島は、浦島伝説ゆかりの地名が随所に残る。花卉栽培が盛んな花づくりの里としても有名で、同パークでは目の前に瀬戸内海が広がる花畑で四季折々の花が楽しめる。とくにマーガレットとキンセンカが満開になる頃の美しさは格別だ。

【金盞花《キンセンカ》】

【木春菊《マーガレット》】

【紅葉《コウヨウ》】

一歩一景の名園を彩る

栗《りつ》林《りん》公園【11～12月】(C2) ☎087-833-7411

高松藩歴代藩主により100年余りの歳月をかけて1745年に完成した回遊式大名庭園。6つの池と13の築山を持ち、一歩一景といわれる変化に富んだ情景、四季折々の花が見られる。掬月亭《きくげつ》、偃月橋《えんげつ》、楓岸《ふうがん》など紅葉の名所も点在。楓岸にはタカオモミジが多く、南湖に浮かぶ楓嶼《ふうしょ》と合わせ色鮮やかに秋を演出する。

【橄欖《オリーブ》】

地中海を思わせる香川県の宝

小豆島オリーブ公園【5~6月】(D2)

☎0879-82-2200

小豆島は日本のオリーブ栽培発祥の地。1908年アメリカから苗木を輸入し、オリーブの育つ地中海に似た気候の小豆島で栽培に成功した。園内には約2000本のオリーブが植栽されており、5月下旬から6月上旬に白い可憐な花を咲かせる。

【島躑躅《シマツツジ》】

島に春を告げるピンクの花

直島《なおしま》【3~5月】(B2)

瀬戸内海に浮かぶ周囲約16kmの直島は春になると「島つつじ」と呼ばれる自生のヤマツツジが山肌をピンクに染め上げる。直島には背の高い樹木が少なく、野生のツツジが成長したとされている。

花と緑の歳時記

4月上旬	桜花祭(金刀比羅宮 B3)
4月中旬	紫雲出山桜まつり(A3)
5月上旬	豊浜駅つつじ祭り(A3)
6月上旬	ショウブまつり(亀鶴公園 C2)
7月中旬	ひまわり祭り(まんのうひまわりの里 B3)
9月中旬～下旬	萩まつり(萩原寺、萩の丘公園 A3)

【萩《ハギ》】

代々の住職により受け継がれた萩

最明寺【9月】(C3) ☎087-897-0118

約120年前、当時の住職が1株の宮城野萩に魅了されたことが始まり。代々の住職がその意志を受け継ぎ、今では四国を代表するハギの名所となった。宮城野萩、紅萩、姫萩など、約20品種のハギが境内に咲きこぼれる。赤紫色だけではなく白色の花が混じっているのも見所。

香川“花”物語

タマネギの「種」が咲かせる白い花

香川県西讃《せいさん》地区は、採種用タマネギの生産地。雨が少ない気候を利用して栽培されており、三豊市などに畑が広がっている。先端がボールのような形をした「ネギ坊主」は、真っ白な愛らしい花を咲かせる。初夏に畑が一面白く染まる様は、地域の風物詩となっている。

愛媛《えひめ》

県花「ミカンの花」

一部地域の給食で「みかんごはん」が導入されるなど、一大産地ならではのユニークな取り組みも。純白で清楚なミカンの花は県民性にも例えられる。

ミカンの花の香りが町を包み、穏やかな気候の中で海と山の幸に恵まれる愛媛。文学の趣豊かな松山の街並みや宇和島といった歴史の息づかいあふれる見所を季節の花が彩る。

【桜《サクラ》】

桜に浮かび上がる天守閣

城山公園【3～4月】(B2)

☎089-921-4873

松山市の中心部の勝山にそびえたつ「現存12天守」の一つである松山城。周辺が公園として整備されており、ソメイヨシノをはじめ、早咲きのツバキカンザクラや遅咲きのオオシマザクラ、シオガマザクラ、ボタンザクラなどが咲き乱れる。「松山春まつり」では郷土芸能である「野球拳全国大会」が行われることでも有名。

【躑躅《ツツジ》】

大洲富士を埋める西日本屈指の躑躅

富《とみ》士《す》山《やま》公園【4～5月】(B2)

別名「大洲富士」とも呼ばれる標高320mの山。昭和30年代から植栽した約6万3000本のツツジで山頂がピンクに染まる様子は、西日本屈指。満開時は花のトンネルのようになる。

愛媛“花”物語

みかんの花咲く丘　佐田岬半島

ミカンの名産地・佐田岬半島には、「三つの太陽」があるといわれる。空の太陽、海からの反射、段々畑の石垣からの照りつけ。それらが甘いミカンを作りだす。春にはミカンの花の香りで町が包まれる。瀬戸内海、宇和海を見渡す国道197号線は別名「佐田岬メロディーライン」と呼ばれ、法定速度で走行すると「みかんの花咲く丘」のメロディーが流れる人気のドライブコース。

【藤《フジ》】

池に映える白い藤

天赦園《てんしゃえん》【4月】(B3)

☎0895-22-0056

宇和島藩主伊達家の庭園。伊達家の先祖である藤原鎌足をしのび、園内には6か所の藤棚がある。代表的なのが池をまたぐ形で植えられた白玉藤。藤棚上部に咲くことから「上り藤」と呼ばれる。この白玉上り藤が終わる頃、紫野田藤、紫玉藤の艶やかな開花を楽しめる。

花と緑の歳時記

2月中旬～3月上旬
七折梅まつり(七折梅園 B2)
3月下旬 野福峠さくら祭り(B3)
3月下旬～4月上旬
石畳東のシダレザクラ祭り(B2)
4月上旬 松山春まつり(城山公園 B2)
4月下旬～5月中旬
つつじまつり(冨士山公園 B2)
5月中旬～6月上旬
花菖蒲まつり(南楽園 B3)
6月上旬～中旬
しょうぶまつり(新谷花菖蒲園 B2)
11月下旬 るり姫まつり(白滝公園 B2)

【秋桜《コスモス》】

大凧合戦の舞台を埋める秋桜

小田川【9～10月】(B2)

木蝋や和紙の生産で有名な内子を流れる小田川沿いの豊秋河原は、400年の歴史を誇る伝統行事、「いかざき大凧合戦」の舞台として知られる。秋になると一面をコスモスが埋め尽くし、町の風物詩となっている。

【湿地植物《シッチショクブツ》】

湿地一面にシラサギのような花

蛇《じゃ》越《こし》池《いけ》(医王池)【8月】(C2)

今治市郊外の約50aの湿地帯に湿地植物約70種が自生する湿地植物の宝庫。まっすぐ伸びた茎の先に翼を広げたシラサギのような花をつけるサギソウが目を引く。

【梅《ウメ》】

青いダイヤと呼ばれた砥部の梅

七《なな》折《おれ》梅園【2～3月】(B2)

「砥《と》部《べ》焼き」で有名な砥部町の七折地区では1900年初頭から食用のウメの栽培を行ってきた。その品質の高さはかつて「青いダイヤ」と呼ばれ高値で取引されたほど。七折小梅をはじめ、月世界、青軸、鶯宿など約30種類、約1万6千本の梅があり、山間の町を梅の花が彩る。「七折梅まつり」では梅加工品も販売される。

春のしまなみ“桜”海道

見頃：4月上旬～中旬

中国地方と四国地方とを結ぶしまなみ海道は、芸予の島々を縫う雄大なスケールの海の道。春になるとその爽やかな海風の道は、ピンクの桜で艶やかに彩られる。特に桜越しにのぞむ青い海、美しい橋は、しまなみ海道ならではの春の光景だ。

しまなみ海道とは？

全長約60km、六つの島を結ぶ海の道

「しまなみ海道（瀬戸内しまなみ海道）」とは広島県尾道市から愛媛県今治市を結ぶ全長59.4kmの自動車専用道路の愛称。2006年に全通した。向島・因島・生口島・大三島・伯方島・大島との間に、世界最大級の斜張橋である多々羅大橋など個性的な美しさを持つ橋がかかる。本州と四国とを結ぶ暮らしの道、観光の名所として親しまれている。

世界初の三連吊り橋である来島海峡大橋

開山公園から見える大三島橋

さくら名所100選のスポット 千光寺公園

広島県尾道市 ☎0848-22-7354（千光寺公園駐車場）

尾道市のシンボル、千光寺山の中腹から山頂にかけて広がる千光寺公園は、約1500本の桜が咲き日本さくら名所100選にも数えられている。千光寺山の山麓から山頂にかけてはロープウェイが運行されており、満開の桜とともに尾道市街地や瀬戸内海を見渡すことができる。

日本初・海峡を横断する瀬戸内海横断自転車道

今治～尾道間を走る全長約70kmのサイクリングロードは、瀬戸内海を横断できる自転車道。サイクリングイベントも開催される。

“お花見サイクリング”オススメルート

因島水軍城
船
岩城島・積善山
船・自転車
耕三寺
自転車
開山公園
自転車
潮流体験船

14か所のレンタサイクルターミナル

今治のサイクリングターミナル「サンライズ糸山」をはじめ、各地区に14か所のターミナルがあり、レンタサイクルで気軽にサイクリングを楽しめる。休憩所も充実。

三つの橋を一望する 伯方島・開《ひらき》山《やま》公園

愛媛県今治市

「伯方の塩」発祥の地として有名な伯方島にある開山山頂の公園。約1000本の桜が咲き乱れるしまなみ随一の名所として人気だ。展望台からは、360度のパノラマの光景が広がり、春には桜とともに伯方・大島大橋、大三島橋、多々羅大橋が一望できる。桜に埋もれる橋と青い海との共演はひときわ美しい景色だ。夜桜用の提灯がともされる。

3000本の桜並木 岩《いわ》城《ぎ》島《しま》・積《せき》善《ぜん》山《さん》

愛媛県上島町

岩城島の中央にそびえる積善山は3000本の桜で有名。船でのアクセスとなるが、登山道沿いに植えられた桜並木が帯状に連なる様子は独特の風景で、春になると花見客で賑わう。「岩城の桜を一度見たら一年長生きができる」と言い伝えられているとか。山頂の展望台からは多島美を一望できる。

多々羅しまなみ公園

桜の名所としても有名な道の駅。ここから眺める多々羅大橋は圧倒的な迫力。

耕三寺

耕三和上が母の菩提を弔うため建立した寺院。「西の日光」とも呼ばれ、桜と紅葉が美しい。

能島

かつて能島村上水軍の居城があった無人島。年に一度「能島の花見」の日に上陸できる。

塔ノ峰公園

標高149.7mの展望台からはしまなみ海道を一望でき、特に来島海峡大橋を見る絶好のスポット。

桜とともに村上水軍の歴史をたどる因島水軍城

室町から戦国時代にかけて瀬戸内海で威勢をふるった村上水軍。朝鮮半島から中国、東南アジアまでその名をとどろかせたという。因島には水軍のふるさととして、全国でもめずらしい城型の資料館「因島水軍城」がある。武具などの歴史資料が一般公開されている本丸は、春になると桜が美しい。

水軍にちなんだイベント「因島水軍まつり」

4月のしまなみ桜のイベント

- 耕三寺桜まつり
- おのみち俳句まつり
- いわぎ桜まつり
- 能島の花見
- さくら茶会（千光寺公園）

高知《こうち》

県花「ヤマモモ」

高知県の暖かい気候条件により県内に広く自生。実は甘酸っぱく、昔懐かしい土佐の味として親しまれている。3～4月頃花弁のない赤橙色の小さな花を咲かせる。

高知県は東西に長い地形で緑豊かな山々が県土の多くを占める。最後の清流といわれる四万十川や水辺利用率全国一の仁淀川など、清流に育まれた日本の原風景が残る。

【桜《サクラ》】

つぼみの形からついた愛称

ひょうたん桜公園【4月】(B1)

仁淀川町にある樹齢約500年の桜の古木。つぼみの形がひょうたんに似ていることから「ひょうたん桜」と呼ばれる。この桜にちなみ、地区の字名が「大藪」から「桜」に改称された。周辺のシバザクラも美しい。

【紫陽花《アジサイ》】

水車の傍らに咲く紫陽花

安並《やすなみ》水車の里公園【6月】(A2)

大小の水車が並ぶ水路沿いにアジサイが咲き連なるのどかな風景。水車は藩政時代、四万十川支流・後川に分水目的の井堰《いせき》として作られた四ヶ村溝の水車を再現している。

【椿《ツバキ》】

黒潮に洗われる椿の名所

足摺《あしずり》岬【1～2月】(B3)

四国最南端にあり、黒潮の打ち寄せる足摺岬。岬先端に約6万本、半島全体では約15万本ものヤブツバキが生い茂り、遊歩道は椿のトンネルと化す。伊豆大島と並ぶツバキの名所として知られる。

花と緑の歳時記

3月中旬~4月上旬 四万十川花絵巻　菜の花の巻(A2-3)	10月中旬~下旬　大月コスモスまつり(A3)
3月下旬~5月上旬　もとやま花まつり(帰全山公園 C1)	10月下旬　出間沖花*花フェスタ(B2)
4月中旬~下旬　香山寺藤まつり(香山寺市民の森 A3)	2月　足摺椿まつり(B3)
6月上旬　紫陽花まつり(安並水車の里公園 A2)	2月上旬~3月上旬　福寿草まつり(南大王 C1)
	2月下旬~3月中旬　嫁石梅まつり(土佐山 B1)

【睡蓮《スイレン》】

モネが眺めた花の風景

北川村「モネの庭」マルモッタン【3~11月】(D2)

フランスの印象派画家、クロード=モネが「睡蓮」の連作を製作したジヴェルニーの庭を再現。「花の庭」「光の庭」、青いスイレンが咲く「水の庭」など、モネが描いた風景に出会える。

高知"花"物語

丈夫な土佐和紙の原料、楮《こうぞ》

土佐和紙の歴史は1000年以上と古く、明治時代中期には全国一の生産を誇ったことも。仁淀川上流域の旧吾北村などでは古くからコウゾの生産が盛んで、繊維が長く太い高知のコウゾからは丈夫な紙ができるといわれる。4月に球状の雌花と円柱状の雄花を咲かせる。

清流を舞台とした花絵巻

四万十川の菜の花【3月】(A2-3)

春になると四万十川のほとりが黄色に彩られ雄大な景観を作り出す。入田《にゅうた》河川敷や周辺の畑にナノハナが群生しており「四万十川花絵巻 菜の花の巻」などのイベントが行われる。約4kmの遊歩道沿いを散策したり、サイクリングロードから眺めたりと様々に楽しめる。

【菜の花《ナノハナ》】

【福寿草《フクジュソウ》】

山里に春を呼ぶ福寿草

福寿草の里 南大王【2~3月】(C1)

四国山地の山里に春を告げるのは直径3~4cmの黄色の花。田畑のあぜなどに5万株以上のフクジュソウが花を咲かせ、日本でも貴重な自生地とされる。花の時期は「福寿草まつり」が開催される。

福岡《ふくおか》

県花「ウメ」

福岡が誇る史跡・太宰府を象徴する花といえば、「飛梅伝説」で知られる太宰府天満宮の梅。「とびうめ国体」などイベント名にも用いられている。

古代より大宰府政庁や鴻《こう》臚《ろ》館《かん》が置かれ、歴史と文化の香り漂う名所が数多く点在。三方を海に囲まれているが、県の中央部には筑紫山地の緑あふれる山々が広がる。九州最大の都市機能と花のテーマパークが共存している。

【梅《ウメ》】

菅原道真ゆかりの梅

太宰府天満宮【1～3月】(C1) ☎092-922-8225

菅原道真を祭神として祀り、学問成就などを祈願する参拝客で一年中賑わう。全国各地から捧げられた約200種類のウメが約2か月間楽しめる。本殿の近くに配される「飛梅」は、無実の罪で大宰府に左遷された道真公を慕うあまり、一夜にしてこの地へ飛来したという伝説を持つご神木で、宮内のウメに先駆けて最初の清香を漂わせる。

【秋桜《コスモス》】

【菜の花《ナノハナ》】

花と空、海の大パノラマ

のこのしまアイランドパーク【菜の花2～4月／コスモス10～11月】(B1)

博多湾に浮かぶ能古島の北端に広がる約15万㎡の自然公園。ナノハナ、桜、ポピー、ツツジ、マリーゴールド、ケイトウ、ダリア、サルビア、コスモス、スイセン、ツバキ、サザンカなど、年間を通して季節の花を楽しめる。花畑は空と海を背景としたパノラマの風景が圧巻で、満開時にはライトアップも行われる。

福岡“花”物語

北原白秋が詠った『からたちの花』

日本近代文学に大きな足跡を刻んだ北原白秋。1885年、柳川藩御用達の海産物問屋に生まれ、幼少時代を福岡県柳川で過ごした。名作『からたちの花』は小学校の通学路にあったカラタチの垣根が原風景になっていると言われている。また、作曲者である山田耕筰が少年時代に厳しい労働を経験した勤労学校にもカラタチの花があり、その思い出に北原白秋が共感したからとも言われている。白秋最後の思郷の詩である『帰去来』の詩碑は、母校矢留小学校横の白秋詩碑苑にカラタチに囲まれて建っている。

花のまち直方のチューリップ

直方《のおがた》リバーサイドパーク【4月】(C1)

色とりどりのチューリップが咲き誇る「のおがたチューリップフェア」では、多くの行楽客が訪れる。遠賀川河川敷に市民の手でチューリップ1万球を植えたのが始まりで、年を追うごとにチューリップの数が増加。1997年に第1回目の「のおがたチューリップフェア」が開催され、「花のまち直方」の一大イベントとなった。

【鬱金香《ウコンコウ（チューリップ）》】

【藤《フジ》】

九州屈指の大藤

黒木《くろぎ》の大藤【4〜5月】(C2)

1395年、後征西将軍・良成親王によって植樹されたものと伝えられ樹齢600年以上の大藤として知られている。素盞嗚《すさのお》神社にある藤棚の面積は約3000㎡におよび、満開時の花房は1mを超える。九州で国指定天然記念物の藤は黒木の大藤と宮崎神宮の2か所のみである。

【花菖蒲《ハナショウブ》】

お堀めぐりで楽しむ花々

椛島《かばしま》菖蒲園【5〜6月】(B2)

水郷柳川の城下町には、堀割が無数に張り巡らされており、名物のどんこ舟でめぐる川下りが人気だ。昭和30年代に川下りの船頭の一人が植え始めたもので、約30種3万本のハナショウブが、初夏の堀割に涼しげな姿を落としている。

小京都・秋月の見事な紅葉

秋月《あきづき》城跡【11月】(C2)

朝倉市の秋月は「筑前の小京都」と呼ばれ、数々の史跡とともに桜、紅葉の名所として人気の観光地。1203年、秋月種雄が築城し、江戸時代には5万石の城下町として栄えた。当時のまま残されている長屋門や黒門周辺の紅葉が有名。とくに黒門と燃え上がるような紅葉とのコントラストが鮮やか。

【紅葉《コウヨウ》】

花と緑の歳時記

3月中旬〜4月上旬	福岡城さくらまつり(舞鶴公園 B1)	4月中旬	のおがたチューリップフェア(直方リバーサイドパーク C1)
3月下旬〜5月上旬	フラワーピクニック(海の中道海浜公園 B1)	4月中旬〜5月上旬	八女黒木大藤まつり(C2)
3月下旬〜5月上旬	スプリングフェスタ(グリーンパーク C1)	5月下旬〜6月中旬	宮地嶽神社　菖蒲まつり(B1)
4月上旬〜5月上旬	久留米つつじまつり(久留米百年公園 C2)	9月中旬	棚田inうきは彼岸花めぐり(つづら棚田 C2)

佐賀《さが》

県花「クスの花」

直径3～4mmの白や淡黄色の花を咲かせる。武雄市にある「川古の大楠」が有名であることから県木としてもクスの木を制定している。

凡例
おもな道の駅
花の百名山・新花の百名山
日本さくら名所100選
日本紅葉の名所100選
県花が見られるおもなスポット
0
10km
日本海
Ⓐ
①
②
③
豊臣秀吉が手植えしたと伝えられる樹齢420年の八重桜
法光寺
名護屋城跡
田嶋神社
呼子《よぶこ》
鎮西《ちんぜい》
桃山天下市
33°30′
仮屋湾
玄海
東松浦半島
129°45′
肥前《ひぜん》
世界のボタン5000株や、シャクヤク3万本
ぼたんと緑の丘
切木ぼたん
志気の大シャクナゲ
樹齢約200年、高さ約5m、枝張り約3～5m
うらのさき
伊万里湾
松浦鉄道
伊万里
肥《ひ》
伊万里神社
約1万本のツツジ
竹の古場公園
東山代の明星桜
樹齢約900年 幹回り日本一
いまり
筑肥線
33°15′
伊万里《いまり》
国見山 776
大川内窯（旧鍋島藩窯）
樹齢1000年の巨
国の天然記念物
泉山弁財天の大いちょう
有田
西有田
約3000株のラベンダー
チャイナ・オン・ザ・パーク
ありた
陶山神社
秋は紅葉が美しい
佐
長

有田焼や伊万里焼などの焼物で知られる北西部は、唐津湾や伊万里湾に面した風光明媚な景勝の地。南部にはムツゴロウやシチメンソウなどの希少な動植物が見られる有明海の干潟が広がり、変化に富んだ景観に咲く花々が楽しめる。

【牡丹《ボタン》】

400年前の領主が愛した中国渡来の花

切木《きりご》ぼたん【4月】(A2)

約400年前、領主の波多三河守の妻が愛したと伝えられる中国渡来のボタン。波多氏の居城は豊臣秀吉によって滅ぼされたが、家臣が持ち帰って育てたとされる。現在は、唐津市肥前町切木《きりご》地区の個人宅の庭先で花を咲かせている。根元は1株だが、約6～7m四方に広がり500輪以上の花を咲かせる。

【梅《ウメ》】

歴史ある梅栽培の地に春を告げる

牛尾梅林【2～3月】(B2)

佐賀平野が望める22haの梅林。主に果実用の梅約1万3000本が栽培されている。開花時期に合わせて「小城市三里牛尾梅まつり」も開催される。敷地内にある牛尾神社は源義経や弁慶が腰旗を奉納したほか、源頼朝も神領を寄進したといわれる由緒ある古社である。

【紫陽花《アジサイ》】

名瀑と紫陽花が瑞々しい

見帰りの滝【6月】(B2)

唐津市相知町にある見帰りの滝は、アジサイの名所として有名。また、九州一の落差を誇り日本の滝百選にも選ばれている。女滝と男滝、左右2本の滝がアジサイの咲く谷あいにダイナミックに流れ落ちる。6月には「あじさいまつり」が開催される。

佐賀"花"物語

海で見られる紅葉、東与賀海岸のシチメンソウ

有明海に面した海岸で塩生植物のシチメンソウが観察できる。満潮時に潮をかぶる干潟でも生息できる、塩水に耐える珍しい植物である。国内では北部九州のみに自生。海岸線を真っ赤なじゅうたんのように染める風景は秋の風物詩となっており、「海の紅葉」とも呼ばれる。

【躑躅《ツツジ》】

幕末に築かれた躑躅の名園

御船山楽園《みふねやま》【4〜5月】(B3)

☎0954-23-3131(御船山観光ホテル)

武雄領主鍋島茂義が約3年の歳月をかけて1845年に完成させた15万坪の壮大な池泉回遊式庭園。造園にあたっては、京都から狩野派の絵師を招き完成予想図を描かせたという。御船山を背景に、5万株20万本のツツジが色鮮やかに咲き誇る。春の桜、5月のフジ、秋の紅葉も美しい。

【山茶花《サザンカ》】

雪を思わせる晩秋の風物詩

千石山【10〜12月】(C2)

吉野ヶ里町にあり、九州・四国および本州西端の暖地に自生するサザンカの自生北限地帯。開花期には一帯が真っ白に染まる。雪を思わせるその風景は晩秋の風物詩である。サザンカの実からはカチャシと呼ばれる油がとれ、かつては髪油や食用油として珍重されていた。

花と緑の歳時記

3月下旬〜4月上旬	孔子の里桜まつり(B2)	4月中旬〜5月上旬	ぼたんと芍薬まつり(ぼたんと緑の丘 A2)	11月上旬	シチメンソウまつり(東与賀海岸 C3)
3月下旬〜4月上旬	旭ヶ岡公園桜まつり(B3)	4月下旬〜5月中旬	浄徳寺しゃくなげ祭り(C2)	11月中旬〜下旬	清水の滝と紅葉ライトアップ「清水竹灯り」(B2)
3月下旬〜5月上旬	御船山楽園花まつり(B3)	6月	あじさいまつり(見帰りの滝 B2)	11月中旬〜下旬	九年庵一般公開(C2)
4月中旬〜5月中旬	大興善寺つつじ祭り(C2)	6月中旬〜7月中旬	大聖寺あじさい祭り(B3)	2月下旬〜3月上旬	小城市三里牛尾梅まつり(B2)
				2月中旬〜3月下旬	御船ヶ丘梅林観梅まつり(B3)

長崎《ながさき》

県花「雲仙ツツジ」

春の雲仙をピンクに染めるツツジ。主にミヤマキリシマを長崎では「雲仙ツツジ」と呼び、県の花として大切にしている。仁田峠などが群生地として有名。

長崎"花"物語

シーボルトが愛したあじさい「オタクサ」

出島のオランダ商館医として活躍したドイツ人医師シーボルト。著作『日本植物誌』の中で日本のアジサイを「Hydrangea otaksa」と紹介している。「オタクサ」は妻の「お滝さん」の名前からとったものとされ、妻への愛がうかがえるエピソードとして知られている。

多くの島々と美しい海岸からなる西海。火山景観とミヤマキリシマ、紅葉などが美しい雲仙。変化に富んだ豊かな自然環境に加え、歴史が刻まれた長崎の街並みを花々が情緒豊かに彩る。

花と緑の歳時記

2月中旬〜4月中旬	ハウステンボスチューリップ祭(C2)
3月下旬〜6月中旬	おおむら花まつり(大村公園 C3)
4月上旬〜中旬	諫早つつじ祭り(諫早公園一帯 D3)
4月中旬〜5月上旬	不老山花と光のフェスタ(C2)
4月上旬〜5月上旬	長串山つつじまつり(C2)
4月上旬〜5月上旬	裏見の滝自然花苑しゃくなげ祭り(C3)
5月下旬〜6月中旬	ながさき紫陽花(おたくさ)まつり(長崎市 C3)
11月上旬〜中旬	上対馬もみじまつり(舟志のもみじ街道 E4)
1月	のもざき水仙まつり(C3)
2月中旬〜3月上旬	五島椿まつり(A3)

【一つ葉田子《ヒトツバタゴ》】

海面を白く照らす対馬の象徴

鰐浦《わにうら》のヒトツバタゴ【5月】(E4)

別名「ナンジャモンジャ」。中国や朝鮮半島に多い植物で、国内では対馬の鰐浦《わにうら》地区が最大の自生地。開花時には入り江を囲む山が花で真っ白になる。海面を白く照らす様から「ウミテラシ」とも。大陸に最も近い対馬を象徴する植物。

【蓮《ハス》】

食用で植えられた珍しい蓮

島原城【7月】(D3)

☎0957-62-4766(島原城振興協会)

島原・天草一揆やキリシタン弾圧などの歴史で知られる。お堀に咲くハスの花は、花弁の先がうっすらとピンク色になった「酔妃蓮」という珍しい品種。白地の花びらに淡いピンク色が浮き出る様を酔った妃にたとえたのが名前の由来とされる。明治期に食用として植えられたという。

里桜中の名花、大村桜

大村公園【3〜4月】(C3)

玖島《くしま》城跡周辺を整備した大村公園には21品種2000本の桜が咲く。外山三郎が発見した「オオムラザクラ」は、花弁が多いものは200枚になるという珍しい品種で、「里桜中の名花」といわれる。大村神社本殿前の2本が天然記念物に指定されている。

椿が覆う玄界灘の島

初崎《はつざき》椿群生林【2〜3月】(C2)

玄界灘に沈む夕日と棚田の美しさで知られる福島は、「ツバキ島」と呼ばれる。とくに島北西部の初崎自然公園には5万本をこえるヤブツバキの群生林がある。

壮快な海原と甘い花の香り

野母崎《のもざき》水仙の里公園【12〜1月】(C3)

海原を望む長崎半島に、もともとは自生していたというニホンズイセンが植栽されている。「かおり風景100選」にも選ばれており、開花時期には、あたり一面甘い香りに包まれる。公園内の展望台から一望できる軍艦のような形の端島（軍艦島）も観光の目玉。

花にあふれるヨーロッパの街 ハウステンボス

長崎県佐世保市　☎0570-064-110（総合ナビダイヤル）

あくなきこだわりで ヨーロッパの古き良き街を再現

17世紀以降、日蘭貿易で栄えた長崎。ハウステンボスの建設にあたり、建造物や紋章など細部にわたってオランダ政府の協力を仰いでいる。電柱も一切なく、石畳やレンガの一つ一つにこだわり、古き良きヨーロッパの街並みを再現した。花を愛するオランダの人々を象徴するように、場内にも多くの花が咲き誇っている。

キンデルダイク

悠々とそびえる風車のもとに広がる花畑。まるでオランダの田園風景のような景色はハウステンボスを代表するスポットだ。キンデルダイクはロッテルダム近郊の町で、世界遺産にも登録された風車群で有名。

見られる花

チューリップ、マリーゴールド、ペンタス、パンジーなど

花が生き生きと咲く環境づくり

自然との共存をテーマに掲げるハウステンボスがまず取り組んだのは土壌改良。環境先進国であるオランダのノウハウを取り入れ、土壌の入れ替えから植樹、運河づくりまで、およそ5年の月日をかけた。とくに全長6000mになる運河護岸にはコンクリートを使わず砕いた石や土、木を利用し生態系に配慮。大村湾の干満の潮位差を利用して海水を引き込み、なるべくきれいな状態で自然に戻す努力が重ねられている。徹底した配慮によって、木々や花々が生き生きと育つ環境が整えられている。

花時計

ゴーダチーズで有名なオランダ・ホウダ（ゴーダ）市の市庁舎を再現したスタッドハウスを背景に、様々な花でデザインされる花時計。季節によって異なる花材を大胆に配置し芸術性高く仕上げられている。

見られる花

チューリップ、ベゴニア、コリウス、アキランサス、ビオラなど

広大な花畑とヨーロッパの庭園MAP

パレス ハウステンボス
パレス ハウステンボス本苑
フォレストヴィラ
フリーゾーン
ローズガーデン
ホテルヨーロッパ
ホテルアムステルダム
アレキサンダー広場
ドムトールン
スリラー・ファンタジー・ミュージアム
ユトレヒト
ビネンスタッド
アートガーデン
ニュースタッド
アートガーデン
花時計
キンデルダイク
ブルーケレン
入場ゲート
キンデルダイク
花のスポットがあるゾーン
主要ゾーン
ホテル

アートガーデン

ヨーロッパの伝統の庭園様式を現代のデザインで表現している。とくにバラの時期は立体的なバラの植栽により空間全体を埋め尽くす。

見られる花

バラ、ヒマワリ、コスモス、ポピーなど

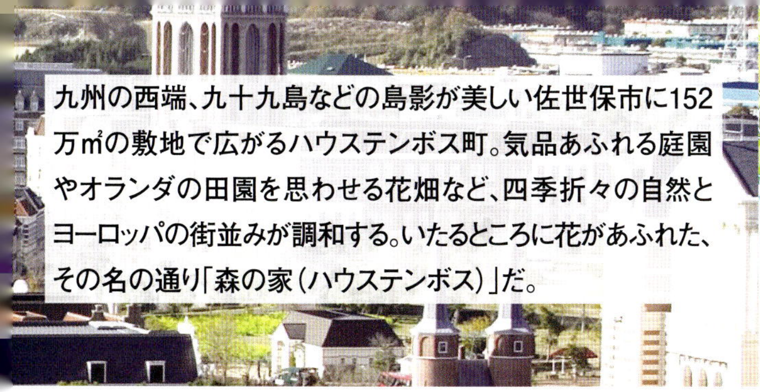

九州の西端、九十九島などの島影が美しい佐世保市に152万㎡の敷地で広がるハウステンボス町。気品あふれる庭園やオランダの田園を思わせる花畑など、四季折々の自然とヨーロッパの街並みが調和する。いたるところに花があふれた、その名の通り「森の家（ハウステンボス）」だ。

見頃：チューリップ 2〜4月
バラ 5〜6月、10〜11月

パレス ハウステンボス本苑

見られる花
アイリス、シラユリなど

優雅な宮殿の後ろに広がるのは、18世紀設計の「幻の庭園」をよみがえらせた広大なバロック式庭園。オランダ宮廷の特別な許可を得て造成された。

ローズガーデン

見られる花
プリンセスミチコ、ラブリーフェアリー、マリアカラス、花がかり、マチルダなど

噴水を軸としたバラの庭園。初夏は全50品種のボリュームある景観を、秋は大輪・中輪系を揃え一つ一つの美しさを楽しめる。

運河沿いのバラの壁

初夏、周辺を華やかに包むのは、運河沿いの壁面に「垂れ下がる」バラの香り。普通、バラは上へとのびるものだが、花壇のバラを下の運河テラス壁面へ誘引し、花の滝のような景観を作り上げた。この光景は、ハウステンボス独自のものだ。

世界にはばたくオリジナル品種「ハウステンボス」

2000年春、チューリップ祭でお披露目されたオリジナル品種の「ハウステンボス」。オランダの育種家が23年以上をかけて作った無名の品種であったが、1999年にオランダ球根組合に「ハウステンボス」という名で正式登録した。特徴は花弁の先がフリルのようになった「フリンジ咲き」。その美しさから、近年は海外市場でも高い人気を誇っている。

球根を冷蔵庫で冬眠させる「アイスチューリップ」という技術で開花期を調整。

花のイベント情報

2月〜4月	チューリップ祭
4月	花の大祭典
	芝桜ガーデン
5月〜6月	バラ祭
6月〜7月	あじさい祭

熊本《くまもと》

県花「リンドウ」

阿蘇山麓に自生するリンドウは一帯に春を告げる花。3月、野焼きが終わった阿蘇の高原に青や紫色の可憐な花を咲かせる。秋咲きのリンドウも見られる。

熊本の雄大な自然を象徴するのは、世界有数のカルデラをもつ阿蘇山。ミヤマキリシマの群生をはじめ、多様な植物の生育地となっている。一方、「肥後六花」に見られるように、連綿と受け継がれる独自の園芸文化も育まれてきた。

【桜《サクラ》】

歳月を刻み続ける菩提樹

一《いっ》心《しん》行《ぎょう》の大桜【3〜4月】(C2)

樹高14m、幹周り7.35mの国内最大級のヤマザクラ。戦国時代、島津氏との戦いで散った峯《みね》伯耆守《ほうきのかみ》惟《これ》冬《ふゆ》の菩提樹とされている。「一心行」とは、残された妻子と家臣が惟冬らの霊を弔うため、一心に行をおさめたことからついた名だという。

【花菖蒲《ハナショウブ》】

古の繁栄を偲ばせる街並みと花菖蒲

高《たか》瀬《せ》裏《うら》川《かわ》【5〜6月】(B2)

約6万6000本のハナショウブが植えられ、「高瀬裏川花しょうぶまつり」が開催される。玉名市の高瀬は、江戸時代に物流港として栄え、高瀬裏川は米の積み出しのために作られた運河。現在は川に沿って木製の観賞デッキが整備されており、高瀬眼鏡橋をはじめ、当時の繁栄をしのばせる街並みとともにハナショウブを観賞できる。

【桜《サクラ》】

名城が華やぐ桜の季節

熊本城【3〜4月】(B2)

☎096-352-5900

加藤清正によって築かれた熊本城は日本三名城の一つとされる。県内有数の桜の名所で、ソメイヨシノを中心にヤマザクラ、ヒゴザクラなど約800本が天守閣を彩る。開花時にはライトアップもされ、幻想的に浮かび上がる夜桜を観賞できる。

花と緑の歳時記

3月下旬 本妙寺桜灯籠(B2)	**5月上旬〜6月中旬** 春のバラ祭り(はな阿蘇美 C2
4月下旬〜5月下旬 仙酔峡つつじ祭り(C2)	**5月中旬** 波野高原すずらん祭り(C2)
	5月下旬 阿蘇山上つつじ祭り(C2)
	5月下旬〜6月上旬 高瀬裏川花しょうぶまつり(B

【紅葉《コウヨウ》】

落人伝説の残る秘境の秋

五家荘《ごかのしょう》【10〜11月】(B2)

五家荘という地名はなく、八代市泉町にある5つの集落の総称である。「平家の落人伝説」が残る場所として知られる秘境。険しい谷間にかかる吊り橋が、紅葉と調和をなしている。落差70mという「せんだん轟の滝」周辺の紅葉も見事。

熊本“花”物語

門外不出の花　肥後六花

肥後菊、肥後椿、肥後山茶花《サザンカ》、肥後花菖蒲、肥後朝顔、肥後芍薬の6つを「肥後六花」と呼ぶ。江戸時代に第８代藩主細川重賢の時代に薬草園が作られたのを機に、武士の園芸として広まり花々の改良が進められた。それぞれに保存団体があり門外不出で大切に扱われてきた。花芯の優美さ、一重咲きの花形、花色の純粋さが六花に共通する特徴とされる。肥後六花は、熊本城竹の丸の肥後名花園で楽しむことができる。

【深山霧島《ミヤマキリシマ》】

仙人が酔うほどに美しい

仙酔峡【5月】(C2)

「仙人が酔うほど美しい」という意味の地名は、ミヤマキリシマの美しさに由来する。岩肌の露出した谷が約5万本の花で赤く華やぎ、「仙酔峡つつじ祭り」は多くの観光客が訪れるイベントとなっている。

【相良飛び葛《アイラトビカズラ》】

ブドウの房を思わせる大きな花

相良のアイラトビカズラ【5月】(B1)

「相良観音」で知られる相良寺の近くにアイラトビカズラの古木がある。ブドウの房状の紫色の花を咲かせるのが特徴。「トビカズラ」の名は、源平合戦の頃、相良寺の観音様がカズラに飛び移った話などが伝えられている。

6月上旬　紫陽花マンドリンコンサート（住吉自然公園 B2）
6月下旬〜8月上旬
鹿央里やま蓮まつり（鹿央古代の森 B2）
10月下旬〜11月下旬　五家荘紅葉祭（B2-3）

火山がつくりだした花の山地

阿蘇くじゅう国立公園

火山活動の鼓動が脈打つ山々、裾野に広がる草原が特徴の国立公園。一面をピンクに染めるミヤマキリシマのほか、貴重な植物や特別天然記念物が生息するなど、豊かな生命が息づく宝庫である。

くじゅう連山の平治岳から坊ガツル湿原方面

九州のほぼ中央に位置する国立公園

周囲100㎞におよぶ世界最大級のカルデラ地形を持つ阿蘇山一帯と、その北東に連なるくじゅう連山を中心とした国立公園。

もっとも大きな特徴はその火山地形で、カルデラ内の中央火口丘（阿蘇五岳《あそごがく》）やくじゅう連山の火山群は今も活発な活動を続けている。標高の高い火山地域に咲き誇るミヤマキリシマは一帯のシンボルであり、山々の裾野に広がる草原やくじゅう坊ガツル・タデ原湿原などの湿地帯では希少な植物が確認されている。

阿蘇

根子岳・高岳・中岳・杵島岳・烏帽子岳の中央火口丘から外輪山を含む阿蘇山を中心とした地域。一帯には熊本県内に分布する種の約7割となる植物が生育している。

世界有数の規模　阿蘇カルデラ

カルデラとは火山活動でできた大きな凹地のこと。阿蘇カルデラは27万年から9万年前に起きた4回の大噴火によって形成された。南北25㎞、東西18㎞、周囲100㎞の楕円形をしており世界有数の規模である。

日本に分布する種の2割1600種が生育

現在も火山活動を続けている中岳、のどかな光景が広がる烏帽子岳の草千里ヶ浜、溶岩流の跡にミヤマキリシマが咲き誇る仙酔峡など、様々な景観が楽しめる阿蘇。火山荒原、森林、草原の多様な環境に生育する植物は約1600種といわれており、これは日本に分布する種の約2割。一帯に広がるユウスゲは阿蘇ならではの風景だ。また、火山活動や阿蘇の冷涼な気候条件、放牧や人の手による野焼きなどで維持されてきた貴重な生態系があり、阿蘇以外ではほとんど見ることのできないハナシノブや、タマボウキ、ツクシマツモト、野焼き後の原野に咲くキスミレなど、希少な花々を見ることができる。

ユウスゲが咲く阿蘇高原

オオルリシジミ――「クララ」を食べる稀少なチョウ

クララ

マメ科の植物クララの花穂に産卵し摂食する「オオルリシジミ」は、他地域ではほとんど見られない希少なチョウ。阿蘇の火山活動、野焼きや放牧などの人為作用によって、クララの自生環境とオオルリシジミの生存が守られてきたとされる。

オオルリシジミ

ハナシノブ

ツクシマツモト

キスミレ

くじゅう

「九州の尾根」と呼ばれるくじゅう連山、その周辺をとりまく広大な高原地帯、奥別府の山々からなるくじゅう地域。原生林や湖沼、湿原など四季折々に変化する多様な景観に恵まれている。

平治岳を埋めるミヤマキリシマ

山地湿原とミヤマキリシマ低地林

阿蘇カルデラの北東部に位置するくじゅう連山。九州本土最高峰の中岳をはじめ久住山、大船山など1700m級の山々が連なる雄大な山群は、ミヤマキリシマの名所として知られる。特に平治岳《ひいじ》や大船山の群落は美しく、初夏には山頂付近の山肌をピンク一色に染める。ピンクのじゅうたんごしに山々が連なる様は登山者だけが目にできる光景だ。

ミヤマキリシマのほかにもコケモモやマンサクといった多数の高山植物の宝庫。また、野焼きをやめた地区ではノリウツギが一面に白く咲き、夏の風物詩となっている。

ノリウツギ

国内最大級の中間湿原 ── くじゅう坊ガツル・タデ原湿原

山の歌として広く親しまれている「坊がつる讃歌」。もとは広島高等師範学校（現広島大学）山岳部の部歌を替え歌したものだという。その坊ガツル湿原はくじゅう連山に囲まれた標高1200mの盆地・湿原。くじゅう連山の北側、標高1000m付近に位置するタデ原湿原とともに、山岳地域に形成された中間湿原では国内最大級の面積を有する貴重な湿原として、ラムサール条約に登録された。湿原植物の宝庫であり、坊ガツル湿原にはイヌイ、リュウキンカ、サワギキョウなど、タデ原湿原にはツクシフウロ、シムラニンジン、オオミズゴケなどの希少な植物の生育が確認されている。

ツクシフウロ

シムラニンジン

タデ原湿原

植生を維持するための野焼き

阿蘇くじゅう地域で行われている野焼きは早春の風物詩。阿蘇では千年以上の歴史を持っており、この一帯の豊かで貴重な植生を保全してきた。近年は労力不足などから火入れといった管理が不足し草地環境の悪化が見られるため、行政機関や民間ボランティアが協力し野焼きに参加している。

火山の恵み　温泉で一休み

くじゅう連山の山腹には、開湯が約500年前という九州で一番高い位置にある法華院温泉山荘がある。アクセスには自分の足で登山するしかない。また、阿蘇にも阿蘇内牧温泉や阿蘇赤水温泉など阿蘇山の火山の恵みを受けてたくさんの温泉が点在している。

法華院温泉山荘の湯

※国立公園内における山野草の採取等は法律・条令により罰せられることがあります。
植生保護のため、登山道や木道を外れないようお願いします。

大分《おおいた》

県花「豊後梅」

豊後に発祥し、江戸時代の園芸書『花壇綱目』にも登場する。3月に八重咲きの大輪の花を咲かせ、その優雅な姿は観賞用として広く県民に愛されている。

別府や湯布院などの温泉地が知られるほか、自然景観の豊かさは自然博物館にも例えられるほど。高山植物の宝庫であるくじゅう連山、亜熱帯植物が美しい日豊海岸を含み、県の面積の約3割が自然公園に指定され、花々が豊富に咲いている。

【深山霧島《ミヤマキリシマ》】

温泉地で楽しめる花の群生

鶴見岳【5~6月】(B2)

別府温泉近郊にある標高1375mの火山で、約5000本のミヤマキリシマが群生している。別府高原駅と鶴見山上駅とを結ぶロープウェイからもツツジが観賞できる。秋の紅葉、冬の霧氷の名所でもあり、また、ロープウェイの夜間運行で楽しめる夜景スポットとしても人気。

【桜《サクラ》】

古の石垣に映える桜

岡城跡【3~4月】(B3)

1185年に緒方三郎惟栄が築城した。古い歴史をしのばせる石垣に桜が映える。大名行列が城下町と岡城跡を練り歩く「岡城桜まつり」は、時代絵巻のよう。地元出身の瀧廉太郎は岡城を想い「荒城の月」を作曲したと言われている。

【紅葉《モミジ》】

頼山陽も筆を投げた絶景

耶《や》馬《ば》渓《けい》【11月】(B2)

漢学者の頼山陽が「耶馬の流れ　天下になし」と称えたことから名がついた景勝。紅葉シーズンは多くの観光客が訪れる。とくに、深耶馬渓の「一目八景」や、禅海和尚がノミと槌だけで30年かけて掘り抜いたと言われる「青の洞門」付近の紅葉が有名。菊池寛の小説『恩讐の彼方に』は、青の洞門の逸話がもとになっている。

花と緑の歳時記

3月下旬~4月上旬
臼杵城址桜まつり(C2)

4月上旬　岡城桜まつり(B3)

4月中旬~5月上旬
くじゅう花公園チューリップフェスティバル(B2)
緒方のチューリップフェスタ(B3)

4月中旬　英雄寺ぼたん祭り(B3)

4月中旬　仙崎公園つつじ祭り(C-D3)

4月中旬~下旬
えぼし岳ぼたん桜祭り(えぼし公園 B2

5月上旬　西寒多ふじまつり(西寒多神社 C

6月下旬　神楽女湖花しょうぶ観賞会(B2

9月中旬　七ツ森彼岸花まつり(B3)

10月上旬～11月上旬

三光コスモス園コスモス祭り(B1)

11月下旬　白馬渓もみじまつり(C2)

2月中旬～3月上旬

吉野梅まつり(吉野梅園 C2)

【蓮《ハス》】

石仏の宝庫に咲く蓮

臼杵石仏公園【7～8月】(C2)　☎0972-65-3300

大分県には全国の8割の磨崖仏があるという。その中でも日本を代表する磨崖仏と言われている臼杵石仏。周辺が石仏公園として整備されており、7月から8月にかけてハス畑に咲き誇る大輪のハスは極楽浄土にも例えられる。大賀ハス、八重茶碗ハス、酔妃蓮などが一面にピンク色の花を咲かせる。

【牡丹《ボタン》】

文禄の役で持ち帰られた牡丹

英雄寺【4月】(B3)

☎0974-63-1516

岡藩の家臣が秀吉の朝鮮出兵の際に持ち帰ったとされているチョウセンボタンなど、ボタン約300株以上が色鮮やかな花を咲かせる。見頃には「ぼたん祭り」が開催され、大輪の名花を愛でる人々でにぎわう。祭りではボタンの花と葉を浮かべた不老長寿の妙薬といわれるボタン酒がふるまわれる。

【藤躑躅《フジツツジ》】

写真提供 佐伯市観光協会

女性的で小柄な躑躅

仙崎公園【4月】(C-D3)

半島の先端部にある仙崎山にはフジツツジが群生しており、花盛りには5万本が山肌を紅紫に染める。フジツツジはオン（雄）ツツジに比べて小柄で色も優しいことからメン（雌）ツツジとも呼ばれる。仙崎のものは自然の状態で残った貴重なものとされる。

大分“花”物語

城下町にただよう かぼすの花の香り

大分の特産品であるカボスは300年ほど前から竹田の岡藩や臼杵の稲葉藩で栽培・利用されてきた。5月中頃から白い花を咲かせ、果実が実る初秋にかけて柑橘のさわやかな香りを放つ。歴史が息づく街にカボスの香りただよう風景は環境省の「かおり風景100選」に選ばれている。

宮崎《みやざき》

県花「ハマユウ」
青島や日南海岸など海岸沿いに咲き、白く大きな花をつける。南国的な雰囲気をかもしだす美しい花として親しまれている。

花の名所や地域の文化に触れる旅「花旅みやざき」を推進するなど、県をあげて花と潤いにあふれた街づくりに取り組んでいる。青島・日南海岸など南国情緒漂うリゾート地や天孫降臨の神話の舞台、古墳群などでも花めぐりが楽しめる。

宮崎"花"物語

日南海岸の象徴だったサボテンの花

「アイ・アイ・ブルーロード」という歌がある。「サボテンの紅《くれない》の花…」という歌詞で始まるその歌は、色鮮やかなサボテンの花が初夏に映える日南海岸を歌ったもの。そのサボテンがあったのは、1937年に「サボテン公園」としてオープンした「サボテンハーブ園」。日南海岸を代表する人気観光地であったが、時代の流れとともに2005年、惜しまれつつ閉園した。

【野海棠《ノカイドウ》】

火山地帯に咲く珍種・野海棠

えびの高原【5月】(A2-3)

標高1200mに位置し、世界中でここだけに自生するノカイドウが見られる。ノカイドウはバラ科の植物で蕾のときは薄紅色だが花を咲かせると次第に白くなる。噴出する硫気で一面「葡萄《えび》色」に変色するススキも見所の一つで、えびの高原の呼称の由来という。

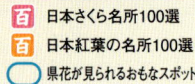

花と緑の歳時記

3月中旬～4月上旬	花立公園桜まつり(B3)	4月下旬	牧水公園つつじ祭り(B2)
3月中旬～5月上旬	こどものくにフラワーフェスタ(B3)	5月中旬～下旬	市民の森はなしょうぶまつり(B3)
3月下旬～4月上旬	都城もちお桜まつり(母智丘公園 A-B3)	9月下旬	皇子原公園ヒガンバナまつり(A3)
	西都花まつり(B2)	9月下旬～10月下旬	生駒高原コスモスまつり(A3)
4月上旬	中川チューリップまつり(中川チューリップの里 B1)	11月上旬	白滝もみじ祭(B1)
4月上旬～5月上旬	しゃくなげ花祭り(しゃくなげの森 B3)	2月上旬	東米良(尾八重)有楽椿まつり(B2)
4月中旬～下旬	椎八重公園つつじまつり(B3)		梅まつり(湯之宮座論梅 B2)

海と空と馬と紫陽花

都井岬【5～6月】(B4)

【紫陽花《アジサイ》】

約1万本のアジサイが沿道や丘を青紫に染める。かつて高鍋藩秋月家の藩営牧場で放牧されていた日本在来種の野生馬が棲息しており、ソテツの自生地北限としても知られる。海と空をバックにアジサイが咲き乱れ、野生馬がのんびりと草をはむ姿は都井岬ならではの風景だ。

【紅葉《コウヨウ》】

パワースポットを紅に染める紅葉

高千穂峡【11月】(B1)

溶岩が侵食されてできた高さ80～100mに及ぶ断崖の渓谷はボートで遊覧することができ、紅葉に彩られる秋模様はとくに美しい。「真名井の滝」や「槍飛橋」などの名所をはじめ、「おのころ島」「月形・日形」「鬼八の力石」といった神話に由縁のあるスポットなども見所。

【秋桜《コスモス》・菜の花《ナノハナ》】

古代ロマンと一面の花畑

西都原《さいとばる》古墳群【菜の花3月／コスモス10～11月】(B2)

東西2.6km、南北4.2kmに点在する300余基もの古墳群。季節を通じて様々な花を楽しむことができ、とくに約８haの畑一面に咲く300万本のコスモス、30万本のナノハナは圧巻。カラフルな花群が、いまだ古墳の大部分が発掘されていないという古代の謎とロマンの地を美しく彩る。

南国の海岸を彩る浜木綿

堀切峠【7～8月】(B3)

眼下に鬼の洗濯板を見下ろし、雄大な太平洋を一望する堀切峠は日南海岸を代表するビュースポット。宮崎の県木であるフェニックスとともに、県花のハマユウが白い花を咲かせ、宮崎のイメージとも言える南国的風景が広がる。

【浜木綿《ハマユウ》】

鹿児島《かごしま》

県花「ミヤマキリシマ」

九州各地の高山に群生し親しまれているミヤマキリシマ。その名の由来になった霧島山系一帯では、初夏の山肌をミヤマキリシマの花が鮮やかに彩る。

日本で初めて世界自然遺産に登録された屋久島をはじめ、種子島、喜界島、徳之島、与論島など、特色ある文化と自然をもつ魅力的な島々があり、霧島連山のミヤマキリシマや熱帯の花々など様々な花の表情が楽しめる。

32°
130°
Ⓐ
上甑島
甑《こしき》
島《しま》
列
島
双子島
上甑
里
中甑島
鹿島
尾岳
▲604
甑島列島
花弁に鹿の子模様の斑点があるカノコユリが咲く
甑
海
峡
早崎
下甑島
下甑
釣掛埼《つりかけ》
130°

【寒牡丹《カンボタン》】

島津家ゆかりの牡丹と庭園

仙《せん》巌《がん》園《えん》（磯庭園）【12〜1月】(C2)

☎099-247-1551

第二代薩摩藩主島津光久の命により造られた庭園。桜島と錦江湾を借景とした天下の名園である。冬には南九州では珍しいカンボタンが園内を彩る。家紋の一つ「牡丹紋」は島津家が近衛家から賜ったもので、ボタンは島津家とゆかりが深い花だと言われる。

凡例	
おもな道の駅	日本さくら名所100選
花の百名山・新花の百名山	日本紅葉の名所100選
	県花が見られるおもなスポット

0　20km

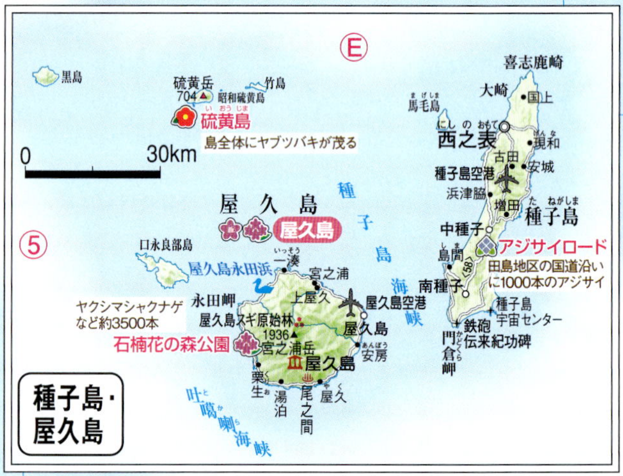

Ⓔ
黒島
硫黄岳
704
竹島
昭和硫黄島
硫黄島《いおうじま》
島全体にヤブツバキが茂る
0
30km
喜志鹿崎
大崎
国上
馬毛島《まげしま》
西之表《にしのおもて》
現和《げんな》
古田
安城
種子島空港
浜津脇
増田
種子島《たねがしま》
中種子
アジサイロード
島間《しま》
田島地区の国道沿いに1000本のアジサイ
南種子
種子島宇宙センター
鉄砲伝来紀功碑
門倉岬《かどくら》
種
子
島
海
峡
屋久島
屋久島
⑤
口永良部島
一湊《いっそう》
屋久島永田浜
宮之浦
永田岬
上屋久
屋久島空港
ヤクシマシャクナゲなど約3500本
屋久島スギ原始林
屋久島
1936
石楠花の森公園
宮之浦岳
安房《あんぼう》
屋久島
栗生《くりお》
湯泊
尾之間
屋久《やく》
吐噶喇《とかられ》海峡
種子島・屋久島

【屋久島石楠花《ヤクシマシャクナゲ》】

【桜躑躅《サクラツツジ》】

豊かな山稜を彩る花々

屋久島【桜躑躅5〜6月／屋久島石楠花6月】(E5)

サクラツツジは、海岸付近から山の方まで幅広く見られる屋久島の代表的な花で、淡いピンクの花が桜に似ていることからそう呼ばれる。一足遅れて、屋久島固有種のヤクシマシャクナゲが花を咲かせる。咲き始めは濃いピンクだが、その後白く変化するのが特徴。

Ⓕ
東
シ
ナ
海
大浜海浜公園
真っ白な砂浜にアダンなど亜熱帯の植物
笠利崎
名瀬港
龍郷《たつごう》
浦上
笠利《かさり》
奄美空港
トンビ崎
あまみ
奄美
大和
名瀬《なぜ》
枝手久島《えだてく》
久志《くし》
湯湾岳
小湊
喜界島空港
喜界
焼内湾《やきうち》
694
住用《すみよう》
宇検《うけん》
奄美アイランド植物園
喜界島《きかいじま》
曽津高崎《そっこう》
阿鉄
金川岳《かねんご》
528
住用湾《すみよう》
サボテンや熱帯の花
加計呂麻島《かけろまじま》
瀬戸内
阿木名
奄美群島
▶p.166-167
⑥
押角《おしかく》
大島
（奄美大島）
請島水道
与路島《よろしま》
請島《うけしま》
奄《あま》
太平洋
徳之島
金見崎
徳之島空港
天城岳
533
美《み》
天城《あまぎ》
神之嶺崎《かんにん》
奄美群島
群
犬田布岬《いぬたぶ》
徳之島
八重竿
伊仙《いせん》
島
0
30km

花と緑の歳時記

3月中旬～4月上旬 シャクナゲ展(フラワーパークかごしま C3)	**4月下旬～6月上旬、10月下旬～11月下旬** かのやばら祭り(かのやばら園 C3)	**11月** 仙巌園菊まつり(C2)
3月下旬～4月上旬 くしら桜まつり(串良平和公園 C3)	**5月中旬** 錦江湾公園花まつり(B-C3)	**11月下旬** 曽木の滝公園もみじ祭り(C1)
4月中旬 東串良ルーピンフェスティバル(柏原海岸 D3)	**10月下旬** きりしま紅葉まつり(道の駅霧島・神話の里公園 C2)	**1月上旬** いぶすき菜の花マラソン(池田湖 C3)

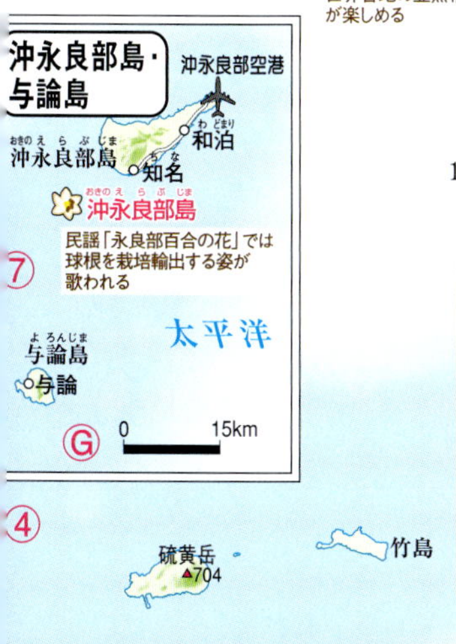

【桜《サクラ》】

日本一の自生桜の巨木

奥十曽《おくじっそ》のエドヒガン【3～4月】(C1)

高さ28m、幹周10.8m、樹齢600年以上のエドヒガンザクラ。自生する桜としては日本一の巨木とされており、「森の巨人たち百選」にも選ばれた。

まっすぐ伸びた茎と黄色い花

柏原海岸【4月】(D3)

志布志湾を望み白砂青松の海岸線が続く砂丘は、春になると一面ルーピンの花で黄色いじゅうたんを敷き詰めたような見事な景観となる。毎年4月に「東串良ルーピンフェスティバル」が開催される。

【ルーピン】

【菜の花《ナノハナ》】

一足早い春の菜の花

池田湖【1月】(C3)

日本で一番早く咲くと言われるナノハナが湖畔を黄色に染める。1月に開催される「いぶすき菜の花マラソン」は初春の風物詩だ。薩摩半島南端にある池田湖は大ウナギが生息しており、また謎の生物「イッシー」が目撃されたとしても話題になった。

鹿児島“花”物語

大島紬を染め上げる「テーチ木」―車輪梅

奄美大島の大島紬は泥染めが特徴。気品漂う渋い黒の発色にはこの地方で「テーチ木」と呼ばれるシャリンバイの木が欠かせない。シャリンバイの木を煮出した染汁と泥土に繰り返し浸けることによって、タンニン酸と泥の鉄分が化合し、茶褐色から黒へと変化する。その美しさと値打ちから大島紬は薩摩藩の租税として扱われた。

南の島の花めぐり

日本列島の南端に連なり、熱帯の香りただよう南西諸島。サンゴ礁の美しい海を背景に咲く花々や、亜熱帯の森林で見られる希少な植生は、本土とは異なった景観を生み出している。珍しい花をめぐるツアーもあり、花は旅を彩る存在として欠かせない。

特有の植物相が多いのはなぜ？

九州の南方、約1200kmの洋上に連なる大小約200の島々が南西諸島だ。本州およびユーラシア大陸と陸続きや孤立を繰り返した歴史をもち、生物地理学的には東南アジアと北東アジアの移行帯に相当することから、遺存種（生きている化石）・固有種が多いという特有の生物相をなしている。さらに、モンスーンがもたらす降雨によって生長する豊かな亜熱帯性多雨林は、固有種の主要な生息場所となっている。

南西諸島を彩る花々

ゴールデンシャワー　4～9月　奄美大島以南

黄色いシャワーのように花を咲かせることからこの名で親しまれる。和名はナンバンサイカチ。那覇や浦添などの街路沿いでもみられる。タイの国花にもなっている。

月桃　4～6月　九州南部以南

房状に下垂する花が特徴。芳香剤やお茶などに利用される。沖縄ではサンニン、奄美ではサネンと呼ばれる。

オオハマボウ　6～9月　屋久島以南

沖縄や奄美地方でユウナと呼ばれる花。海岸地帯に自生する一日花で、黄色から赤みを帯びて落下する。

イジュ　4～6月　奄美大島以南

琉球諸島の固有亜種で高さ20mにもなる常緑高木。別名ヒメツバキ。かつて樹皮に含まれる成分で魚を麻痺させて掬《すく》い上げる「魚毒流し漁」の魚毒として用いられた。

コガネノウゼン　3～4月　九州南部以南

南米原産の落葉高木で、鮮やかなトランペット状の黄色い花を咲かせる。沖縄ではブラジル名のイッペーが方言として使われる。

カエンカズラ　1～3月　沖縄諸島以南

大型のつる性植物。オレンジ色の筒状の花が次々と咲くさまが炎のように見えるためカエンカズラ（火炎葛）と呼ばれる。

先島諸島

世界有数のサンゴ礁の海と原始の自然が息づく琉球諸島南端の島々。日本のアマゾンと称される西表島では珍しい亜熱帯の花々を観察できる。

サキシマツツジ　3～6月

石垣島や西表島で見られる固有種。山地の渓流沿いなどで真紅のあでやかな花を咲かせる。石垣市の市花に指定され、マンホールの絵柄にもあしらわれている。

セイシカ　3～4月

山間の斜面や渓流など人目につきにくいところに咲くことから「幻の花」とも呼ばれる。日本では石垣島や西表島に自生する。石垣島のバンナ公園では植栽のセイシカを見ることができる。

マルバサツキ　5〜6月

ツツジ科の花で、吐噶喇列島全域で見られる。中でも諏訪之瀬島の群落地では、活発に噴煙を上げる御岳の溶岩台地に一面ピンクの花を咲かせる。

タモトユリ　6〜7月

鹿児島県の天然記念物にも指定されている口之島の固有種。花は上向きに咲き、強い香りが特徴。

吐《と》噶《か》喇《ら》列島

160kmにわたって飛び石状に点在する島々は「最後の秘境」とも。火山荒地に咲くマルバサツキや、アダンの北限群落など、島によって特色ある自然景観をもつ。

奄美群島

奄美大島をはじめ喜界島、徳之島、与論島など八つの有人島といくつかの無人島からなる。豊かな原生林とサンゴ礁の海に囲まれた島々は、希少野生動物の宝庫として知られる。

撮影 山下 弘

アマミセイシカ　4〜5月

奄美大島固有のツツジ科の花。盗掘のため個体数が激減し奄美大島でもごく限られた山奥にしか咲かない。

アマミエビネ　3〜4月

奄美大島固有で絶滅危惧種に指定されているラン。山地の林床に白やピンクの花をひっそりと咲かせる。

ウケユリ　6〜7月

請島で多く自生したためこの名がつけられた。気品ある芳香を放つ純白の花はカサブランカの交配原種として知られる。

〝南国の夜の花見〟暗闇に咲くサガリバナ

奄美以南に分布し、マングローブ後背地や川沿いの湿地に生えるサガリバナは、6月〜8月の夏季、夜に芳香を放ちながら白やピンクの花を咲かせ、朝には花びらを散らす。西表島の仲良川上流にはサガリバナの群落があり、散った花が水面に浮かぶ様子は幻想的。その光景が人気を呼び、早朝の観賞クルーズツアーも組まれている。

トックリキワタ　9〜12月

沖縄の秋を彩る鮮やかなピンク色の花。徳利のように膨らんだ幹には棘がある。実の中にはカポック綿としてクッションなどに使われる綿が入っており、風に乗って種子を拡散させる。

水中眼鏡に利用されたモンパノキ

耐潮風性が強く海岸沿いや隆起サンゴ礁上に生えるモンパノキは、沖縄の方言で「ガンチョーギー」と呼ばれる。ガンチョーとは「眼鏡」。木材として加工しやすく水中眼鏡の縁として使われていたため、こう呼ばれるようになったという。この水中眼鏡の考案は糸満の海人《あま》とされている。

沖縄諸島

沖縄島を本島とし琉球諸島の中央部分に位置する島嶼群。街路樹や庭木に熱帯の花々が咲き乱れ、琉球王国の面影残る街並みをカラフルに彩る。

サンダンカ　4〜11月

デイゴ、オオゴチョウとともに沖縄三大名花の一つで、小花が密な半円球状に咲く。赤やオレンジが主だが、ピンクや黄色、白色などその種類は多い。

ホウオウボク　6〜9月

鳳凰に似ていることから名付けられたマダガスカル原産の落葉高木。街路樹としてよく見られ、オレンジの花が涼やかな木陰をつくる。那覇市の市花木に指定されている。

沖縄《おきなわ》

県花「デイゴ」
インドやマレー半島原産で、日本では沖縄が北限。街路など身近なところに植樹され、初夏の訪れを告げる赤い花を咲かせる。琉球漆器の木材にも用いられる。

ハイビスカス、ブーゲンビレアといったカラフルな花々が生活の身近な場所で咲き誇る南国、沖縄。亜熱帯性の珍しい植物も繁茂しており、とくに本島北部の山原《やんばる》や八重山諸島などは貴重な植物の宝庫だ。

【鍾馗水仙《ショウキズイセン》】

黄色い彼岸花と呼ばれる秋の風物詩

久米島【10月】(A3)

ヒガンバナに近縁のショウキズイセンが島の秋の風物詩となっている。空港近くのナガタケマツ並木やだるま山園地を黄金色の群生が染める。与那国島でも自生が見られ、家畜繁栄を祈願するウチニガイ（牛願い）の頃に開花することから「ウチニガイバナ」と呼ばれている。

花と緑の歳時記

3月上旬〜下旬
東村つつじ祭り(東村民の森つつじ園 D2)

3月上旬〜5月上旬 ビオスの丘 うりずんの花祭り(C3)

3月下旬〜4月中旬 喜如嘉《きじょか》のオクラレルカ(D2)

4月中旬〜5月上旬
伊江島ゆり祭り(リリーフィールド公園 C2)

1月〜5月 沖縄かぐや姫 バラ祭り(D2)

1月中旬〜2月上旬
今帰仁グスク 桜まつり(今帰仁城跡 C2)
本部八重岳桜まつり(C2)

1月下旬 名護さくら祭り(名護中央公園ほか C2)

2月上旬 琉球の華みぐい(首里城公園 C2)

【ゴーヤーの花】

収穫前に咲かせる可憐な花

OKINAWA ゴーヤーパーク【5〜8月】(C2)

☎0980-53-7758

中国から沖縄に伝わったとされるゴーヤー。沖縄では2月から3月頃に種をまき、5月から8月の収穫前に黄色い花をつける。雌花の付け根の部分が膨らみゴーヤーとなる。「OKINAWAゴーヤーパーク」では展示ハウスでゴーヤーの花を見ることができる。

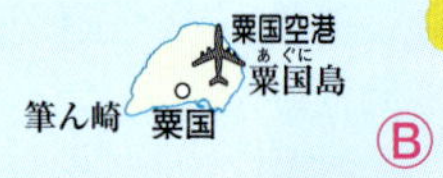

【慶良間躑躅《ケラマツツジ》】

【鉄砲百合《テッポウユリ》】

百合がもたらす圧巻の光景

リリーフィールド公園【4〜5月】(C2)

かつて島に自生していたテッポウユリを復活させようと1995年に整備された公園。伊江島の北海岸に100万輪の純白のテッポウユリが一面じゅうたんのように咲きそろう。「伊江島ゆり祭り」ではその圧巻の光景に多くの人が魅了される。

【ブーゲンビレア】

【桜《サクラ》】

悠久の古城の桜並木

今《な》帰《き》仁《じん》城跡【1～2月】(C2)

☎0980-56-4400

沖縄の桜前線は北から南下する。1月に開花する本部町の八重岳とともに有名なのが、世界遺産の今帰仁城跡で見られるカンヒザクラ。釣鐘のように下向きに咲く濃いピンクの花が、悠久の歴史を刻むグスクに桜並木を作る。

【梯梧《デイゴ》】

伝統行事を見守る神木

雨《あま》乞《ごい》座《ざ》のデイゴ【3～5月】(E4)

来間島の島建て伝説にまつわる3兄弟が植えたと言われる神木で、現在は2本が残る。伝統行事「ヤーマス御《う》願《がん》」の際には、この木の下で踊りが行われる。

凡例

- おもな道の駅
- 花の百名山・新花の百名山
- 百 日本さくら名所100選
- 百 日本紅葉の名所100選
- 県花が見られるおもなスポット

128°
東シナ海
伊平屋《いへや》島
伊平屋
野甫島
野甫大橋
27°
伊是名
伊是名島
海
太平洋
リリーフィールド公園
1000種余のハイビスカス
伊江島ハイビスカス園
伊江島
伊江島空港
伊江
熱帯ドリームセンター
ランをはじめとした熱帯、温帯の花々
今帰仁城跡
熱帯・亜熱帯都市緑化植物園
世界各地の熱帯・亜熱帯植物
海洋博公園
本部半島
謝花
今帰仁
古宇利島
青いじゅうたんをしきつめたよう
よへなあじさい園
水納島
瀬底島
本部
八重岳
1月中旬日本一早く開花を迎えるカンヒザクラ
OKINAWAゴーヤーパーク
羽地内海
ネオパークオキナワ
熱帯地方の動植物を飼育
名護
名護中央公園
約2万本のカンヒザクラ
名護湾
部瀬名岬
許田
伊武部
万座毛
恩納
国頭《くにがみ》
赤丸岬《あかまるさき》
ゆいゆい国頭
県内有数のツバキ本数
国頭村森林公園
与那覇岳
辺戸岬
宇佐浜遺跡
西銘岳
赤崎
安田ヶ島
大宜味
喜如嘉のオクラレルカ
田園一面にオクラレルカが咲く
おおぎみ
伊湯岳
東村村民の森つつじ園
ケラマツツジ、ヒラドツツジ、クルメツツジなど
花と竹の公園沖縄かぐや姫
県内最大のバラ園やハイビスカス園
多野岳
名護岳
大浦湾
安部崎
辺野古崎《へのこ》
沖縄島
沖縄
琉球
26°30′
20km
残波岬
真栄田岬
宜野座
金武
ネイチャーみらい館
カヌーでマングローブを探検し南国らしい花を観察できる
ビオスの丘
ランの花と沖縄の森をテーマにした植物園
座喜味城跡
読谷
嘉手納
かでな
安慶名城跡
うるま
勝連城跡
金武湾
伊計島
平安座島
浜比嘉島
沖縄県総合運動公園
ユリ園に9万輪のテッポウユリ
北中城ひまわり畑
真冬に咲くヒマワリ
中城城跡
中城湾
津堅島
宜野湾
浦添
那覇
首里城公園
フラワーアートに彩られる「琉球の華みぐい」開催
首里城跡
識名園
那覇空港
沖縄諸島 p.166-167
豊見城
南風原
与那原
斎場御嶽
知念
久高島
南城
糸満
八重瀬公園
カンヒザクラが咲く桜の名所
喜屋武岬《きやん》
荒崎
宮古列島
池間島
大神島
伊良部島
宮古島
下地島
原生の植物などが生育するほか、デイゴの並木も
宮古島市熱帯植物園
観光農園ユートピアファーム宮古島
約50品種のブーゲンビレア
雨乞座のデイゴ
来間島
東平安名岬
テッポウユリが岬一面に咲く
宮古空港
10km

縄の躑躅「チチンパナ」

高《たか》月《つき》山【3～5月】(B3)

望台からの眺めが美し
高月山では慶良間列島
和名の由来であるケラ
ツツジが見られる。奄
大島から沖縄に分布
、一般的なヤマツツジに
べて花弁の直径が大き
のが特徴。方言で「チ
ンバナ」と呼ばれる。

沖縄"花"物語

甘酸っぱい芳香のナゴラン

樹木の幹や枝に着生する野生ラン。名護市の山で発見されたことからこの名がついた。姿、花、香りともにすばらしいが、自生地と個体数が限られる上、自然林伐採や園芸用に採取されたことなどにより絶滅寸前となり、今は沖縄県内にわずかに自生している。

写真提供 海洋博公園・熱帯ドリームセンター

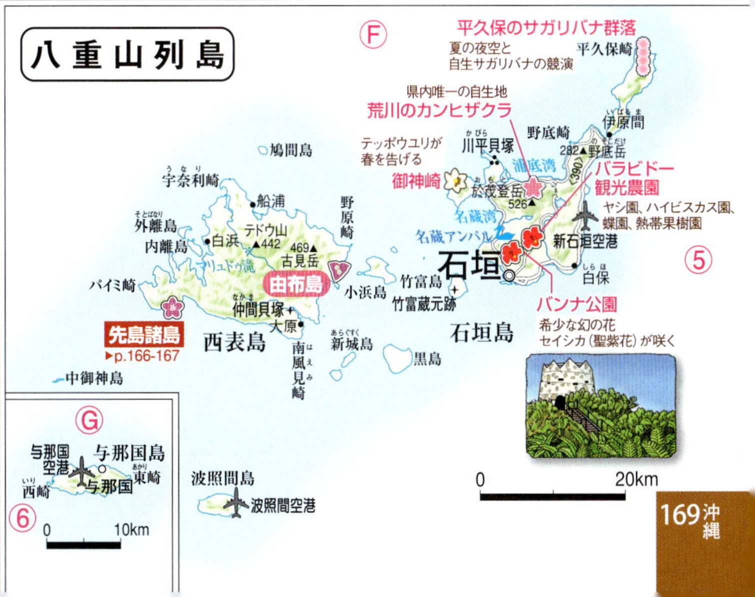

八重山列島
平久保のサガリバナ群落
夏の夜空と自生サガリバナの競演
県内唯一の自生地
荒川のカンヒザクラ
テッポウユリが春を告げる
御神崎
パラビドー観光農園
ヤシ園、ハイビスカス園、蝶園、熱帯果樹園
石垣島
新石垣空港
バンナ公園
希少な幻の花セイシカ(聖紫花)が咲く
由布島
西表島
先島諸島 p.166-167
竹富島
小浜島
黒島
新城島
波照間島
波照間空港
与那国島
与那国空港
20km
10km

牛車で渡ればそこは花の楽園

由《ゆ》布《ぶ》島【11～3月】(F5) ☎0980-85-5470

表島から水牛車で海を渡る風景が有名な島。周囲約2kmの島全体
「亜熱帯植物楽園」となっており、30種以上のブーゲンビレアや
4万本近いヤシ類などが生い茂っている。島は1969年エルシー台
による被害で廃村状態となったが、植物楽園の建設を夢見てヤシ
花を一人で植え続けた西表正治により1981年に開園した。

生まれた日に花を添える

誕生花カレンダー

誕生花はギリシャ・ローマの神話が由来とされており、人類と花との長い歴史の中で伝承されてきました。
美しい彩りと花言葉を添えてくれる「その日だけの花」。
自分や大切な人の生まれた日を誕生花で祝福してみませんか。

誕生花の見方

● 写真提供（五十音順）：大木沙友里、大阪府立花の文化園、学研フォトアーカイブス、高知県立牧野植物園、タキイ種苗株式会社、新潟県立植物園、PPS通信社

1月 January 睦月《むつき》

1 フクジュソウ　幸せを招く、回想
2 ロウバイ　先導、先見
3 マツユキソウ　希望、慰め
4 ヒヤシンス　心静かな愛
5 クロッカス　嬉しい知らせ
6 カンガルーポー　陽気、明朗

7 チューリップ　博愛、永遠の愛情
8 アザレア　愛されることを知った喜び
9 スミレ　牧歌的な喜び
10 フリージア　あどけなさ
11 エピデンドラム　日々豊かに
12 キンセンカ　輝かしい
13 スズランエリカ　幸せな愛を

14 キャットテール　気まま、愛撫
15 タチツボスミレ　悲しみ、慈愛
16 ナワシロイチゴ　誘惑
17 ナズナ　君を忘れない
18 パフィオペディルム・スカクリイ　魅惑の舞い
19 バーゼリア　情熱、熱心
20 ストック　自由気まま、可憐

21 ボケ　平凡
22 グズマニア　あなたは完璧
23 アッツザクラ　萌える心
24 サフラン　嬉しい知らせ
25 ウンナンロウバイ　高潔
26 アマリリス　すばらしく美しい
27 ギョリュウバイ　勇ましさ

28 ブルーレースフラワー　無言の愛
29 ラナンキュラス　まぶしいほどの魅力
30 カルセオラリア　無邪気なロマンチスト
31 オジギソウ　敏感

2月 February 如月《きさらぎ》

1 マーガレット　秘めた愛、誠実
2 フランネルフラワー　高潔

3 タガラシ　意志を貫く
4 ヒトリシズカ　静謐、隠された美
5 オキナグサ　心の闇は内に隠して
6 ナノハナ　協調性、調和
7 ハナカイドウ　春の光りの暖かさ
8 ホトケノザ　調和
9 バンクシア・エリキフォリア　心地よい孤独

10 ジンチョウゲ 薄れゆく愛
11 オオイヌノフグリ 愛くるしい
12 プリムラ・マラコイデス 情熱、伝言、優しい心
13 ヒメオドリコソウ 愛嬌
14 アワユキエリカ 告白
15 ヘレボルス・オドルス 人とは違う美しさ
16 セントポーリア 説得、親愛

17 スノーフレーク 従順、素直
18 イトキンポウゲ 心の繋がり
19 ヘレボルス・リビドゥス 私を救って
20 シャクナゲ 威厳、警戒、荘厳 P.123
21 アカバナマンサク 情熱
22 ムクゲ 繊細美
23 コブシ 負けん気の強さ

24 サクラソウ 自然の美しさを失わない P.66
25 ニッコウキスゲ 晴れた日の喜び P.86
26 ムスカリ 通じ合う心
27 オオアマナ 純粋、潔白
28 シンビジウム 飾らない心
29 シロバナタンポポ 私を探して、そして見つめて

3月 March
弥生《やよい》

1 ハハコグサ 無償の愛
2 アルメリア・カエスピトサ 思いやり
3 モモ 天下無敵 P.9
4 ムラサキケマン あなたの助けになる
5 ヤグルマギク デリカシーをもつ
6 オオデマリ 優雅なたしなみ
7 ニリンソウ ずっと離れない P.39

8 ブルースター 信じあう心
9 アセビ 純真
10 ノボリフジ 光が踊る
11 ユキヤナギ 愛嬌、気まま
12 レンゲソウ 心が和らぐ P.24
13 ミドリザクラ 優れた美
14 ブルーデージー 恵まれている

15 アンミ・マユス 静寂
16 レウイシア・コチレドン 陽気なロマンチスト
17 オオベニウチワ 煩悩
18 ハナミズキ 私の思いを受けてください
19 シデコブシ 歓迎、友情 P.109
20 ミツマタ 肉親の絆
21 マンサク 霊感、ひらめき

22 レンギョウ かなえられた希望
23 デルフィニウム 高貴
24 カタクリ 謙遜、尊重される P.24
25 ツーリパ・プルケラ・リトルビューティ 移り気な愛
26 シュンラン 誠実な愛情
27 ヒペルティア・ペデュンクラタ 無邪気
28 ソメイヨシノ 衰えぬ気品、誇り高い P.7

29 セイヨウタンポポ 真心の愛
30 エニシダ 清潔、謙遜
31 クサイチゴ 幸福な家庭

4月 April
卯月《うづき》

1 シダレザクラ 優美 P.7
2 エイザンスミレ 茶目っ気
3 ゼラニウム 君がいるから幸せ

P.112 P.118

4 アネモネ 君を愛す
5 ワスレナグサ 私を忘れないで
6 タネツケバナ 勝利、不屈の心
7 プリムラ・オブコニカ 幸福、富貴
8 イカリソウ 君を離さない
9 ヤマブキ 気品、崇高
10 ヤマザクラ 優れた美人

P.36 P.58

11 ノハナショウブ 嬉しい知らせ
12 ネメシア 正直
13 ハクモクレン 自然への愛
14 マメナシ 変わらぬ優しさ
15 モクレン 自然への愛
16 レンゲツツジ あふれる向上心
17 キショウブ 幸せを掴む

P.133

18 アカツメクサ 少女の思い出
19 イチリンソウ 追憶
20 シバザクラ 大胆、尊大
21 ミヤコワスレ しばしの憩い
22 ハゴロモジャスミン 優しさを集めて
23 ニワゼキショウ 繁栄、豊富
24 コデマリ 気立ての良い

P.53

25 アミガサユリ 威厳
26 エビネ 気取らぬ魅力
27 シャガ 大胆、自由奔放
28 バイカウツギ 思い出、気品
29 ベニバナトキワマンサク 私から愛したい
30 オニタビラコ 純愛

5月 May 皐月《さつき》

P.64 P.56 P.9

1 プリムラ・ポリアンサ 一目惚れ、陽気
2 フロックス・ストロニフェラ 温和
3 ミズバショウ 美しい思い出
4 ヒャクニチソウ 奥ゆかしい、高尚
5 ハナショウブ うれしい知らせ
6 ツルボ 誰よりも強い味方
7 ボタン 王者の風格

P.147 P.107

8 スイレン 心の純潔、純情
9 キンラン 眠れる才能
10 ペチュニア あなたと一緒なら心が和らぐ
11 ナスタチウム 光の導き
12 アスチルベ 自由な心
13 カキツバタ 凛々しさ
14 オダマキ 自由

P.56 P.59

15 ドクダミ 白い記憶、野生
16 シャクヤク 真っ直ぐな想い
17 カーネーション 純粋な愛情
18 アヤメ 気品漂う
19 マスデバリア 想いやり
20 カタバミ 輝く心
21 フジ 恋に酔う

22 エンレイソウ 奥ゆかしい美しさ
23 アマドコロ 元気を出して
24 ワトソニア 豊かな心
25 パンジー もの想い、純愛
26 フタリシズカ いつまでも一緒
27 シロツメクサ 約束、私を思って
28 スズラン 再会、ほのかな幸せ

29 アストランティア
愛の渇き

30 シラー・ペルビアナ
熱愛、豊富

31 キャットミント
自由な愛

6月
June
水無月《みなづき》

P.18

1 ナツシロギク
集う喜び、楽しむ

2 ササユリ
清浄、上品

3 アジサイ
あなたは美しいが冷淡だ

P.121
P.31

4 ウツギ
乙女の香り

5 ハマナス
幸せの誓い

6 ムラサキツユクサ
貴ぶ、尊敬

7 クチナシ
私はアナタにふさわしい

8 ジャスミン
愛らしさ、優美

9 スイートピー
デリケート

10 テイカカズラ
依存

11 カンパニュラ
誠実

12 ライラック
愛の芽生え

13 キバナジギタリス
熱愛

14 ハコネウツギ
移り気

15 ヤマボウシ
友情

16 ナツツバキ
愛らしさ

17 フウセンカズラ
あなたとともに

18 リアトリス
向上心

19 ノアザミ
私をもっと知ってください

20 ハナトラノオ
あなたとの約束

21 オカトラノオ
騎士道

22 キキョウソウ
優しい愛

23 ビロードアオイ
慈悲

24 バーベナ
魅了する

25 ヒルガオ
優しい愛情

26 タイツリソウ
魅惑する勇ましさ

27 トケイソウ
情熱的に生きる

28 マツヨイグサ
浴後の美人

29 ジャーマンアイリス
高貴な欲望

30 ビヨウヤナギ
嫉妬、薄れ行く愛

7月
July
文月《ふみづき》

P.32

1 ハンゲショウ
内に秘めた情熱

2 キンギョソウ
涼しげ、健やか

3 アガパンサス
愛い

4 ネジバナ
旅立ち

5 ラベンダー
あなたを待っています

6 ツユクサ
変わらぬ思い

7 ホオズキ
自然美、不思議

P.40

8 ハス
純粋に揺れ動く

9 ギボウシ
心の落ち着き

10 ホタルブクロ
愛らしさ、忠実

11 タニウツギ
豊麗

12 ゼニアオイ
自然を恵む

13 ヘビイチゴ
可憐

14 カワラナデシコ
可憐な純情

P.53

15 ヌマトラノオ
平静

16 ハナシュクシャ
あなたを信頼します

17 ワックスフラワー
艶めく眼差し

18 フレンチ・マリーゴールド
信頼、可憐な愛情

19 ゲッカビジン
繊細、甘美、快楽

20 トルコキキョウ
優美

21 ヤマユリ
威厳、甘美

22 ダイアンサス 純粋な愛、無邪気
23 オミナエシ あの人が気がかり
24 オオマツヨイグサ 人の良さ
25 ブーゲンビレア・スペクタビリス あなたは魅力に満ちている
26 クサノオウ 思い出
27 マクワウリ 古くから繋がり
28 ムシトリナデシコ 罠

P.11

29 ダリア 有能、真心
30 ニチニチソウ 積み重ね、しるし
31 ヤナギラン 集中する

8月 August

葉月《はづき》

1 アサガオ 明日も爽やかに
2 セイヨウノコギリソウ 真心を持って
3 ヒナゲシ 贅沢

P.10 P.112

4 パイナップルリリー 完璧
5 ヒマワリ 熱愛、光輝く、明るい
6 ノウゼンカズラ 崇高、気高い
7 アスター 落ち着いた明るさ
8 キリシマツツジ 燃え上がる愛
9 パンパスグラス 光輝、人気
10 リュウカデンドロン 物言わぬ恋

P.48 P.97 P.158

11 ベニバナ あなたは特別な人
12 クロユリ 愛を誓う
13 マツムシソウ 不幸な恋
14 ユウスゲ 麗しき姿
15 キクイモモドキ 細やかな気配り
16 カライトソウ 深い思い、繊細
17 ネムノキ この手を伸ばせば

P.143 P.111

18 タチアオイ 懸命、清涼
19 ミズヒキ 慶事、祭礼
20 センニチコウ 情の豊かさを無くさない
21 サギソウ 淡白、気まぐれ
22 シモツケソウ 控えめな可愛さ
23 ワレモコウ 愛慕、変化
24 ペリステリア・エラタ 百花繚乱

P.112 P.11 P.86

25 フヨウ しとやかな恋人
26 ナツエビネ 誠実
27 ホウセンカ 快活
28 キキョウ 不屈の心
29 ケイトウ 家庭的、思慮深い
30 ベロニカ・スピカータ 人のよさ、貞節
31 リンドウ あなたの悲しみに寄りそう

9月 September

長月《ながつき》

P.127

1 スパティフィルム 用心、正しい
2 ルリマツリ ひそかな情熱
3 サルビア 尊敬、知恵
4 レンゲショウマ 伝統美
5 ベンケイソウ 穏やか
6 クルマユリ 多才な人

P.72 P.12

7 ゲンノショウコ 心の強さ
8 イワヒバ 負けない心
9 キク 高貴、高尚、真実
10 シュウカイドウ 可憐な欲望
11 ホトトギス 秘めた思い
12 テッセン 高潔
13 マンジュシャゲ 情熱

P.13

14 ツリガネニンジン
詩的な愛

15 ススキ
秋風に想いを乗せて

16 ヨウシュヤマゴボウ
野生、元気

17 ジャノメエリカ
優美、希望

18 アザミ
独立

19 ウツボグサ
優しく癒す

20 ローズマリー
思い出、記憶

P.118 P.16 P.20

21 クズ
思慮深い

22 ブッソウゲ
情熱、魅力いっぱい

23 バラ
愛情、模範

24 ダイダイ
相思相愛

25 カマツカ
真心

26 オオバコ
白人の足跡

27 コスモス
乙女の純真

28 ヒモゲイトウ
粘り強さ

29 ヤマハギ
思案、柔軟な精神

30 シュウメイギク
野心、自然体

10月
October
神無月《かんなづき》

P.20

1 モミジアオイ
温和

2 キバナコスモス
絢爛

3 ランタナ
協力、合意

4 オニユリ
愉快

5 イタドリ
回復

6 キンモクセイ
どこでも成功

7 シオン
喜びをください

8 サラシナショウマ
愛嬌、無邪気

9 ウイキョウ
称賛に値する

10 スプレーマム
清らかな愛

P.100

11 ユリ
威厳、純潔、無垢

12 ガーベラ
神秘、成功

13 エキナケア・パラドクサ
優しさ

14 ルドベキア・トリコロル
公平

15 メボウキ
好意・好感

16 ハルウコン
あなたの姿に酔いしれる

17 ネリネ
麗しい微笑み

18 ミソハギ
悲哀

19 アキノキリンソウ
安心

20 キリンソウ
警戒

21 バンダ・コエルレア
願いを込めて

22 オモダカ
高潔

23 アケビ
才能

24 アゲラタム
信頼

P.20

25 シンフォリカルポス
いつまでも献身的に

26 ヤブラン
忍耐、隠された心

27 ツリフネソウ
華麗

28 アフリカン・マリーゴールド
信頼

29 カナリアナス
偽り

30 チョコレートコスモス
恋の終わり

31 ムラサキセンブリ
すべてよし

11月
November
霜月《しもつき》

P.81

1 ソバ
一生懸命、誠実

2 フウセントウワタ
楽しい生活

3 ハツコイソウ
淡い初恋、秘密

4 ムラサキシキブ
愛され上手

5 オンシジウム・オブリザツム
約束を守る

6 グラスペディア
永遠の幸福

7 ヨモギギク 幸福、平和
8 フジバカマ あの日を思い出す
9 ハナキリン 気分に任せて
10 ガマ 従順
11 ヤブツバキ わが運命は君の手にあり
12 ダイモンジソウ 甘え上手
13 デンドロビウム・アグレガツム 真心

P.29 ▶

14 アルストロメリア 未来への憧れ
15 ミゾソバ 純情
16 サザンカ 素直、飾らない心
17 スターチス 変わらぬ心
18 ヒメジョオン 素朴で清楚
19 カミガヤツリ 愛の手紙
20 ツワブキ いつも笑顔で変わらない

21 イチョウ 長寿
22 シコンノボタン 勝利、約束
23 ピラカンサ・ローズデール 慈悲
24 イヌタデ お役に立ちたい
25 ハコベ 初恋の思い出
26 シクラメン 内気、遠慮
27 ノゲイトウ おもむくままに

28 サンダーソニア 祈り
29 ベゴニア 片思い
30 カスミソウ 清い心

12月 December

師走《しわす》

1 ヘリコニア・アウランティアカ 風変わりな人
2 シネラリア 純愛、希望
3 コオニユリ 賢者

P.75 ▶

4 ハボタン 利益
5 カラー 素敵な美しさ
6 ユキノシタ 愛情、好感
7 サンタンカ 神様の贈り物
8 カンツバキ 申し分のない愛らしさ
9 グロリオサ 天分
10 ユキツバキ 気取らない美しさ

11 カランコエ とっておきの
12 ハルジオン 追想の愛
13 ピンクッション どこでも成功を
14 ゴクラクチョウカ 女王の輝き
15 カトレア・トリアナエ 優雅な女性
16 ブバルディア 清楚、羨望
17 シーマニア ウィット、元気

P.15 ▶

18 ホワイトセージ 家族愛、尊敬
19 ベニバナツメクサ 約束
20 パイナップル 完全無欠
21 プロテア 王者の風格
22 ポインセチア 祝福する
23 シャコバサボテン 勝利、有能
24 ヒイラギ 先見の明

P.22 ▶
P.78 ▶

25 ミニバラ 満足
26 ファレノプシス・アフロディテ 幸福が飛んでやってくる
27 ウメ あでやかさ
28 プリムラ・シネンシス 気どらない愛
29 パキスタキス・ルテア 輝きだす道へ
30 ニホンズイセン 長い道のり
31 デージー 素直に好きな気持ち

● 参考：花図鑑サイト「みんなの花図鑑」

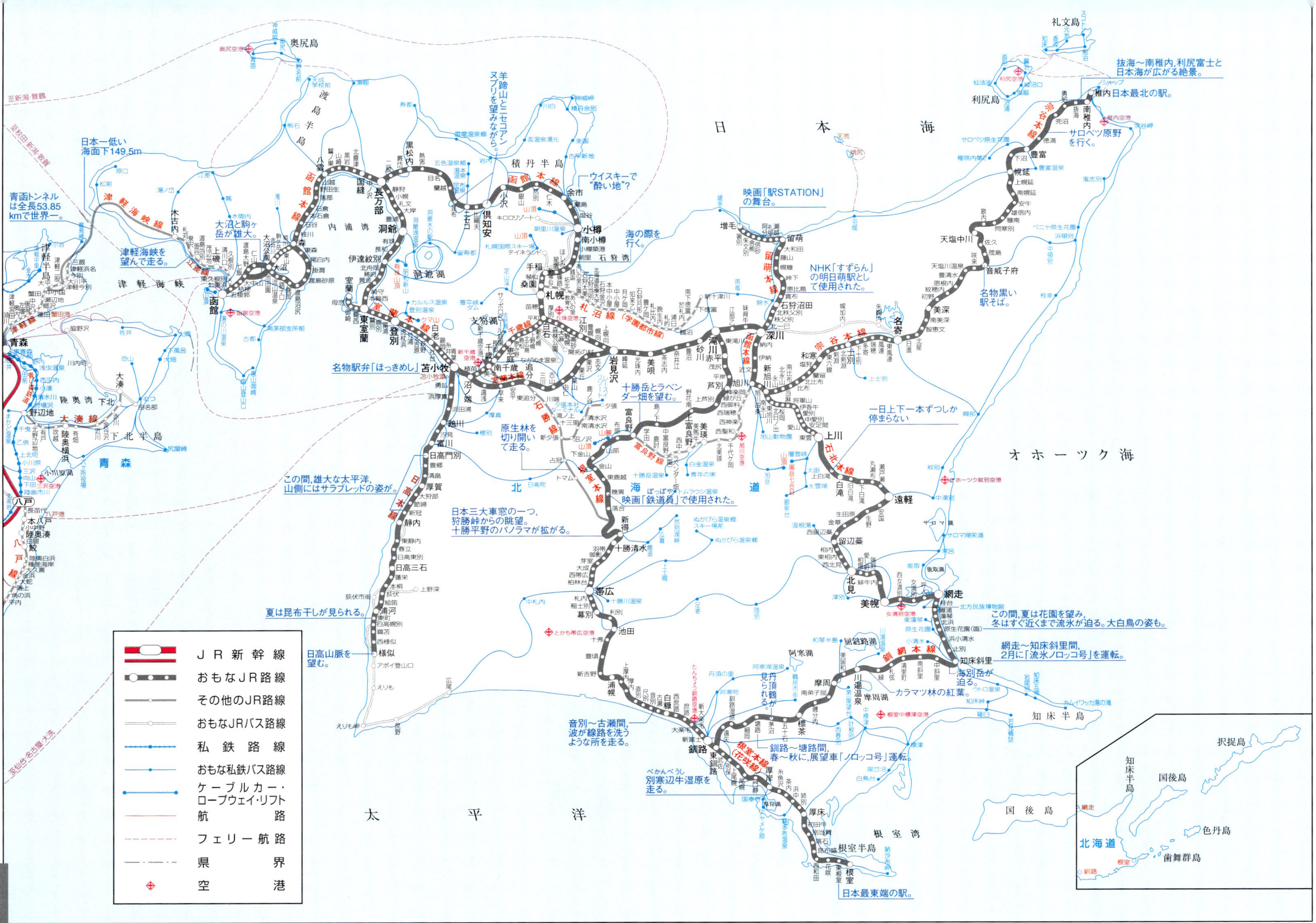
日本海
オホーツク海
太平洋
根室湾
北海道
青森
積丹半島
渡島半島
知床半島
根室半島
津軽半島
下北半島
津軽海峡
内浦湾
抜海〜南稚内、利尻富士と日本海が広がる絶景。
稚内 日本最北の駅。
サロベツ原野を行く。
名物黒い駅そば。
映画「駅STATION」の舞台。
NHK「すずらん」の明日萌駅として使用された。
一日上下一本ずつしか停まらない
海の際を行く。
"ウイスキーで"酔い"地"?
羊蹄山とニセコアンヌプリを望みながら。
日本一低い海面下149.5m
青函トンネルは全長53.85kmで世界一。
大沼と駒ヶ岳が雄大。
津軽海峡を望んで走る。
名物駅弁「ほっきめし」苫小牧
十勝岳とラベンダー畑を望む。
原生林を切り開いて走る。
映画「鉄道員（ぽっぽや）」で使用された。
日本三大車窓の一つ、狩勝峠からの眺望。十勝平野のパノラマが拡がる。
この間、雄大な太平洋、山側にはサラブレッドの姿が。
夏は昆布干しが見られる。
日高山脈を望む。
音別〜古瀬間、波が線路を洗うような所を走る。
別寒辺牛（べかんべうし）湿原を走る。
釧路〜塘路間、春〜秋に、展望車「ノロッコ号」運転。
カラマツ林の紅葉。
海別岳が迫る。
網走〜知床斜里間、2月に「流氷ノロッコ号」を運転。
この間、夏は花園を望み、冬はすぐ近くまで流氷が迫る。大白鳥の姿も。
日本最東端の駅。
宗谷本線
石北本線
釧網本線
根室本線（花咲線）
根室本線
函館本線
室蘭本線
千歳線
石勝線
富良野線
留萌本線
札沼線（学園都市線）
日高本線
江差線
津軽海峡線
大湊線
八戸線
JR新幹線
おもなJR路線
その他のJR路線
おもなJRバス路線
私鉄路線
おもな私鉄バス路線
ケーブルカー・ロープウェイ・リフト
航路
フェリー航路
県界
空港

北海道
函館
青森
岩手
秋田
山形
宮城
福島
新潟
日本海
太平洋
佐渡島
陸奥湾を真近に走る。
5月上旬は、一面の菜の花畑を走る。
蕪島と種差海岸を見ながら進む。
本州最北駅
津軽鉄道冬の名物"ストーブ列車"
波しぶきがかかりそうな所を走る。
五能線－海岸美、奇岩怪石、夕日を堪能できる。
岩木山の眺望雄大
一面のりんご畑。
八郎潟に沈む夕日が美しい。
紅葉期は絶景。
のどかな田園と岩手山。
三陸鉄道－ほとんどの区間で高架橋から海を望む。
織笠～浪板海岸間で風光明媚な山田湾浪板海岸を望む。
海岸真近を走る。
鳥海山が間近に。
月山が見える。
最上川流れと夕日の絶景。
米坂線沿線は紅葉の名所の連続。
紅葉谷を渡る。
春～秋に展望車の付いたSLばんえつ物語号が走る。
夏井の千本桜を見ながら走る。
最も海に近づく。
只見線紅葉期は格別。
神社風の駅舎

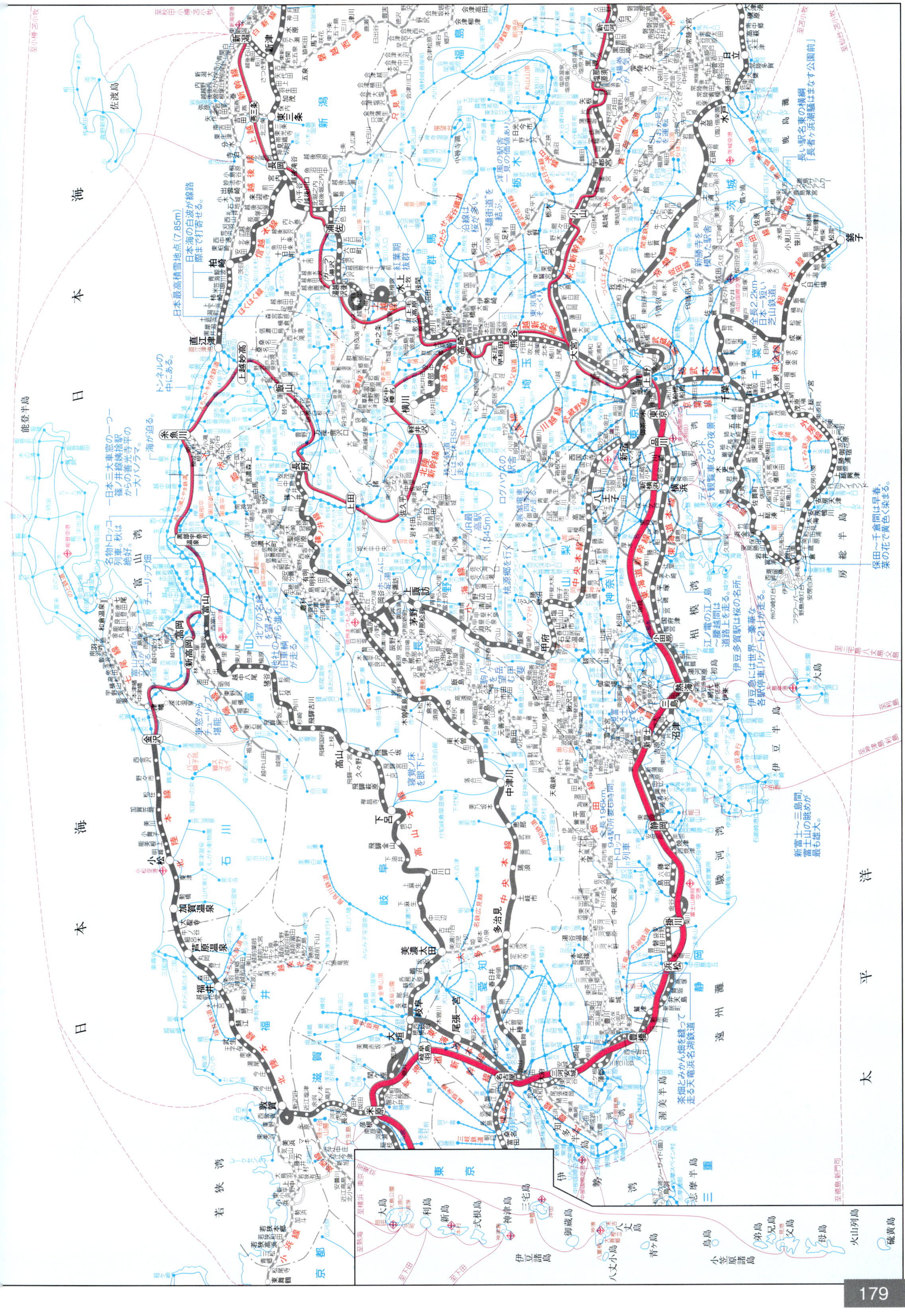
日本海
太平洋
佐渡島
新潟
長岡
直江津
糸魚川
富山
金沢
福井
長野
高崎
大宮
東京
横浜
千葉
銚子
水戸
甲府
静岡
浜松
豊橋
名古屋
岐阜

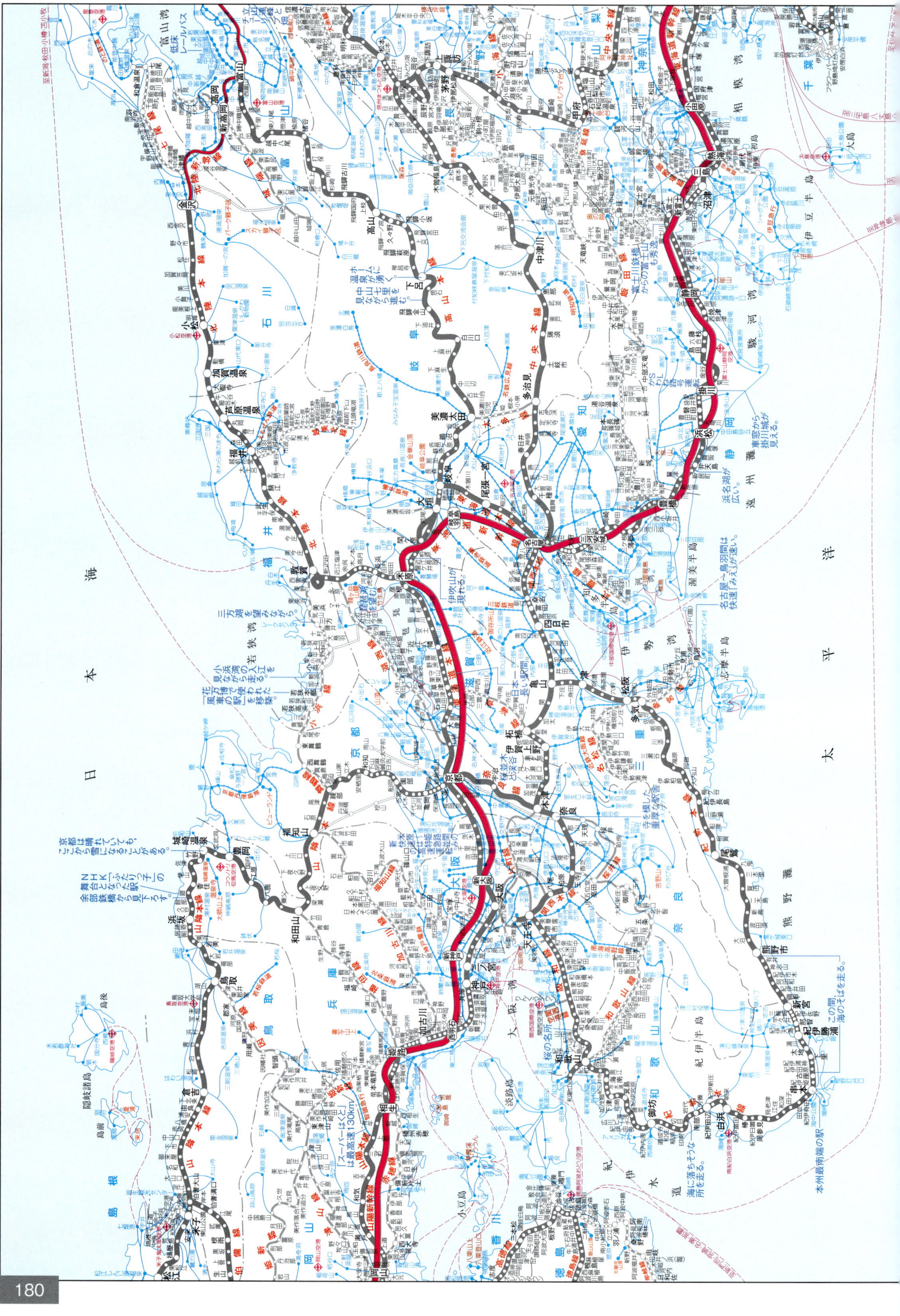
日本海
太平洋
富山湾
若狭湾
伊勢湾
大阪湾
駿河湾
相模湾
遠州灘
熊野灘
紀伊水道
金沢
富山
新高岡
小松
加賀温泉
芦原温泉
福井
敦賀
米原
岐阜
名古屋
豊橋
浜松
掛川
静岡
新富士
三島
熱海
沼津
高山
下呂
美濃太田
多治見
中津川
甲府
茅野
京都
新大阪
大阪
天王寺
奈良
新神戸
三ノ宮
西明石
加古川
姫路
相生
岡山
津
松阪
多気
亀山
和歌山
白浜
串本
紀伊勝浦
新宮
熊野市
豊岡
城崎温泉
福知山
和田山
浜坂
鳥取
倉吉
米子
松江
浜名湖が広い。
名古屋〜鳥羽間は快速「みえ」が速い。
本州最南端の駅
この間、海のそばを走る。
「スーパーはくと」は最高速130km

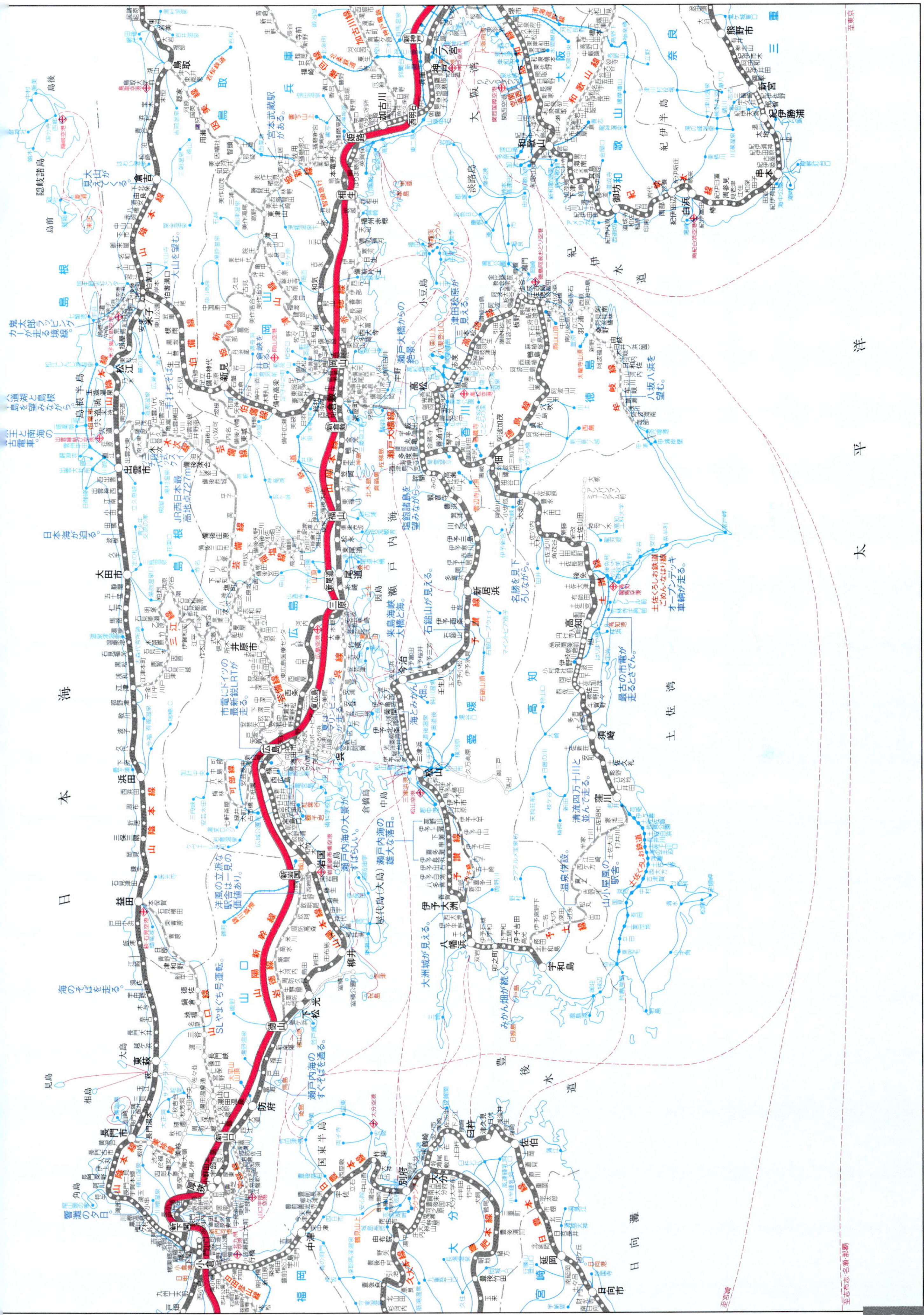
日本海
太平洋
土佐湾
豊後水道
紀伊水道
日向灘
大阪湾
瀬戸内海

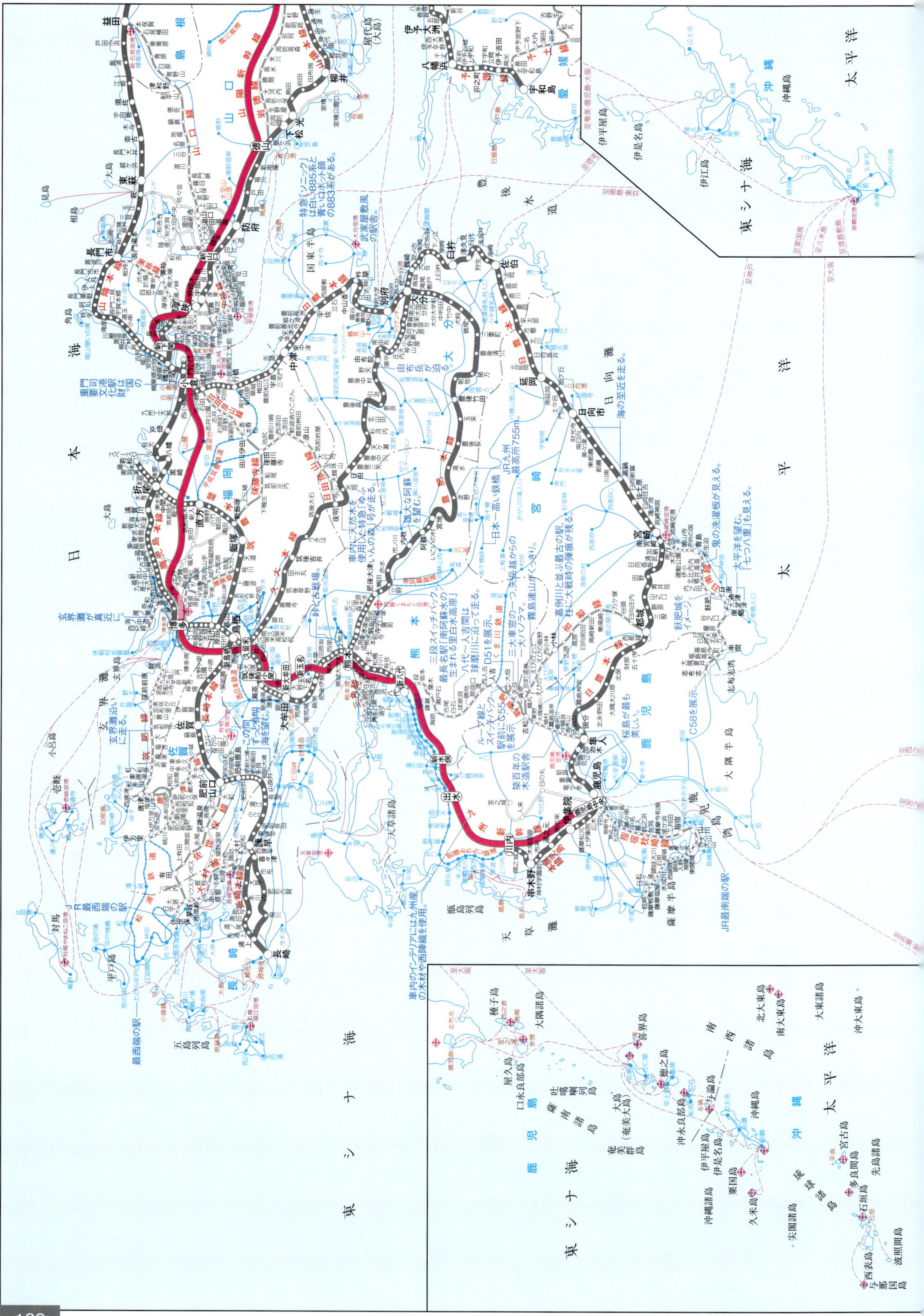
東シナ海
日本海
太平洋
日向灘
豊後水道
玄界灘
天草灘
JR最南端の駅
最西端の駅
日本一高い鉄橋
JR九州最高所755m
九州新幹線
山陽新幹線
鹿児島本線
日豊本線
長崎本線
久大本線
豊肥本線
肥薩線
指宿枕崎線
大村線
佐世保線
筑肥線
唐津線
日南線
吉都線
山口線
山陰本線
博多
小倉
熊本
大分
宮崎
鹿児島中央
長崎
佐賀
別府
新八代
川内
出水
延岡
都城
隼人
南西諸島
大東諸島
種子島
屋久島
奄美大島
沖縄島
宮古島
石垣島
西表島
与那国島

地下鉄路線図（東京）

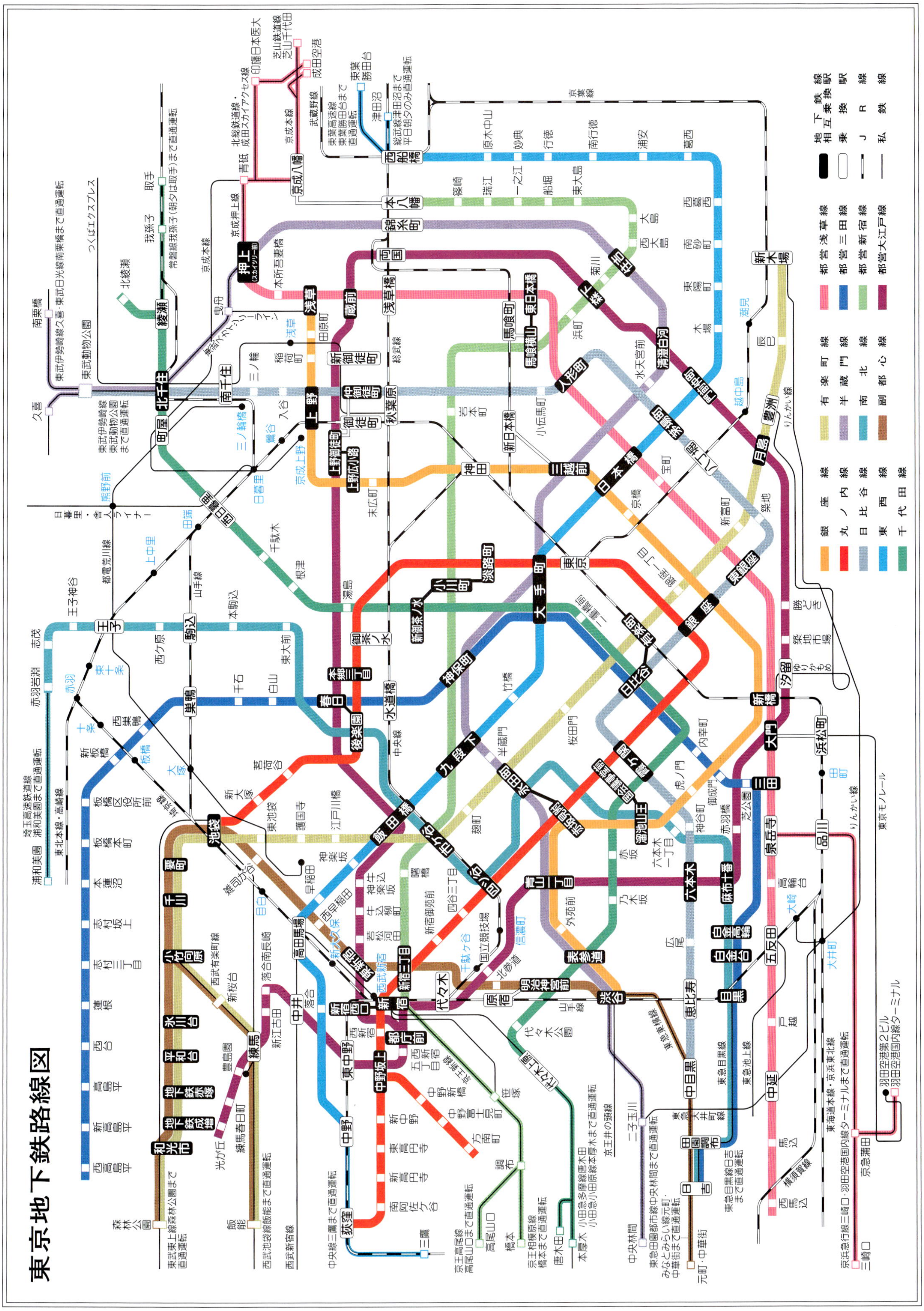

東京地下鉄路線図
地下鉄相互乗換駅
乗換駅
JR線
私鉄
都営浅草線
都営三田線
都営新宿線
都営大江戸線
有楽町線
半蔵門線
南北線
副都心線
銀座線
丸ノ内線
日比谷線
東西線
千代田線

全国の地名・花スポット名索引

[索引の使い方]

地名索引（P.184～190）

◎ やちよ 八千代 …… 66 B 2
（地名の種類）（よみ）（表記）（ページ）（左右方向のアルファベット）（上下方向の数字）

地名の種類は3種類の記号で表しています。
◎…市　○…町・村・東京都の区　●…字・旧市町村　※(→○○) は、2015年7月現在の市町村名。

全国の花スポット名索引（P.190～191）

れぶんとう 礼文島 …… 30 C 1
（よみ）（表記）（ページ）（左右方向のアルファベット）（上下方向の数字）

地名索引

あ

- ◎あいおい 相生 …… 125 A3
- ○あいかわ 愛川 …… 78 B1
- ◎あいさい 愛西 …… 106 A1
- ◎あいしょう 愛荘 …… 111 B3
- ○あいずみ 藍住 …… 139 D1
- ○あいづばんげ 会津坂下 …… 50 B1
- あいづぼんち 会津盆地 …… 50 B1-2
- ◎あいづみさと 会津美里 …… 50 B2
- ◎あいづわかまつ 会津若松 …… 50 B2
- ◎あいなん 愛南 …… 142 B4
- ◎あいら 姶良 …… 165 C2
- あおがしま 青ケ島 …… 77 F3
- ◎あおもり 青森 …… 36 C3
- あおもりくうこう 青森空港 …… 36 C3
- あおもりへいや 青森平野 …… 36 C3
- ◎あが 阿賀 …… 91 D2
- あかいしさんみゃく 赤石山脈 …… 102 B1-2
- ◎あかいわ 赤磐 …… 131 C2
- あがかわ（おおかわ）阿賀川（大川） …… 50 B2
- あかぎさん 赤城山 …… 63 C2
- あかくらおんせん 赤倉温泉 [山形] …… 47 C2
- あかくらおんせん 赤倉温泉 [新潟] …… 90 B4
- ◎あかし 明石 …… 125 B-C3
- ◎あがの 阿賀野 …… 91 D2
- あがのがわ 阿賀野川 …… 91 D-E2
- ◎あかびら 赤平 …… 30 B3
- あかゆおんせん 赤湯温泉 …… 47 B3
- あかんこ 阿寒湖 …… 31 C-D3
- ◎あき 安芸 …… 147 C1-2
- ●あきう 秋保 …… 42 B2
- ◎あきおおた 安芸太田 …… 132 A2
- ◎あきしま 昭島 …… 76 C2
- ◎あきた 秋田 …… 44 B2
- ◎あきたかた 安芸高田 …… 132 B2
- あきたくうこう 秋田空港 …… 44 B2
- あきたへいや 秋田平野 …… 44 B2
- あきよしだい 秋吉台 …… 136 B2
- ○あきるの あきる野 …… 76 C2
- ○あぐい 阿久比 …… 106 A2
- あぐにくうこう 粟国空港 …… 168 B2
- ◎あくね 阿久根 …… 165 B1
- ◎あげお 上尾 …… 67 E3
- ●あご 阿児 (→志摩) …… 109 C3
- ◎あこう 赤穂 …… 125 A3
- ◎あさか 朝霞 …… 67 E3
- ○あさぎり …… 157 B3
- ◎あさくち 浅口 …… 130 B2
- ◎あさくら 朝倉 …… 149 C2
- ◎あさご 朝来 …… 124 B2
- ◎あさひ 旭 …… 69 C2
- ◎あさひ 朝日 …… 93 D1
- ◎あさひかわ 旭川 …… 30 B3
- あさひさんち 朝日山地 …… 46 A3
- あさまやま 浅間山 …… 62 B3
- ◎あしかが 足利 …… 58 A3
- ○あしきた 芦北 …… 156 A3
- あしのこ 芦ノ湖 …… 78 A3
- ○あしべつ 芦別 …… 30 B3
- ○あしや 芦屋 [福岡] …… 149 C1
- ◎あしや 芦屋 [兵庫] …… 125 C3
- ○あしょろ 足寄 …… 31 C3
- ○あすか 明日香 …… 116 B3
- ◎あそ 阿蘇 …… 157 C2
- あそさん 阿蘇山 …… 157 C2
- あだたらやま 安達太良山 …… 51 C1
- ○あだち 足立 …… 73 D1
- ◎あたみ 熱海 …… 103 D2
- あっかがわ 安家川 …… 41 C1
- ◎あつぎ 厚木 …… 79 B2
- あっけし 厚岸湖 …… 31 D3
- あつしおおんせん 熱塩温泉 …… 50 B1
- ◎あづみの 安曇野 …… 86 B2
- あつみはんとう 渥美半島 …… 107 B2
- ○あなん 阿南 …… 139 E2
- ◎あばしり 網走 …… 31 D2
- あばしりこ 網走湖 …… 31 D3
- ◎あびこ 我孫子 …… 68 B2
- ◎あびら 安平 …… 35 C3
- あぶくまがわ 阿武隈川 …… 51 D1
- あぶくまこうち 阿武隈高地 …… 51 D1-3
- ○あま …… 106 A1
- ◎あまがさき 尼崎 …… 125 C3
- ●あまぎ 甘木 (→朝倉) …… 149 C2
- ◎あまくさ 天草 …… 156 A3
- あまくさくうこう 天草空港 …… 156 A3
- あまのはしだて 天橋立 …… 112 B1
- ◎あまみ 奄美 …… 164 F6
- あまみくうこう 奄美空港 …… 164 F6
- あまみぐんとう 奄美群島 …… 164 F6
- ○あみ 阿見 …… 52 B2
- ●あみの 網野 (→京丹後) …… 112 B1
- ◎あやがわ 綾川 …… 140 B2-3
- ◎あやせ 綾瀬 …… 79 B2
- ◎あやべ 綾部 …… 112 A2
- ●あらい 新井 (→妙高) …… 90 B3
- ●あらい 新居 (→湖西) …… 102 A3
- ◎あらお 荒尾 …… 156 A2
- ○あらかわ 荒川 …… 73 C1
- ありあけかい 有明海 …… 156 A2
- ○ありた 有田 [佐賀] …… 150 A3
- ◎ありだ 有田 [和歌山] …… 122 A1
- ありだがわ 有田川 …… 122 A1
- ありまおんせん 有馬温泉 …… 125 C3
- ○あわ 阿波 …… 139 D1
- ◎あわじ 淡路 …… 125 B4
- あわじしま 淡路島 …… 125 B4
- ◎あわら …… 99 D2
- ◎あんじょう 安城 …… 107 B2
- ○あんなか 安中 …… 62 B3
- ○あんぱち 安八 …… 100 B3

い

- ◎いいだ 飯田 …… 87 B3
- ◎いいづか 飯塚 …… 149 C1
- ○いいづな 飯綱 …… 86 C1
- いいでさん 飯豊山 …… 46 A4
- ○いいなん 飯南 …… 129 C2-3
- いいもりやま 飯盛山 …… 50 B1
- ◎いいやま 飯山 …… 86 C1
- いえしまくうこう 伊江島空港 …… 169 C2
- ○いが 伊賀 …… 108 B2
- いかほおんせん 伊香保温泉 …… 62 B2
- ○いかるが 斑鳩 …… 116 A2
- ○いき 壱岐 [長崎] …… 152 F6
- ◎いけだ 池田 [岐阜] …… 100 B3
- ◎いけだ 池田 [大阪] …… 120 B2
- ○いけだ 池田 [北海道] …… 31 C4
- いけのたいらおんせん 池の平温泉 …… 90 B4
- ◎いこま 生駒 …… 116 A2
- ○いさ 伊佐 …… 165 C1
- ◎いさはや 諫早 …… 153 D3
- ●いさわ 石和 (→笛吹) …… 83 C2
- ●いさわ 胆沢 (→奥州) …… 40 B3
- ○いしい 石井 …… 139 D1
- ◎いしおか 石岡 …… 52 B2
- ◎いしがき 石垣 …… 169 F5
- いしがきじま 石垣島 …… 169 F5
- ○いしかり 石狩 …… 35 C2
- いしかりがわ 石狩川 …… 35 C2
- いしかりへいや 石狩平野 …… 35 C2
- ●いしかわ 石川 (→うるま) [沖縄] 169 C3
- ○いしかわ 石川 [福島] …… 51 C2
- いしづちさん 石鎚山 …… 143 C2
- ◎いしのまき 石巻 …… 43 C2
- ◎いず 伊豆 …… 103 C3
- いずしょとう 伊豆諸島 …… 77 F3
- いずぬま 伊豆沼 …… 43 C1
- ◎いずのくに 伊豆の国 …… 103 C3
- いずはんとう 伊豆半島 …… 103 C3
- ◎いすみ …… 69 B3
- ◎いずみ 出水 …… 165 B1
- ◎いずみ 和泉 …… 120 B4
- ◎いずみおおつ 泉大津 …… 120 B3
- ◎いずみさの 泉佐野 …… 120 B4
- いずみさんち 出水山地 …… 165 B1-2
- いずみさんみゃく 和泉山脈 …… 120-121 B-C4
- ◎いずも 出雲 …… 129 C2
- いずもくうこう 出雲空港 …… 129 C2
- いずもへいや 出雲平野 …… 129 C2
- ◎いせ 伊勢 …… 109 C3
- ◎いせさき 伊勢崎 …… 63 C3
- ◎いせはら 伊勢原 …… 78 B2
- いせわん 伊勢湾 …… 108 C2
- ○いたくら 板倉 …… 63 D3
- ○いたこ 潮来 …… 53 C3
- ○いたばし 板橋 …… 72 C1
- ◎いたみ 伊丹 …… 125 C3
- ○いたやなぎ 板柳 …… 36 B3
- ◎いちかわ 市川 [千葉] …… 68 A2
- ◎いちかわ 市川 [兵庫] …… 125 B3
- ◎いちかわみさと 市川三郷 …… 83 C2
- ◎いちきくしきの いちき串木野 …… 165 B2
- ◎いちのせき 一関 …… 40 B4
- ○いちのへ 一戸 …… 40 B1
- ◎いちのみや 一宮 …… 106 A1
- ◎いちはら 市原 …… 69 B2-3
- ●いっしき 一色 (→西尾) …… 107 B2
- ◎いといがわ 糸魚川 …… 90 A3
- ○いとう 伊東 …… 103 D3
- ◎いとしま 糸島 …… 148 B1
- ◎いとまん 糸満 …… 169 C3
- ○いな 伊奈 …… 67 E2-3
- ◎いな 伊那 …… 87 B3
- ◎いながわ 猪名川 …… 125 C3
- ○いなぎ 稲城 …… 77 D2
- ◎いなざわ 稲沢 …… 106 A1
- いなさんち 伊那山地 …… 87 B-C3-4
- ◎いなしき 稲敷 …… 52 B3
- ◎いなべ …… 108 C1
- いなぼんち 伊那盆地 …… 87 B3
- ◎いなみ 稲美 …… 125 B3
- ○いなわしろ 猪苗代 …… 50 C1
- いなわしろこ 猪苗代湖 …… 50 C1-2
- いなわしろぼんち 猪苗代盆地 …… 50-51 C2
- ◎いぬやま 犬山 …… 106 A1
- ○いの …… 146 B1
- ◎いばら 井原 …… 130 A2
- ◎いばらき 茨城 …… 53 B2
- ◎いばらき 茨木 …… 121 C2
- いびがわ 揖斐川 …… 100 A-B2

読み	地名	ページ
○いびがわ	揖斐川	100 B3
	いぶきやま 伊吹山	111 C2
◎いぶすき	指宿	165 C3
●いまいち	今市（→日光）	58 B2
○いまばり	今治	143 B-C1
○いまり	伊万里	150 A2
○いみず	射水	92 B2
○いよ	伊予	142 B2
●いよみしま	伊予三島（→四国中央）	143 D2
	いるかいけ 入鹿池	107 B2
○いるま	入間	67 D3
	いるまがわ 入間川	67 D3
●いわい	岩井（→坂東）	52 A2
◎いわき	いわき	51 D2
	いわきがわ 岩木川	36 B3
	いわきさん 岩木山	36 B3
○いわくに	岩国	137 C2
○いわくら	岩倉	106 A1
○いわた	磐田	102 A3
●いわつき	岩槻（→さいたま）	67 E3
◎いわて	岩手	40 B2
○いわで	岩出	122 A1
	いわてさん 岩手山	40 A-B2
	いわてはなまきくうこう いわて花巻空港	40 B3
○いわない	岩内	34 B3
○いわぬま	岩沼	43 B2
○いわふね	岩舟	58 B3
	いわみこうげん 石見高原	128 B2-3
○いわみざわ	岩見沢	35 C2
○いんざい	印西	69 B2
●いんのしま	因島（→尾道）	133 C3

う

●うえき	植木（→熊本）	157 B2
◎うえだ	上田	86 C2
	うえだぼんち 上田盆地	86 C2
●うえの	上野（→伊賀）	108 B2
○うえのはら	上野原	83 E2
○うおづ	魚津	93 C1
○うおぬま	魚沼	91 C3
	うおぬまきゅうりょう 魚沼丘陵	91 C-D3
○うき	宇城	157 B2
○うきは	うきは	149 C2
○うご	羽後	45 B3
○うさ	宇佐	160 B1
○うじ	宇治	113 C3
○うしく	牛久	52 B3
●うしぶか	牛深（→天草）	156 A3
○うすき	臼杵	161 C2
○うだ	宇陀	117 B2
○うたしない	歌志内	30 B3
○うたづ	宇多津	140 B2
○うちこ	内子	142 B2
○うちなだ	内灘	97 B3
●うちはら	内原（→水戸）	52 B2
◎うつのみや	宇都宮	59 B2
○うと	宇土	156 B2
	うとないこ ウトナイ湖	35 C3
	うなづきおんせん 宇奈月温泉	93 D1
○うべ	宇部	136 B3
○うみ	宇美	148 C1
○うらかわ	浦河	35 D3
○うらそえ	浦添	169 C3
○うらやす	浦安	68 A2
●うらわ	浦和（→さいたま）	67 E3
○うるま	うるま	169 C3
○うれしの	嬉野	151 C2
	うれしのおんせん 嬉野温泉	151 C2
○うわじま	宇和島	142 A2
○うんぜん	雲仙	153 D2
	うんぜんだけ 雲仙岳	153 D3
○うんなん	雲南	129 C2

え

●えい	頴娃（→南九州）	165 B3
	えいへいじ 永平寺	99 C2
○えさし	江差	34 B4
●えさし	江刺（→奥州）	40 B3
○えたじま	江田島	132 A3
	えちごさんみゃく 越後山脈	91 D-E2-4
	えちごへいや 越後平野	91 C-D1-2
○えちぜん	越前	98 D3
○えどがわ	江戸川	73 D2
○えな	恵那	101 C3
	えなきょう 恵那峡	101 C3
○えにわ	恵庭	35 C3
○えびな	海老名	79 B2
○えびの	えびの	162 A2
○えべつ	江別	35 C2
	えりもみさき 襟裳岬	31 C5
○えんがる	遠軽	31 C2
●えんざん	塩山（→甲州）	83 C2

お

	おいがみおんせん 老神温泉	63 C2
○おいらせ	おいらせ	37 D3
	おいらせがわ 奥入瀬川	37 D-E3
	おううさんみゃく 奥羽山脈	45 C1-4
○おうじ	王寺	116 A2
○おうしゅう	奥州	40 B3
○おうみはちまん	近江八幡	111 B3
○おうめ	青梅	76 C1
○おうら	邑楽	63 C3
○おおあみしらさと	大網白里	69 B2
○おおあらい	大洗	53 C2
○おおい	おおい	98 B5
	おおい 大井	78 A2
	おおいがわ 大井川	102 B3
○おおいし	大石	102 B3
○おおいずみ	大泉	63 C3
○おおいそ	大磯	78 B2
◎おおいた	大分	161 C2
	おおいたくうこう 大分空港	161 C2
	おおいたへいや 大分平野	161 C2
○おおがき	大垣	100 B3
○おおかわ	大川 [高知]	147 B1
○おおかわ	大川 [福岡]	148 B2
○おおがわら	大河原	42 B1
○おおぐち	大口	106 A1
●おおくち	大口（→伊佐）	165 C1
	おおぐちぼんち 大口盆地	165 B-C1
●おおご	大胡（→前橋）	63 C3
◎おおさか	大阪	121 C3
	おおさかこくさいくうこう 大阪国際空港	125 C3
○おおさかさやま	大阪狭山	121 C3
	おおさかへいや 大阪平野	121 B-C3
	おおさかわん 大阪湾	125 C3
○おおさき	大崎 [宮城]	43 B1
○おおさき	大崎 [鹿児島]	165 C3
○おおさきかみじま	大崎上島	133 C3
	おおしま 大島	77 F3
○おおず	大洲	142 B2
	おおすみはんとう 大隅半島	165 C3
○おおぞら	大空	31 C3
○おおた	太田	63 C3
○おおだ	大田 [島根]	128 B-C2
○おおた	大田 [東京]	73 C3
○おおたけ	大竹	132 A3
○おおだて	大館	45 C2
	おおだてのしろくうこう 大館能代空港	45 B1
	おおだてぼんち 大館盆地	45 B-C1
○おおたわら	大田原	59 C2
○おおつ	大津 [熊本]	157 B2
◎おおつ	大津 [滋賀]	110 A3
○おおつき	大月	83 D2
○おおつち	大槌	41 C3
●おおとね	大利根（→加須）	67 E2
○おおなん	邑南	128 B3
	おおぬま 大沼	34 B3-4
○おおの	大野 [岐阜]	100 B3
○おおの	大野 [福井]	99 E3
○おおのじょう	大野城	148 B1
	おおのぼんち 大野盆地	99 E-F2
○おおはる	大治	106 A1
●おおひら	大平（→栃木）	58 B3
○おおぶ	大府	106 A1
○おおふなと	大船渡	41 C3
●おおまがり	大曲（→大仙）	45 B2
○おおまき	大町	86 B1-2
○おおみや	大宮（→さいたま）	67 E3
●おおみや	大宮（→常陸大宮）	53 B1
○おおむた	大牟田	148 B2
○おおむら	大村	153 C2
	おおやまざき 大山崎	113 C2

○おおゆおんせん	大湯温泉	45 C1
○おおよど	大淀	116 B3
	おおよどがわ 大淀川	163 B-C3
○おが	男鹿	44 A2
○おかおか	岡	149 C1
○おかざき	岡崎	107 B2
	おかざきへいや 岡崎平野	107 B2
	おがさわらしょとう 小笠原諸島	77 F3
	おがはんとう 男鹿半島	44 A2
○おかや	岡谷	87 C2
◎おかやま	岡山	131 B2
	おかやまくうこう 岡山空港	131 B2
	おかやまへいや 岡山平野	131 B-C2
○おがわ	小川	66 D2
	おがわらこ 小川原湖	37 D3
○おぎ	小城	151 B2
	おきしょとう 隠岐諸島	129 E-F5
○おきなわ	沖縄	169 C3
	おきのえらぶくうこう 沖永良部空港	165 G7
○おきのしま	隠岐の島	129 F5
○おくいずも	奥出雲	129 C-D2
○おくしり	奥尻	34 A3
	おくただみこ 奥只見湖	50 A2
	おくたまこ 奥多摩湖	76 B1
	おくのときゅうりょう 奥能登丘陵	96 B-C2
○おけがわ	桶川	67 E2-3
○おごおり	小郡	149 C2
	おぜがはら 尾瀬ヶ原	63 C2
○おたる	小樽	35 C2
○おだわら	小田原	78 A2
	おちかくうこう 小値賀空港	152 B2
○おぢや	小千谷	91 C3
○おとふけ	音更	31 C4
	おにこうべおんせん 鬼首温泉	42 B1
○おの	小野	125 B2
	おのがわおんせん 小野川温泉	47 B4
●おのだ	小野田（→山陽小野田）	136 B3
○おのみち	尾道	133 C3
○おばなざわ	尾花沢	47 B2
○おばま	小浜	98 B-C4-5
○おび	飫肥	163 B3
○おびひろ	帯広	31 C4
	オホーツクかい オホーツク海	31 C1
	おまえざき 御前崎	102 B3
○おみたま	小美玉	52 B2
	おものがわ 雄物川	44 B2
	おやしらず 親不知	90 A4
○おやべ	小矢部	92 A2
○おやま	小山 [静岡]	103 C2
○おやま	小山 [栃木]	58 B3
○おわせ	尾鷲	109 B3
	おわりあさひ 尾張旭	107 B1
○おんが	遠賀	149 C1
	おんががわ 遠賀川	149 C1
○おんな	恩納	169 C3
	おんねゆおんせん 温根湯温泉	31 C3

か

○かい	甲斐	83 C2
○かいた	海田	132 B3
○かいづ	海津	100 B3
○かいづか	貝塚	120 B4
○かいなん	海南	122 A1
	かいもんだけ 開聞岳	165 C3
○かいよう	海陽	139 D3
○かが	加賀	97 A4
○かかみがはら	各務原	100 B3
○かくだ	角田	42 B2
●かくのだて	角館	45 C2
○かけがわ	掛川	102 A-B3
○かこがわ	加古川	125 B3
◎かごしま	鹿児島	165 C3
	かごしまくうこう 鹿児島空港	165 C2
○かさい	加西	125 B3
○かさおか	笠岡	130 B2
	かさぎさんち 笠置山地	117 B2
○かさのはら	笠原野	165 C3
○かさま	笠間	52 B2
○かさまつ	笠松	100 B3
●かじき	加治木（→姶良）	165 C2
○かしば	香芝	116 B2
○かしはら	橿原	116 B2
○かしま	鹿嶋	53 C2
	かしまなだ 鹿島灘	53 C2-3

○かしわ	柏	68 A2
○かしわざき	柏崎	90 C3
○かしわら	柏原	121 C3
○かすが	春日	148 B1
○かすがい	春日井	106 A1
○かすかべ	春日部	67 E-F3
○かすみがうら	かすみがうら	52 B2
	かすみがうら 霞ヶ浦	52 B2
○かすや	粕屋	148 B1
●かせだ	加世田（→南さつま）	165 B3
○かぞ	加須	67 E2
	かたがみ 潟上	44 A2
	かたしながわ 片品川	63 C2
○かたの	交野	121 C3
	かたのかもいけ 片野鴨池	97 A4
○かつうら	勝浦	69 B3
○かつしか	葛飾	73 D1
●かつぬま	勝沼（→甲州）	83 C2
○かづの	鹿角	45 C1
○かつやま	勝山	99 E-F2
	かつらがわ 桂川	113 C2
○かつらぎ	葛城	123 B1
○かつらぎ	葛城	116 A3
○かとう	加東	125 B3
○かどがわ	門川	163 C2
○かども	門真	121 C3
○かとり	香取	69 B-C2
○かなざわ	金沢	97 B3
	かなざわへいや 金沢平野	97 B3-4
○かなん	河南	121 C4
●かなん	河南（→石巻）	43 B2
○かに	可児	101 C3
○かにえ	蟹江	106 A1
○かぬま	鹿沼	58 B2
○かねがさき	金ケ崎	40 B3
○かのや	鹿屋	165 C3
○かほく	河北	97 B3
○かほく	河北	47 B3
○かま	嘉麻	149 C1
○かまいし	釜石	41 C3
○かまがや	鎌ケ谷	68 A-B2
○かまくら	鎌倉	79 C2
○がまごおり	蒲郡	107 B2
○かみ	加美	43 B1
○かみ	香美	124 B1
○かみ	香美	147 C1
○かみあまくさ	上天草	156 A2
○かみいち	上市	93 C2
○かみかわ	神河	124 B2
	かみこうち 上高地	86 B2
○かみごおり	上郡	125 A3
	かみごとうくうこう 上五島空港	152 B2
○かみさと	上里	66 C1-2
○かみじま	上島	143 C1
○かみす	神栖	53 C2
○かみとんだ	上富田	122 A2
○かみのかわ	上三川	59 B3
○かみのやま	上山	47 B3
	かみのやまおんせん 上山温泉	47 B3
●かみふくおか	上福岡（→ふじみ野）	67 E3
○かめおか	亀岡	113 C2
	かめおかぼんち 亀岡盆地	113 C2
○かめやま	亀山	108 B2
○かも	加茂	91 D2
●かも	加茂（→木津川）	113 C3
○かもがわ	鴨川	69 B3
●かもじま	鴨島（→吉野川）	139 D1
○からつ	唐津	151 C2
○かりや	刈谷	107 B2
○かるいざわ	軽井沢	86 D2
○かわい	河合	116 A2
○かわぐち	川口	67 E3
	かわぐちこ 河口湖	83 C2
○かわごえ	川越	67 D3
○かわさき	川崎 [神奈川]	79 C2
○かわさき	川崎 [福岡]	149 C1
○かわじま	川島	67 D3
●かわそえ	川副（→佐賀）	151 C3
○かわたな	川棚	153 C2
●かわち	河内（→宇都宮）	59 B2
	かわちながの 河内長野	121 C4
●かわなべ	川辺（→南九州）	165 B3
○かわにし	川西 [山形]	47 B3
○かわにし	川西 [兵庫]	125 C3
○かわねほんちょう	川根本町	102 B2
●かわのえ	川之江（→四国中央）	143 D1
○かわまた	川俣	51 D1

○かわみなみ 川南 163 C2	○きんこう 錦江 165 C3	こうちへいや 高知平野 147 C1	さがみわん 相模湾 78-79 B2
かわゆおんせん 川湯温泉 31 D3	ぎんざんおんせん 銀山温泉 47 C2	こうちりょうまくうこう 高知龍馬空港 147 C1	○さかわ 佐川 146 B2
◎かんおんじ 観音寺 140 A3		ごうつ 江津 128 B2	さくなみおんせん 作並温泉 42 B2
かんさいこくさいくうこう 関西国際空港 120 A4	**く**	○ごうど 神戸 100 B3	○さく 佐久 86 C2
○かんざき 神埼 151 C2		○こうとう 江東 73 D2	○さくほ 佐久穂 87 C2
○かんだ 苅田 149 C1	○くき 久喜 67 E2	○こうなん 江南 106 A1	さくぼんち 佐久盆地 86-87 C-D2
かんとうさんち 関東山地 66 B3	●くきざき 茎崎（→つくば） 52 B3	●こうなん 甲南（→甲賀） 111 B4	○さくら 59 B2
かんとうへいや 関東平野 52 A-B2	くさつ 草津 110 A3	○こうなん 香南 147 C1	○さくら 佐倉 69 B2
かんながわ 神流川 62 B3	くさつおんせん 草津温泉 62 B2	○こうのす 鴻巣 67 E2	○さくらい 桜井 116 B2
○かんなみ 函南 103 C2	○くじ 久慈 41 C1	こうのとりたじまくうこう コウノトリ但馬空港 124 B1	○さくらがわ 桜川 52 B2
○かんまき 上牧 116 A2	くじがわ 久慈川 41 C1	○こうふ 甲府 83 C2	○さくらじま 桜島 165 C2
かんむりやまさんち 冠山山地 132 A2-3	●ぐしかわ 具志川（→うるま） 169 C3	こうふぼんち 甲府盆地 83 B-C2	○ささぐり 篠栗 148 C1
かんもんかいきょう 関門海峡 136 A3	●くしきの 串木野（→いちき串木野） 165 B2	○こうべ 神戸 125 C3	◎ささやま 篠山 124 C2
○かんら 甘楽 62 B3	○くしま 串間 162 B4	こうべくうこう 神戸空港 125 C3	ささやまぼんち 篠山盆地 124 C2
	○くしもと 串本 123 B3	○こうりやま 郡山 51 C2	○させぼ 佐世保 153 C2
き	○くじゅうくり 九十九里 69 B2	こおりやまぼんち 郡山盆地 51 C2	○さって 幸手 67 E2
	くじゅうくりはま 九十九里浜 69 B-C2-3	○こが 古河 52 A2	○さっぽろ 札幌 35 C2
きいさんち 紀伊山地 109 B3	くじゅうくりへいや 九十九里平野 69 B-C2	○こが 古賀 148 B1	○さつま 165 B2
きかいじまくうこう 喜界島空港 164 F6	くじゅうこうげん 久住高原 160 B2	ごかせがわ 五ケ瀬川 163 B-C1	○さつませんだい 薩摩川内 165 B2
◎きくがわ 菊川 102 B3	くじゅうれんざん くじゅう連山 160 B2	○こがねい 小金井 77 D2	さつまはんとう 薩摩半島 165 B2-3
◎きくち 菊池 157 B2	○ぐじょう 郡上 100 B2	ごかのしょう 五家荘 157 B2	○さど 佐渡 90 B1
きくちへいや 菊池平野 156 B2	○くしろ 釧路 31 D3-4	●こくぶ 国分（→霧島） 165 C2	さどくうこう 佐渡空港 90 B1
◎きくよう 菊陽 157 B2	○くしろ 釧路 31 D4	○こくぶんじ 国分寺 76 C2	さどしま 佐渡島 90 B1
●きさい 騎西（→加須） 67 E2	くしろがわ 釧路川 31 D3	○こさい 湖西 102 A3	●さどわら 佐土原（→宮崎） 141 C2
○きさらづ 木更津 68 A3	くしろしつげん 釧路湿原 31 D3	○こざかい 小坂井（→豊川） 107 B2	○さぬき 141 C2
◎きしわだ 岸和田 120 B4	○くす 玖珠 160 B2	○こしがや 越谷 67 F3	さぬきへいや 讃岐平野 140-141 B-C2-3
○きそ 木曽 87 B3	くすおんせん 玖珠温泉 160 B2	こしきじまれっとう 甑島列島 164 A2	○さの 佐野 58 B3
きそがわ 木曽川 101 C3	○くずりゅうがわ 九頭竜川 99 E2	○ごじょう 五條 116 A3	○さばえ 鯖江 99 D3
きそさんみゃく 木曽山脈 87 B2-4	○くだまつ 下松 137 C2	○ごしょがわら 五所川原 36 B3	○ざま 座間 79 B2
○きた 北 73 C1	くっしゃろこ 屈斜路湖 31 D3	○ごせ 御所 116 A3	○さむかわ 寒川 79 B2
○きたあきた 北秋田 45 B1	○くっちゃろこ クッチャロ湖 30 B1	○ごせん 五泉 91 D2	○さやま 狭山 67 D3
○きたいばらき 北茨城 53 C1	○くっちゃん 倶知安 34 B3	○こだいら 小平 76 C2	さやまこ 狭山湖 67 D3
○きたかた 喜多方 50 B1	○くなしりとう 国後島 31 E2-3	○こだけ 小竹 149 C1	さるがきょうおんせん 猿ヶ京温泉 62 B2
○きたがた 北方 100 B3	○くにさき 国東 161 C1	●こだま 児玉（→本庄） 66 C2	さろまこ サロマ湖 31 C2
○きたかみ 北上 40 B3	○くにたち 国立 76 C2	●こちんだ 東風平（→八重瀬） 169 C3	●さわら 佐原（→香取） 69 C2
きたかみがわ 北上川 40 B3	○くにとみ 国富 163 B2	○こてんば 御殿場 103 C2	さんぐんさんち 三郡山地 149 C1
きたかみこうち 北上高地 41 B-C2-3	くになかへいや 国中平野 90 B1-2	○ごとう 五島 152 A3	○さんごう 三郷 116 A2
きたかみぼんち 北上盆地 40 B2-3	○くまがや 熊谷 67 D2	ごとうふくえくうこう 五島福江空港 152 A3	○さんじょう 三条 91 C2
○きたきゅうしゅう 北九州 149 C1	○くまがわ 球磨川 156 B3	○ことうら 琴浦 126 C2	○さんだ 三田 125 C3
きたきゅうしゅうくうこう 北九州空港 149 D1	○くまこうげん 久万高原 143 B2	ごとうれっとう 五島列島 152 A3	さんべさん 三瓶山 129 C2
○きたじま 北島 139 E1	○くまとり 熊取 120 B4	○ことひら 琴平 140 B3	○さんぼんぎはら 三本木原 37 D3
○きたなかぐすく 北中城 169 C3	○くまの 熊野 [広島] 132 B3	○こなん 湖南 111 B3	○さんむ 山武 69 B2
○きたなごや 北名古屋 106 A1	○くまの 熊野 [三重] 109 B4	○ごのへ 五戸 37 D3	○さんようおのだ 山陽小野田 136 B2
○きたひろしま 北広島 [北海道] 35 C3	くまのがわ（しんぐうがわ） 熊野川（新宮川） 123 C2	○こばやし 小林 162 A3	さんりくかいがん 三陸海岸 41 C-D2-3
○きたひろしま 北広島 [広島] 132 B2	◎くまもと 熊本 157 B2	○ごぼう 御坊 122 A2	
○きたみ 北見 31 C3	くまもとくうこう 熊本空港 157 B2	○こまえ 狛江 77 D2	**し**
きたみさんち 北見山地 30-31 B-C2-3	くまもとへいや 熊本平野 156-157 B2	○こまがたけ 駒ケ岳 87 B3	
○きたもと 北本 67 E2	○くみやま 久御山 113 C3	○こまがね 駒ケ根 87 B3	○しおがま 塩竈 43 C2
●きづ 木津（→木津川） 113 C3	くめじまくうこう 久米島空港 168 A3	○こまき 小牧 106 A1	○しおじり 塩尻 87 C2
○きづがわ 木津川 113 C3	くもとりやま 雲取山 76 A1	○こまつ 小松 97 A4	○しか 志賀 96 B2
○きつき 杵築 161 C2	○くらしき 倉敷 130 B2	こまつくうこう 小松空港 97 A4	しかのしま 志賀島 148 B1
○ぎなん 岐南 100 B3	○くらて 鞍手 149 C1	○こまつしま 小松島 139 E1	●しがらき 信楽 110 B4
きぬがわ 鬼怒川 59 B3	○くらよし 倉吉 126 D2	○こもの 菰野 108 C1	○しき 志木 67 E3
○きのかわ 紀の川 122 A1	●くりはし 栗橋（→久喜） 67 E2	○こもろ 小諸 86 C2	●しげのぶ 重信（→東温） 143 B2
きのかわ 紀ノ川 122 A1	○くりはら 栗原 43 C1	こんごうさんち 金剛山地 116 A3	しこくさんち 四国山地 146-147 B-C1
きのさきおんせん 城崎温泉 124 B1	○くるめ 久留米 148 C2	こんせんだいち 根釧台地 31 D-E3	○しこくちゅうおう 四国中央 143 C2
◎ぎのわん 宜野湾 169 C3	○くれ 呉 132 B3		しこつこ 支笏湖 35 C3
きびこうげん 吉備高原 130 A-B2	○くろいし 黒石 36 C3	**さ**	◎しじょうなわて 四條畷 121 C3
◎きびちゅうおう 吉備中央 130 B2	●くろいそ 黒磯（→那須塩原） 59 C2		○しすい 酒々井 69 B2
ぎふ 岐阜 100 B3	くろかわおんせん 黒川温泉 157 C1	○さいかい 西海 153 C3	◎しずおか 静岡 102 B3
○きほく 紀北 109 B3	○くろしお 黒潮 146 B2	さいがわ 犀川 97 B4	○しずくいし 雫石 40 A2
○きほく 鬼北 142 B3	○くろべ 黒部 93 C1	○さいき 佐伯 161 C3	○しそう 宍粟 125 C2
○きみつ 君津 68 A3	くろべがわ 黒部川 93 C1	◎さいじょう 西条 143 C2	○しちがはま 七ヶ浜 43 C2
○きみの 紀美野 122 A1	くろべダム 黒部ダム 93 D2	○さいたま 67 E3	●しっぽう 七宝（→あま） 106 A1
○きもつき 肝付 165 C3	○くわな 桑名 108 C1	○さいと 西都 163 B2	●しど 志度（→さぬき） 141 C2
きもつきさんち 肝属山地 165 C3		ざおうおんせん 蔵王温泉 47 B3	○しながわ 品川 73 C3
きもつきへいや 肝属平野 165 C-D3	**け**	ざおうざん 蔵王山 47 B3	しなのがわ 信濃川 90-91 C3
○きやま 基山 151 D2		◎さが 佐賀 151 C2	○しばた 柴田 42 B2
きゅうしゅうさんち 九州山地 157 B-C2-3	○けいせん 桂川 149 C1	さかい 境 52 A2	○しばた 新発田 91 D2
◎ぎょうだ 行田 67 D2	○けせんぬま 気仙沼 43 D1	○さかい 坂井 99 D2	◎しぶかわ 渋川 62 B-C3
○きょうたなべ 京田辺 113 C3	げとうおんせん 夏油温泉 40 A3	○さかい 堺 121 B3	○しぶし 志布志 165 D3
○きょうたんご 京丹後 112 B1	けらまくうこう 慶良間空港 168 B3	○さかいで 坂出 140 B2	○しぶや 渋谷 72 B2
○きょうたんば 京丹波 113 B2	げろ 下呂 101 C2	○さかいみなと 境港 126 A1	○しべつ 士別 30 B2
きょうと 京都 113 C2		○さかえ 栄 69 B2	○しま 志摩 109 C3
きょうとぼんち 京都盆地 113 C3	**こ**	さがえ 寒河江 47 B3	●しま 志摩（→糸島） 148 B1
◎きよす 清須 106 A1		○さかき 坂城 86 C2	しまおんせん 四万温泉 62 B2
○きよせ 清瀬 77 D1	○こうか 甲賀 111 B4	○さかい 坂井 99 D2	○しまだ 島田 102 B3
●きよたけ 清武（→宮崎） 163 B3	○こうげ 上毛 149 D1	○さかい 境 52 A2	○しまばら 島原 153 D3
○きら 吉良（→西尾） 107 B2	○こうし 合志 157 B2	さがさ 境 121 B2	しまはんとう 志摩半島 109 C3
○きりしま 霧島 165 C2	こうしゅう 甲州 83 C2	○さかいで 坂出 140 B2	○しまもと 島本 121 C2
きりしまやま 霧島山 165 C2	●こうしょく 更埴（→千曲） 86 C1	○さかえ 栄 69 B2	○しまんと 四万十 146 A3
きりたっぷしつげん 霧多布湿原 31 E3	○こうた 幸田 107 B2	さがえ 寒河江 47 B3	○しまんと 四万十 146 B3
◎きりゅう 桐生 63 C3	◎こうち 高知 147 C1	さがみがわ 相模川 79 B2	○しみず 清水 31 B3
きんかざん 金華山 43 D2		さがみこ 相模湖 78 A1	●しみず 清水（→静岡） 103 B2
		さがみはら 相模原 79 B1	○しめ 志免 148 B1
			しもうさだいち 下総台地 69 B-C2

しもきたはんとう 下北半島……37 D2	するがわん 駿河湾……103 C2	たかやまぼんち 高山盆地……101 C1	ちりゅう 知立……107 B1-2
● じもくじ 甚目寺（→あま）…106 A1	すわ 諏訪……87 C2	たからづか 宝塚……125 C3	
○ しもすわ 下諏訪……87 C2	すわこ 諏訪湖……87 C2	たがわ 田川……149 C1	つ
◎ しもだ 下田……103 C3		たきかわ 滝川……35 C2	
● しもだて 下館（→筑西）…52 A2	せ	たきざわ 滝沢……40 B2	○ つ 津……108 C2
○ しもつけ 下野……58 B3		たく 多久……151 B2	○ つがる つがる……36 B3
○ しもつま 下妻……52 A2	○ せいか 精華……113 C3	たけお 武雄……151 B3	つがるかいきょう 津軽海峡……37 C-D1
○ しものせき 下関……136 A3	○ せいよ 西予……142 B3	だけおんせん 岳温泉……51 C1	つがるへいや 津軽平野……36 B-C3
○ しゅうなん 周南……137 C2	○ せき 関……100 B3	だけおんせん 嶽温泉……36 B3	● つくい 津久井（→相模原）……78 B1
● しゅぜんじ 修善寺（→伊豆）…103 C3	せきがはら 関ケ原……100 A3	たけた 竹田……160 B3	つくいこ 津久井湖……78 B1
◎ じょうえつ 上越……90 B3	● せやど 関宿（→野田）……68 A1	たけとみじま 竹富島……169 F5	つくしへいや 筑紫平野……148 B2
じょうざんけいおんせん 定山渓温泉…35 C2	● せたか 瀬高（→みやま）…148 C2	たけとよ 武豊……106 A2	◎ つくば つくば……52 B2
しょうじこ 精進湖……83 C3	◎ せたがや 世田谷……72 B2	たけはら 竹原……133 C2	つくばさん 筑波山……52 B2
◎ じょうそう 常総……52 A2	○ せたな せたな……34 A3	◎ たけふ 武生（→越前）……98 D3	◎ つくばみらい つくばみらい……52 B3
◎ しょうどしま 小豆島……141 C2	○ せっつ 摂津……121 C2	たこ 多古……69 B2	◎ つくみ 津久見……161 C2
しょうどしま 小豆島……141 D1	○ せと 瀬戸……107 B1	だざいふ 太宰府……148 C1	○ つしま 対馬……152 E5
◎ しょうない 庄内……46 A2	○ せとうち 瀬戸内……131 C2	たざわこ 田沢湖……45 C2	つしま 対馬……152 E5
しょうないへいや 庄内平野…46 A1-2	せとないかい 瀬戸内海……140-141 A-C2	ただおか 忠岡……120 B4	つしま 津島……106 A1
◎ じょうなん 城南（→熊本）…157 C2	せふりさんち 脊振山地……148 B2	○ たちあらい 大刀洗……149 C2	つちうら 土浦……52 B2
◎ しょうばら 庄原……133 C2	せみおんせん 瀬見温泉……47 B2	たちかわ 立川……76 C2	つちゆおんせん 土湯温泉……51 C1
● しょうぶ 菖蒲（→久喜）…67 E2	○ せら 世羅……133 C2	たつの たつの……125 B3	○ つの 津野……146 B2
◎ じょうよう 城陽……113 C3	○ せんだい 仙台……43 B2	たつの 辰野……87 B3	○ つばた 津幡……97 B3
○ しょうわ 昭和……83 C3	● せんだい 川内（→薩摩川内）…165 C2	◎ たつの 龍野（→たつの）…125 B3	○ つばめ 燕……91 C2
しょうわしんざん 昭和新山……34 B3	せんだいくうこう 仙台空港……43 B2	だて 伊達……34 B3	つまごい 嬬恋……62 B2
○ しらおい 白老……35 C3	せんだいへいや 仙台平野……43 C1-2	たてばやし 館林……63 D3	つしま 津島……106 A1
○ しらおか 白岡……67 E2	せんだいへいや 川内平野……165 C2	たてやま 館山……68 A4	つやま 津山……131 C1
しらかみさんち 白神山地……36 B3-4	● ぜんつうじ 善通寺……140 B3	たてやま 立山……93 C2	つやまぼんち 津山盆地……131 B-C1
○ しらかわ 白河……51 C2	○ せんなん 泉南……120 B4	たてやま 立山……93 D2	○ つる 都留……83 D2
しらすだいち シラス台地……165 C2	○ せんぼく 仙北……45 C2	○ たどつ 多度津……140 B2	○ つるおか 鶴岡……46 A2
○ しらたか 白鷹……47 B3		○ たなぐら 棚倉……51 C2	○ つるが 敦賀……98 D4
しらぬか 白糠……31 D4	そ	● たなし 田無（→西東京）…77 D2	○ つるがしま 鶴ヶ島……67 E2
しらねさん 白根山……63 C2		○ たなべ 田辺……122 A2	○ つるぎ つるぎ……138 C1
○ しらはま 白浜……122 A2	そううんきょう 層雲峡……31 B3	たねがしま 種子島……164 E5	● つるぎ 鶴来（→白山）…97 B4
しらぶおんせん 白布温泉……47 B4	○ そうか 草加……67 F3	たねがしまくうこう 種子島空港……164 E5	つるぎさん 剣山……138 C2
しれとこはんとう 知床半島……31 D-E2	○ そうさ 匝瑳……69 C2	たはら 田原……107 B2	○ つるた 鶴田……36 B3
○ しろい 白井……69 B2	○ そうじゃ 総社……130 B2	たぶせ 田布施……137 D3	○ つわの 津和野……128 A3
○ しろいし 白石……42 B2-3	そうま 相馬……51 D1	たま 多摩……76 C2	
○ しろさと 城里……52 B2	そうやかいきょう 宗谷海峡……30 A1	たまがわ 多摩川……76 B1	て
● しろね 白根（→新潟）……91 D2	● そうわ 総和（→古河）…52 A2	たまがわおんせん 玉川温泉……45 C2	
● しろやま 城山（→相模原）…78 B1	そお 曽於……165 D2	たまきゅうりょう 多摩丘陵……79 B-C1	てしおがわ 天塩川……30 A2
○ しわ 紫波……40 B2	そでがうら 袖ケ浦……68 A3	たまつくりおんせん 玉造温泉……129 C2	てしおさんち 天塩山地……30 A-B2
しんいしがきくうこう 新石垣空港…169 F5	そとがはま 外ヶ浜……36 C2	たまな 玉名……156 B2	てどりがわ 手取川……97 B4
しんかみおんせん 新温泉……124 A1	● そのべ 園部（→南丹）…113 C2	たまの 玉野……131 B-C2	でわさんち 出羽山地……44-45 B-C2-3
● しんかみごとう 新上五島…152 B3	そぼさん 祖母山……160 B3	たまむら 玉村……63 C3	てんしさんち 天子山地……83 C2
● しんぐう 新宮 [福岡]……148 B1		たむら 田村……51 D1	◎ てんどう 天童……47 B3
◎ しんぐう 新宮 [和歌山]……123 B2	た	たるい 垂井……100 B3	◎ てんり 天理……116 B2
しんじこ 宍道湖……129 C2		たるみず 垂水……165 C3	● てんりゅう 天竜（→浜松）…102 A3
しんしゅうまつもとくうこう 信州まつもと空港	● だいあん 大安（→いなべ）…108 C1	○ たわらもと 田原本……116 B2	てんりゅうがわ 天竜川……102 A3
……87 B2	◎ たいき 大紀……109 B3	たんごさんち 丹後山地……112 A-B2	
◎ しんじゅく 新宿……72 C2	◎ だいご 大子……52 B1	○ たんば 丹波……124 C2	と
○ しんじょう 新庄……47 B2	○ たいし 太子……125 B3	たんばこうち 丹波高地……113 C2	
● しんじょう 新庄（→葛城）…116 A3	○ たいじ 太地……123 B2		● どい 土居（→四国中央）…143 C2
しんじょうぼんち 新庄盆地……47 B2	たいせつざん 大雪山……31 B3	ち	◎ とういん 東員……108 C1
◎ しんしろ 新城……107 B-C2	○ だいせん 大山……126 C2		◎ とうおん 東温……143 B2
○ じんせきこうげん 神石高原…133 C2	○ だいせん 大山……45 C2	ちがさき 茅ヶ崎……79 B2	○ とうかい 東海……53 C2
しんちとせくうこう 新千歳空港…35 C2	○ たいとう 台東……73 C2	ちくご 筑後……148 C2	○ とうかい 東海……106 A1
じんつうがわ 神通川……92 B1	○ だいとう 大東……121 C3	ちくごがわ 筑後川……148 C2	◎ とうがね 東金……69 B2
○ しんとみ 新富……163 B2	○ たいない 胎内……91 D1	◎ ちくじょう 築上……149 D1	とうきょうわん 東京湾……77 E2
● しんなんよう 新南陽（→周南）…137 C2	たいへいさんち 太平山地……44 B2	◎ ちくしの 筑紫野……148 C1	◎ とうごう 東郷……107 B1
じんばやま 陣場山……78 A1	● たいま 當麻（→葛城）……116 A2	○ ちくぜん 筑前……149 C2	どうごおんせん 道後温泉……143 B2
○ しんひだか 新ひだか……35 D3	○ たいわ 大和……43 B2	◎ ちくせい 筑西……52 A2	○ とうのしょう 東庄……69 C2
● しんみなと 新湊（→射水）…92 B1	○ たか 多可……124 C2	ちくぶしま 竹生島……111 B2	○ とうべつ 当別……35 C2
	○ たかいし 高石……120 B3	ちくほく 筑北……86 C2	○ とうほう 東峰……149 C2
す	たかおか 高岡……92 B1	ちくま 千曲……86 C1	○ とうみ 東御……86 C2
	たかくまさんち 高隈山地……165 C3	ちくまがわ 千曲川……86-87 C2	とうやこ 洞爺湖……34 B3
◎ すいた 吹田……121 C2	○ たかさき 高崎……62 C3	◎ ちた 知多……106 A2	○ とうやこ 洞爺湖……34 B3
● すいばら 水原（→阿賀野）…91 D2	○ たかさご 高砂……125 B3	ちたはんとう 知多半島……106 A2	● とうよ 東予（→西条）…143 C2
すえ 須恵……148 C1	○ たかしま 高島……110 B3	ちちぶ 秩父……66 C3	とおがったおんせん 遠刈田温泉…42 B2
すおうおおしま 周防大島……137 D3	○ たがじょう 多賀城……43 B-C2	ちちぶぼんち 秩父盆地……66 C2-3	◎ とおかまち 十日町……91 C3
◎ すかがわ 須賀川……51 C2	たかせがわ 高瀬川……37 D3	ちとせ 千歳……35 C2	とおかまちぼんち 十日町盆地…90-91 C3
すがだいら 菅平……86 C1	● たかた 高田（→みやま）…148 C2	ちの 茅野……87 C2-3	○ とおの 遠野……41 C3
すがゆおんせん 酸ヶ湯温泉……37 C3	たかだへいや 高田平野……90 B3	ちば 千葉……69 B2	とかちがわ 十勝川……31 C4
○ すぎと 杉戸……67 E2	たかちほ 高千穂……162 B1	ちゃたん 北谷……169 C3	とかちへいや 十勝平野……31 C4
◎ すぎなみ 杉並……72 C2	○ たかつき 高槻……121 C2	ちゅうおう 中央 [東京]……73 C2	○ とき 土岐……101 C3
すくも 宿毛……146 A3	○ たかなべ 高鍋……163 C2	ちゅうおう 中央 [山梨]……83 C2	○ ときがわ ときがわ……66 C2
○ すざか 須坂……86 C1	○ たかねざわ 高根沢……59 B2	ちゅうごくさんち 中国山地	○ とぎつ 時津……153 C3
○ すさき 須崎……146 B2	○ たかはぎ 高萩……53 C1	……126-127 B-E2-3	とくしま 徳島……139 E1
○ ずし 逗子……79 C2	○ たかはし 高梁……130 B2	ちゅうごくさいくうこう 中部国際空港	とくしまくうこう 徳島空港……139 E1
○ すず 珠洲……96 C1	○ たかはた 高畠……47 B3-4	……106 A2	とくしまへいや 徳島平野…138-139 C-D1
○ すずか 鈴鹿……108 C2	○ ちょうかいざん 鳥海山……47 B1	とくのしま 徳之島……164 F6
すずかさんみゃく 鈴鹿山脈…108 B1-2	○ たかまつ 高松……141 C2	ちょうし 銚子……69 C2	とくのしまくうこう 徳之島空港…164 F6
すその 裾野……103 C2	たかまつくうこう 高松空港……141 C3	ちょうふ 調布……77 D2	● とくやま 徳山（→周南）…137 C2
○ すながわ 砂川……35 C2	たかみさんち 高見山地……109 B2	ちよだ 千代田……73 C2	● とぐら 戸倉（→千曲）…86 C2
○ すみだ 墨田……73 D2	● ちらん 知覧……165 B3	○ とこなめ 常滑……106 A2
◎ すもと 洲本……125 B4	○ たかやま 高山……101 C1	ちりはま 千里浜……97 B3	◎ ところざわ 所沢……67 D3
すもとへいや 洲本平野……125 B4			

187

◎とさ 土佐	146 B2
◎とさしみず 土佐清水	146 A3
●とさやまだ 土佐山田（→香美）	147 C1
○としま 豊島	73 C2
◎とす 鳥栖	151 B2
○とだ 戸田	67 E3
●とちお 栃尾（→長岡）	91 C3
◎とちぎ 栃木	58 B3
とつかわおんせん 十津川温泉	116 B5
◎とっとり 鳥取	127 E1-2
とっとりさきゅう 鳥取砂丘	127 E1
とっとりさきゅうコナンくうこう 鳥取砂丘コナン空港	127 E1
◎となみ 砺波	92 A2
となみへいや 砺波平野	92 A2
○とね 利根	52 B3
とねがわ 利根川	69 C2
○とのしょう 土庄	141 C2
◎とば 鳥羽	109 C3
○とべ 砥部	143 B2
◎とまこまい 苫小牧	35 C3
○とみおか 富岡[福島]	51 E2
◎とみおか 富岡[群馬]	62 B3
◎とみぐすく 豊見城	169 C3
◎とみさと 富里	69 C3
○とみや 富谷	43 B2
○とめ 登米	43 C1
◎とやま 富山	92 B2
とやまくうこう 富山空港	92 B2
とやまへいや 富山平野	92-93 B-C2
◎とよあけ 豊明	107 B2
◎とよおか 豊岡	124 B1
とよおかぼんち 豊岡盆地	124 B1
◎とよかわ 豊川	107 B2
●とよさか 豊栄（→新潟）	91 D2
●とよしな 豊科（→安曇野）	86 B2
◎とよた 豊田	107 B1
◎とよなか 豊中	121 C2
◎とよの 豊能	121 C2
◎とよはし 豊橋	107 B2
とよはしへいや 豊橋平野	107 B2
◎とり 取手	52 B3
◎とわだ 十和田	37 D3
とわだこ 十和田湖	37 C4
◎とんだばやし 富田林	121 C3-4

な

なえばさん 苗場山	90 C4
○なか 那珂	53 C2
○なか 那賀	139 D2
◎ながい 長井	47 B3
○ながいずみ 長泉	103 C2
なかうみ 中海	126 A2
◎ながおか 長岡	91 C3
◎ながおかきょう 長岡京	113 C3
○なかがわ 那珂川[栃木]	59 C2
○なかがわ 那珂川[福岡]	148 B1-2
○なかぐて 長久手	107 B1
◎ながさき 長崎	153 C3
ながさきくうこう 長崎空港	153 C3
なかしべつ 中標津	31 D3
○ながす 長洲	156 A2
●なかだ 中田（→登米）	43 C1
◎なかつ 中津	160 B1
◎なかつがわ 中津川	101 D3
なかつへいや 中津平野	160 B1-2
◎ながと 長門	136 B2
◎なかどまり 中泊	36 B3
○なかの 中野[長野]	86 C1
◎なかの 中野[東京]	72 B2
○なかの 長野	86 C1
○なかのじょう 中之条	62 B2
○なかのと 中能登	96 B3
ながのぼんち 長野盆地	86 B2
◎ながはま 長浜	111 C2
◎なかま 中間	149 C1
●なかむら 中村（→四万十）	146 A3
なかむらへいや 中村平野	146 A3
◎ながよ 長与	153 C3
◎ながれやま 流山	68 A2
○ながわ 長和	86 C2
◎なご 名護	169 C2
○なごみ 和水	156 B2
◎なごや 名古屋	106 A1

○なす 那須	59 C1
○なすからすやま 那須烏山	59 C2
○なすしおばら 那須塩原	59 C2
●なぜ 名瀬（→奄美）	164 F6
◎なちかつうら 那智勝浦	123 B2
なちのたき 那智滝	123 B2
◎なとり 名取	43 B2
なとりがわ 名取川	43 B-C2
○ななえ 七飯	34 B4
◎ななお 七尾	96 B2
◎なは 那覇	169 C3
なはくうこう 那覇空港	169 C3
◎なばり 名張	108 B2
◎なみえ 浪江	51 D2
○なめがた 行方	53 B3
◎なめりかわ 滑川	93 C1
◎なよろ 名寄	30 C2
◎なら 奈良	116 B2
●ならい 奈良井	87 B3
◎ならしの 習志野	68 B2
ならぼんち 奈良盆地	116 B2
◎なりた 成田	69 B2
なりたこくさいくうこう 成田国際空港	69 B2
◎なると 鳴門	139 E1
なんきしらはまくうこう 南紀白浜空港	122 A2
◎なんこく 南国	147 C1
◎なんじょう 南城	169 C3
◎なんたん 南丹	113 B2
●なんだん 南淡（→南あわじ）	125 B4
◎なんと 南砺	92 A2
○なんぶ 南部[青森]	37 D4
○なんぶ 南部[鳥取]	126 B2
◎なんよう 南陽	47 B3

に

◎にいがた 新潟	91 D2
にいがたくうこう 新潟空港	91 D2
◎にいざ 新座	67 E3
●にいつ 新津（→新潟）	91 D2
◎にいはま 新居浜	143 C2
◎にいみ 新見	130 A2
◎にかほ にかほ	44 A3
○にしお 西尾	107 B2
○にしごう 西郷	51 C2
◎にしとうきょう 西東京	77 C2
◎にしのおもて 西之表	164 E5
◎にしのみや 西宮	125 C3
○にしはら 西原	169 C3
○にしわが 西和賀	40 A3
◎にしわき 西脇	125 B3
にせこ ニセコ	34 A3
○にちなん 日南	163 B3
◎にっこう 日光	58 B2
○にっしん 日進	107 B1
◎にのへ 二戸	40 B1
◎にのみや 二宮	78 B2
●にのみや 二宮（→真岡）	59 B3
◎にほんまつ 二本松	51 C1
○にゅうぜん 入善	93 C-D1
◎によどがわ 仁淀川	146 B1
によどがわ 仁淀川	147 B-C2
◎にらさき 韮崎	83 B2

ぬ

ぬのびきさんち 布引山地	108 B2
◎ぬまた 沼田	63 C2
◎ぬまづ 沼津	103 C2

ね

◎ねむろ 根室	31 E3
ねむろかいきょう 根室海峡	31 E3
ねむろはんとう 根室半島	31 E3
◎ねやがわ 寝屋川	121 C2
◎ねりま 練馬	72 B1

の

のうびへいや 濃尾平野	106-107 A-B1

◎のおがた 直方	149 C1
○のぎ 野木	58 B3
のさかさんち 野坂山地	98 C-D4-5
のさかさんち 野坂山地	110-111 A-B1-2
◎のざわおんせん 野沢温泉	86 C1
◎のしろ 能代	44 B1
のしろへいや 能代平野	44 B1
○のだ 野田	68 A2
◎のと 能登	96 C2
のとくうこう 能登空港	96 B2
のとはんとう 能登半島	96 B2
のとろこ 能取湖	31 D2
○ののいち 野々市	97 B3
◎のべおか 延岡	163 C1
○のへじ 野辺地	37 D3
のべやまはら 野辺山原	87 C-D3
◎のぼりべつ 登別	35 C3
◎のみ 能美	97 B4
のりくらだけ 乗鞍岳	87 B2

は

◎はえばる 南風原	169 C3
○はが 芳賀	59 C2
はかたわん 博多湾	148 B1
はぎいわみくうこう 萩・石見空港	128 A3
◎はぎ 萩	136 B2
○はくい 羽咋	97 B3
◎はくさん 白山	97 B3
はくさん 白山	97 B4
はぐろさん 羽黒山	46 A2
◎はこだて 函館	34 B4
はこだてわん 函館湾	34 B4
はこねやま 箱根山	78 A3
◎はさみ 波佐見	153 C2
◎はしかみ 階上	37 D3
◎はしま 羽島	100 B3
◎はしもと 橋本	123 B1
◎はすだ 蓮田	67 E3
◎はだの 秦野	78 A2
◎はちおうじ 八王子	76 C2
はちじょうじま 八丈島	77 F3
◎はちのへ 八戸	37 D3
はちまんたい 八幡平	40 B2
はっかいさん 八海山	91 D3
◎はつかいち 廿日市	132 A3
はっけんざん 八剣山	116 B4
○はっぽう 八峰	44 B1
●はとがや 鳩ケ谷	67 E3
◎はとやま 鳩山	67 D3
●はないずみ 花泉（→一関）	40 B4
◎はなまき 花巻	40 B3
◎はにゅう 羽生	67 E2
はねさわおんせん 羽根沢温泉	47 B2
◎はびきの 羽曳野	121 C3
●はまおか 浜岡（→御前崎）	102 A3
●はまきた 浜北（→浜松）	102 A3
◎はまだ 浜田	128 B3
はまなこ 浜名湖	102 A3
◎はままつ 浜松	102 A3
○はむら 羽村	76 C1
○はやま 葉山	79 C2
●はらまち 原町（→南相馬）	51 D1
◎はりま 播磨	125 B3
はりまなだ 播磨灘	125 B3
●はるな 榛名（→高崎）	62 B3
はるなこ 榛名湖	62 B3
はるなさん 榛名山	62 B3
●はるの 春野（→高知）	147 B1-2
◎はんだ 半田	106 A2
ばんだいさん 磐梯山	50 C1
ばんだこうげん 飯田高原	160 B2
ばんどう 坂東	52 A2
◎はんなん 阪南	120 A4
はんのう 飯能	66 D2

ひ

○びえい 美瑛	30 B3
ひえいざん 比叡山	113 C2
○ひおき 日置	165 B2
○ひがしあがつま 東吾妻	62 B2
○ひがしいず 東伊豆	103 D3
○ひがしうら 東浦	106 A2
◎ひがしおうみ 東近江	111 B3

◎ひがしおおさか 東大阪	121 C3
◎ひがしかがわ 東かがわ	141 D3
ひがしくびきくりょう 東頸城丘陵	90 B-C3
◎ひがしくるめ 東久留米	77 D1
◎ひがしね 東根	47 B3
◎ひがしひろしま 東広島	132 B3
◎ひがしまつしま 東松島	43 C2
◎ひがしまつやま 東松山	67 D2
◎ひがしみよし 東みよし	138 B1
◎ひがしむらやま 東村山	76 C1
ひがしやまおんせん 東山温泉	50 B2
◎ひがしやまと 東大和	76 C2
●ひかみ 氷上（→丹波）	124 C2
○ひかり 光	137 C3
●ひかわ 斐川（→出雲）	129 C2
○ひかわ 氷川	157 B2
ひこさん 英彦山	160 A2
◎ひこね 彦根	111 C2
●ひさい 久居（→津）	108 B2
●ひさい 尾西（→一宮）	106 A1
◎ひさやま 久山	148 B-C1
◎ひじ 日出	161 C2
ひじおりおんせん 肘折温泉	47 B2
◎びぜん 備前	131 C2
◎ひた 日田	160 A2
◎ひだ 飛騨	101 C1
◎ひだか 日高	67 D3
◎ひだかがわ 日高川	122 A2
ひだかさんみゃく 日高山脈	35 D3
ひだがわ 飛騨川	101 C2
ひだこうち 飛騨高地	100-101 C1-2
ひだみゃく 飛騨山脈	101 C-D1-2
◎ひたち 日立	53 C1
◎ひたちおおた 常陸太田	53 C1
◎ひたちおおみや 常陸大宮	53 B1
◎ひたちなか ひたちなか	53 C2
ひたぼんち 日田盆地	160 A2
◎ひとよし 人吉	157 B3
ひとよしぼんち 人吉盆地	157 B3
○ひの 日野[滋賀]	111 B3
◎ひの 日野[東京]	76 C2
ひのえまたおんせん 檜枝岐温泉	50 A2
○ひのかげ 日之影	163 B1
○ひので 日の出	76 C2
◎びばい 美唄	35 C2
◎びほろ 美幌	31 D3
◎ひみ 氷見	92 A1
◎ひめじ 姫路	125 B3
◎ひゅうが 日向	163 C2
ひょうこ 瓢湖	91 D2
ひょうのせん 氷ノ山	124 B2
◎ひらいずみ 平泉	40 B4
◎ひらかた 枚方	121 C2
◎ひらかわ 平川	36 C3
ひらかわさんち 比良山地	110 A2-3
●ひらた 平田（→出雲）	129 C2
◎ひらつか 平塚	79 B2
◎ひらど 平戸	153 C2
◎ひらない 平内	37 C3
●ひらら 平良（→宮古島）	169 E4
ひるぜん 蒜山	126 C2
◎ひろお 広尾	31 C4
◎ひろかわ 広川	149 C2
◎ひろさき 弘前	36 B3
◎ひろしま 広島	132 A3
ひろしまくうこう 広島空港	133 B3
ひろしまへいや 広島平野	132 A-B3
ひろせがわ 広瀬川	42 B2
○ひろの 洋野	41 C1
びわこ 琵琶湖	110-111 B2-3

ふ

◎ふえふき 笛吹	83 C2
◎ふかがわ 深川	30 B3
◎ふかや 深谷	66 D2
◎ふくい 福井	99 D2
ふくいくうこう 福井空港	99 D2
ふくいへいや 福井平野	99 D2
●ふくえ 福江（→五島）	152 A3
◎ふくおか 福岡	148 B1
ふくおかくうこう 福岡空港	148 B1
◎ふくさき 福崎	125 B3
◎ふくしま 福島	51 C1
ふくしまくうこう 福島空港	51 C2

ふくしまぼんち 福島盆地……51 C1
○ふくち 福智……149 C1
◎ふくちやま 福知山……112 B2
ふくちやまぼんち 福知山盆地……112 B2
◎ふくつ 福津……148 B1
●ふくみつ 福光（→南砺）……92 A2
◎ふくやま 福山……133 C3
◎ふくろい 袋井……102 A3
◎ふじ 富士……103 C2
◎ふじいでら 藤井寺……121 C3
◎ふじえだ 藤枝……102 B3
◎ふじおか 藤岡……63 C3
●ふじおか 藤岡（→栃木）……58 B3
●ふじかわ 富士川……103 C2
○ふじかわぐちこ 富士河口湖……83 D2
◎ふじさわ 藤沢……79 B2
ふじさん 富士山……103 C2
ふじさんしずおかくうこう 富士山静岡空港……102 B3
◎ふじのみや 富士宮……103 C2
◎ふじみ 富士見［埼玉］……67 E3
○ふじみ 富士見［長野］……87 C3
●ふじみ 富士見（→前橋）……63 C3
◎ふじみの ふじみ野……67 E3
◎ふじよしだ 富士吉田……83 D3
◎ぶぜん 豊前……149 D1
○ふそう 扶桑……106 A1
ふたごさん 両子山……161 C1
○ふちゅう 府中［広島］……132 B3
◎ふちゅう 府中［広島］……133 C2
◎ふちゅう 府中［東京］……76 C2
◎ふっさ 福生……76 C2
◎ふっつ 富津……68 A3
◎ふなばし 船橋……68 A2
◎ふらの 富良野……30 B3
●ふるかわ 古川（→大崎）……43 B1
○ぶんきょう 文京……73 C2
◎ぶんごおおの 豊後大野……161 C3
◎ぶんごたかだ 豊後高田……160 B1
●ぶんすい 分水（→燕）……91 C2

へ

へいがわ 閉伊川……41 C2
べかんべうししつげん 別寒辺牛湿原……31 D-E3
◎へきなん 碧南……107 A2
○へぐり 平群……116 A2
○べつかい 別海……31 E3
べっしょおんせん 別所温泉……86 C2
◎べっぷ 別府……160 B2

ほ

○ほうき 伯耆……126 B2
ほうしおんせん 法師温泉……62 B2
●ほうじょう 北条（→松山）……143 B2
ぼうそうはんとう 房総半島……68-69 A-B3
ほうだつきゅうりょう 宝達丘陵……97 B3
○ほうだつしみず 宝達志水……97 B3
◎ほうふ 防府……136 C2
●ほうや 保谷（→西東京）……77 D2
○ほくえい 北栄……126 D2
◎ほくと 北斗……34 B4
◎ほくと 北杜……83 B1
◎ほこた 鉾田……53 C2
●ほそえ 細江（→浜松）……102 A3
ほたかだけ 穂高岳……86 B2
◎ほんじょう 本庄……66 C2
●ほんじょう 本荘（→由利本荘）……44 B3
ほんじょうへいや 本荘平野……44 B3
●ほんど 本渡（→天草）……156 A3
○ほんべつ 本別……31 C3

ま

◎まいづる 舞鶴……113 B2
◎まいばら 米原……111 C2
●まえさわ 前沢（→奥州）……40 B3
◎まえばし 前橋……63 C3
●まえばる 前原（→糸島）……148 B1
●まき 巻（→新潟）……91 C2
まきのはら 牧ノ原……102 B3
◎まきのはら 牧之原……102 B3
○まくべつ 幕別……31 C4
◎まくらざき 枕崎……165 B3
○まさき 松前……142 B2
○ましき 益城……157 B2
○ましこ 益子……59 C3
ましゅうこ 摩周湖……31 D3
◎ますだ 益田……128 A3
ますとみおんせん 増富温泉……83 C1
◎まちだ 町田……76 C2
◎まつうら 松浦……153 C2
◎まつえ 松江……129 D2
◎まつさか 松阪……109 C2
○まつしま 松島……43 C2
◎まつど 松戸……68 A2
●まっとう 松任（→白山）……97 B3
◎まつばら 松原……121 C3
○まつぶし 松伏……67 F3
◎まつもと 松本……86 B2
まつもとぼんち 松本盆地……86 B-C2
◎まつやま 松山……142 B2
まつやまくうこう 松山空港……142 B2
◎まにわ 真庭……130 B1
まべちがわ 馬淵川……37 E3
◎まるがめ 丸亀……140 B2
●まるこ 丸子（→上田）……86 C2
○まるもり 丸森……42 B3
まんこ 漫湖……169 C3
○まんのう……140 B3

み

◎みうら 三浦……79 C3
◎みかさ 三笠……35 C2
みかたごこ 三方五湖……98 C4
みかわわん 三河湾……107 B2
○みき 三木［香川］……141 C2
◎みき 三木［兵庫］……125 B3
○みさき 美咲……131 B2
○みさき 岬……120 A4
○みささ 三朝……126 D2
◎みさと 三郷……67 F3
○みさと 美郷［宮崎］……163 B2
○みさと 美郷［秋田］……45 C3
○みさと 美郷［島根］……129 C2
○みさと 美里［宮城］……43 C1
○みさと 美里［熊本］……157 B2
◎みさわ 三沢……37 D3
みさわくうこう 三沢空港……37 D3
◎みしま 三島……103 C2
●みずさわ 水沢（→奥州）……40 B3
◎みずなみ 瑞浪……101 C3
◎みずほ 瑞穂［岐阜］……100 B3
○みずほ 瑞穂［東京］……76 C1
○みずまき 水巻……149 C1
◎みたか 三鷹……77 D2
○みたけ 御嵩……101 C3
○みたね 三種……44 B1
●みつかいどう 水海道（→常総）……52 A2
◎みつけ 見附……91 C2
◎みと 水戸……53 B2
みとくさん 三徳山……127 D2
◎みとよ 三豊……140 A3
◎みどり……63 C3
○みなかみ……62 B-C2
みなかみおんせん 水上温泉……62 B2
●みなくち 水口（→甲賀）……111 B4
みなくちきゅうりょう 水口丘陵……111 B-C4
○みなと 港……73 C2
○みなべ……122 A2
◎みなまた 水俣……156 A3
○みなみ 美波……139 E3
○みなみあいづ 南会津……50 B2
◎みなみあしがら 南足柄……78 A2
○みなみあそ 南阿蘇……157 C2
◎みなみあるぷす 南アルプス……83 B2
◎みなみあわじ 南あわじ……125 B4
○みなみいせ 南伊勢……109 C3
◎みなみうおぬま 南魚沼……91 C3
○みなみえちぜん 南越前……99 D3
○みなみおおすみ 南大隅……165 C3
◎みなみきゅうしゅう 南九州……165 B3
◎みなみさつま 南さつま……165 B3
○みなみさんりく 南三陸……43 C1
◎みなみしまばら 南島原……153 D3
◎みなみそうま 南相馬……51 D1
○みなみちた 南知多……106 A2
◎みなみぼうそう 南房総……68 A3
○みなみまき 南牧……87 C2
◎みね 美祢……136 B2
◎みの 美濃……100 B2
みのうさんち 耳納山地……149 C2
◎みのお 箕面……121 B2
◎みのかも 美濃加茂……100 C3
○みのぶ 身延……83 B3
みのぶさんち 身延山地……102 B2
みのみかわこうげん 美濃三河高原……101 C3
○みのわ 箕輪……87 B3
○みはま 美浜……106 A2
◎みはら 三原……133 C3
●みはら 三原（→南あわじ）……125 B4
●みはら 美原（→堺）……121 C3
○みはる 三春……51 C2
○みぶ 壬生……58 B3
○みふね 御船……157 B2
○みほ 美浦……52 B2
◎みま 美馬……138 C1
◎みまさか 美作……131 C1
○みまた 三股……162 B3
●みみつ 美々津（→日向）……163 C2
○みやき……151 C2
○みやこ……149 C1
◎みやこ 宮古……41 C2
みやこくうこう 宮古空港……169 E4
みやこじま 宮古島……169 E4
◎みやこじま 宮古島……169 E4
◎みやこのじょう 都城……162 B3
みやこのじょうぼんち 都城盆地……162 B3
◎みやざき 宮崎……163 B3
みやざきくうこう 宮崎空港……163 B3
みやざきへいや 宮崎平野……163 B2
●みやじま 宮島（→廿日市）……132 A3
○みやしろ 宮代……67 E2
◎みやづ 宮津……112 B1
みやのうらだけ 宮之浦岳……164 E5
●みやのじょう 宮之城（→さつま）……165 B2
◎みやま……148 B2
●みやま 美山（→南丹）……113 C2
◎みやわか 宮若……149 C1
みょうぎさん 妙義山……62 B3
◎みょうこう 妙高……90 B3
みょうこうさん 妙高山……90 B4
◎みよし……107 B1
◎みよし 三好……138 B1
◎みよし 三次……133 B2
○みよし 三芳……67 E3
みよしぼんち 三次盆地……133 B2
●みわ 美和（→あま）……106 A1

む

むいかまちぼんち 六日町盆地……91 C3
○むかわ……35 C3
◎むこう 向日……113 C3
◎むさしの 武蔵野……77 D2
◎むさしむらやま 武蔵村山……76 C1
◎むつ……37 D2
◎むなかた 宗像……148 C1
◎むらかみ 村上……91 D1
◎むらやま 村山……47 B3
●むれ 牟礼（→高松）……141 C2
◎むろと 室戸……147 D2
むろとざき 室戸岬……147 D2
◎むろらん 室蘭……34 B3

め

○めいわ 明和……109 C2
○めぐろ 目黒……72 B2
○めむろ 芽室……31 C4

も

◎もおか 真岡……59 C3
もがみがわ 最上川……46 A2
○もてぎ 茂木……59 C2
◎もとす 本巣……100 B3
もとすこ 本栖湖……83 C3
◎もとみや 本宮……51 C1
ものべがわ 物部川……147 C1
◎もばら 茂原……69 B3
○もり 森……102 A3
◎もりおか 盛岡……40 B2
◎もりぐち 守口……121 C3
◎もりや 守谷……52 A3
◎もりやま 守山……110 A3
○もろやま 毛呂山……66 D3
◎もんべつ 紋別……31 C2

や

◎やいた 矢板……59 B2
◎やいづ 焼津……102 B3
○やえせ 八重瀬……169 C3
◎やお 八尾……121 C3
やおくうこう 八尾空港……121 C3
○やかげ 矢掛……130 B2
○やくしま 屋久島……164 E5
やくしまくうこう 屋久島空港……164 E5
○やくも 八雲……34 B3
◎やしお 八潮……67 F3
◎やす 野洲……110 B3
○やず 八頭……127 F2
◎やすぎ 安来……129 D2
◎やちまた 八街……69 B2
○やちよ 八千代［茨城］……52 A2
◎やちよ 八千代［千葉］……69 B2
やつがたけ 八ケ岳……87 C3
◎やつしろ 八代……156 B2
やつしろへいや 八代平野……156 B2
やつひがた 谷津干潟……68 B2
◎やとみ 弥富……106 A1
◎やない 柳井……137 D3
◎やながわ 柳川……148 B2
やはぎがわ 矢作川……106 A2
○やはば 矢巾……40 B2
やひこやま 弥彦山……91 C2
◎やぶ 養父……124 B2
○やぶき 矢吹……51 C2
●やべ 矢部（→八女）……149 C2
◎やまが 山鹿……157 B1
◎やまがた 山形……47 B3
◎やまがた 山県……100 B2
やまがたくうこう 山形空港……47 B3
やまがたぼんち 山形盆地……47 B2-3
◎やまぐち 山口……136 B2
やまぐちうべくうこう 山口宇部空港……136 B3
やまぐちぼんち 山口盆地……136 B-C2
○やまだ 山田……41 C3
●やまだ 山田（→嘉麻）……149 C1
○やまと 山都……157 B2
◎やまと 大和……79 B2
●やまと 大和（→佐賀）……151 C2
◎やまとこおりやま 大和郡山……116 B2
◎やまとたかだ 大和高田……116 A2
やまなかこ 山中湖……83 D3
◎やまなし 山梨……83 C2
○やまのうち 山ノ内……86 C1
○やまのべ 山辺……47 B3
○やまもと 山元……43 B3
◎やめ 八女……149 C2
◎やわた 八幡……113 C3
◎やわたはま 八幡浜……142 A3

ゆ

○ゆあさ 湯浅……122 A1
◎ゆうき 結城……52 A2
○ゆうすい 湧水……165 C2
◎ゆうばり 夕張……35 C2
ゆうばりさんち 夕張山地……30 B3
○ゆがわら 湯河原……78 A3
◎ゆくはし 行橋……149 C1
○ゆざ 遊佐……46 A1
◎ゆざわ 湯沢……45 B-C3
ゆざわおんせん 湯沢温泉……91 C4
ゆぜおんせん 湯瀬温泉……45 C1
ゆづるはさんち 輪鶴羽山地……125 B4
ゆどのさん 湯殿山……46 A2
ゆのかみおんせん 湯野上温泉……50 B2
ゆのかわおんせん 湯の川温泉……34 B4
ゆのごうおんせん 湯郷温泉……131 C2
●ゆのつ 温泉津……128 B2
ゆのはまおんせん 湯野浜温泉……46 A2

ゆはらおんせん 湯原温泉 130 B1	よしおか 吉岡 62 C3	よみたん 読谷 169 C3	れ
◎ゆふ 由布 160 B2	○よしか 吉賀 128 A4	○よりい 寄居 66 C2	れぶんくうこう 礼文空港 30 A1
●ゆふいん 湯布院 160 B2	○よしかわ 吉川 67 F3	よろんじま 与論島 165 G7	ろ
ゆむらおんせん 湯村温泉 83 C2	○よしだ 吉田 102 B3	ら	ろっこうさんち 六甲山地 125 C3
●ゆめさき 夢前（→姫路） 125 B3	よしの おおみね 吉野・大峯 116 B3	○らんざん 嵐山 66 D2	わ
ゆもとおんせん 湯本温泉 40 A3	よしの 吉野 116 B3	り	○わかさ 若狭 98 C4
○ゆりはま 湯梨浜 126 D2	○よしのがり 吉野ヶ里 151 C2	◎りくぜんたかた 陸前高田 41 C3	◎わかやま 和歌山 122 A1
◎ゆりほんじょう 由利本荘 44 B3	○よしのがわ 吉野川[徳島] 139 D1	○りしり 利尻 30 A1	わかやまへいや 和歌山平野 122 A1
よ	よしのがわ 吉野川[徳島] 139 E1	○りっとう 栗東 110 A-B3	○わくや 涌谷 43 C1
○よいち 余市 34 B2	よしのがわ 吉野川[奈良] 117 B-C3	○りふ 利府 43 B2	わくらおんせん 和倉温泉 96 B2
●ようかいち 八日市（→東近江） 111 B3	○よしみ 吉見 67 D2	●りゅうおう 竜王（→甲斐） 83 C2	○わこう 和光 67 E3
●ようかいば 八日市場（→匝瑳） 69 C2	よっかいち 四日市 108 C2	○りゅうがさき 龍ケ崎 52 B3	◎わじま 輪島 96 B2
ようていざん 羊蹄山 34 B3	よつかいどう 四街道 69 B2	●りょうつ 両津（→佐渡） 90 B1	●わしみや 鷲宮（→久喜） 67 E2
○ようろう 養老 100 B3	よどがわ 淀川 120 B3	りょうはくさんち 両白山地 100 A-B1-2	わしゅうざん 鷲羽山 131 B3
ようろうさんち 養老山地 108 C1	よなぐにくうこう 与那国空港 169 G6	る	わたらせがわ 渡良瀬川 63 C2
○よこしばひかり 横芝光 69 C2	よなぐにじま 与那国島 169 G6	○るもい 留萌 35 C2	○わたり 亘理 43 B2
○よこすか 横須賀 79 C2	○よなご 米子 126 B2		○わっかない 稚内 30 A1
○よこて 横手 45 C3	よなごくうこう 米子空港 126 A2		◎わらび 蕨 67 E3
よこてぼんち 横手盆地 45 B-C3	よなごへいや 米子平野 126 B2		
◎よこはま 横浜 79 C2	○よなばる 与那原 169 C3		
○よさの 与謝野 112 B1	○よねざわ 米沢 47 B4		
●よしい 吉井（→高崎） 62 B3	よねざわぼんち 米沢盆地 47 B4		
	よねしろがわ 米代川 44 A1		
	●よの 与野（→さいたま） 67 E3		
	●よぶこ 呼子（→唐津） 150 A1		

全国の花スポット名索引

あ	91 C3	かすいさい 可睡斎 102 A3	くろきのおおふじ 黒木の大藤 149 C2
あーるえすけいばらえん RSKバラ園 131 B2	えちぜんすいせんぐんせいち 越前水仙群生地 98 C2-3	かすがたいしゃ 春日大社 116 B2	ぐんまふらわーぱーく ぐんまフラワーパーク 63 C3
あいらのあいらとびかずら 相良のアイラトビカズラ 157 B1	えびのこうげん えびの高原 162 A2	かずらばし かずら橋 138 C2	**け**
あかさきかいがん 赤崎海岸 133 B3	**お**	かたはらおんせん あじさいのさと 形原温泉・あじさいの里 107 B2	けいせいばらえん 京成バラ園 69 B2
あきたこまがたけ 秋田駒ヶ岳 45 C2	おおかわらこうげん 大川原高原 139 D2	かつらぎさん 葛城山 116 A3	げんぴけい 厳美渓 40 B4
あきづきじょうせき 秋月城跡 149 C2	おおたじんじゃ 大田神社 113 C2	かばしましょうぶえん 椛島菖蒲園 148 B2	けんろくえん 兼六園 97 B3
あしかがふらわーぱーく あしかがフラワーパーク 58 B3	おおつかあじさいこうえん 逢束あじさい公園 126 C1	かみねこうえん へいわどおり かみね公園・平和通り 53 C1	**こ**
あしずりみさき 足摺岬 146 B3	おおのがめ 大野亀 90 B1	かみゆうべつちゅーりっぷこうえん かみゆうべつチューリップ公園 31 C2	こいしかわこうらくえん 小石川後楽園 73 C2
あすか 飛鳥 116 B3	おおひらさんしぜんこうえん 大平山自然公園 58 B3	かむのさとろくたん 花夢の里ロクタン 133 B2	こいわいのうじょうのいっぽんざくら 小岩井農場の一本桜 40 B2
あっぴこうげん 安比高原 40 A1-2	おおひらやま 大平山 136 C2	からすまはんとう 烏丸半島 110 A3	こうしんざん 庚申山 58 A2
あづみのちひろこうえん 安曇野ちひろ公園 86 B2	おおむらこうえん 大村公園 153 C3	かわぐちこはん 河口湖畔 83 C-D2	こうじんだにしせきこうえん 荒神谷史跡公園 129 C2
あまごいざのでいご 雨乞座のデイゴ 169 E4	おがさわら 小笠原 77 F3	かわしもこうえん 川下公園 35 C2	こうらけい 香嵐渓 107 B1
あまのはしだて 天橋立 112 B1	おかじょうあと 岡城跡 160 B3	**き**	こかいがわふれあいこうえん 小貝川ふれあい公園 52 A-B2
あもうしつげん 天生湿原 100 B1	おきたまさくらかいろう 置賜さくら回廊 47 B3	ききょうのさと ききょうの里 113 B-C2	こがそうごうこうえん 古河総合公園 52 A2
あやべやまばいりん 綾部山梅林 125 C3	おきなわごーやーぱーく OKINAWA ゴーヤーパーク 169 C2	きたがたこはんはなしょうぶえん 北潟湖畔花菖蒲園 99 D1	ごかのしょう 五家荘 157 B2
あんずのさと あんずの里 86 C1	おくじっそのえどひがん 奥十曽のエドヒガン 165 C3	きたがわむらもねのにわるもったん 北川村「モネの庭」マルモッタン 147 D2	ごかやま 五箇山 92 A3
い	おくただみこ 奥只見湖 91 D3	きたばたけしやかたていえん 北畠氏館跡庭園 109 B2	こくえいしょうわきねんこうえん 国営昭和記念公園 76 C2
いくたりょくちばらえん 生田緑地ばら苑 79 C1	おぐにぬま 雄国沼 50 B-C1	きのさきおんせん 城崎温泉 124 B1	ございしょやま 御在所山 108 B1
いけだこ 池田湖 165 C3	おごせばいりん 越生梅林 66 D3	きみいでら 紀三井寺 122 A1	こしみずげんせいかえん 小清水原生花園 31 D3
いしやまでら 石山寺 110 A4	おだがわ 小田川 142 B2	きゅうかこうえん 九華公園 108 C1	ごりょうかくあと 五稜郭跡 34 B4
いずぬま うちぬま 伊豆沼・内沼 43 C3	おだきゅうやまのほてる 小田急山のホテル 78 A3	きゅうしずたにがっこう 旧閑谷学校 131 C2	こんごうさんまいいん 金剛三昧院 123 B1
いっしんぎょうのおおざくら 一心行の大桜 157 C2	おだわらじょうしこうえん 小田原城址公園 78 A3	きゅうたなかべってい 旧田中別邸 136 B2	**さ**
いばらきけんふらわーぱーく 茨城県フラワーパーク 52 B2	おやすきょう 小安峡 45 C3-4	きゅうふるかわていえん 旧古河庭園 73 C1	さいくうあとれきしろまんひろば 斎宮跡歴史ロマン広場 109 C2
いぶきやま 伊吹山 111 C2	おやだもみじだに 大矢田もみじ谷 100 B2	きりがみねこうげん 霧ヶ峰高原 87 C2	さいとばるこふんぐん 西都原古墳群 163 B2
いわきさん 岩木山 36 B3	おんどのせとこうえん 音戸の瀬戸公園 132 B3	きりごぼたん 切木ぼたん 150 A2	さいみょうじ 最明寺 141 C3
う	**か**	きりたっぷしつげん 霧多布湿原 31 E3	さくらふるさとひろば 佐倉ふるさと広場 69 B2
うえのじょう 上野城 108 B2	かいづおおさき 海津大崎 111 B2	きんたいきょう 錦帯橋 137 C2	さくらやまこうえん 桜山公園 62 B3
うしおばいりん 牛尾梅林 151 B2	かくざんこうえん（つやまじょうあと） 鶴山公園（津山城跡） 131 C1	きんちゃくだ 巾着田 66 D3	さそりだりあえん 佐曽利ダリア園 125 C3
うすきせきぶつこうえん 臼杵石仏公園 161 C2	かくせんけい 鶴仙渓 97 A4	**く**	さるやまみさき 猿山岬 96 B2
うすずみざくら 淡墨桜 100 B2	かくのだて 角館 45 C2	くずりゅうきょう 九頭竜峡 99 F3	
え	かさまつつじこうえん 笠間つつじ公園 52 B2	くまもとじょう 熊本城 157 B2	
えいゆうじ 英雄寺 160 B3	かさやまつばきぐんせいりん 笠山椿群生林 136 B2	くめじま 久米島 168 A3	
えちごきゅうりょうこうえん 越後丘陵公園	かしのざきとうだい 樫野埼灯台 123 B2	くらしきびかんちく 倉敷美観地区 130 B2	
	かしはらかいがん 柏原海岸 165 D3	くろいしかんこうりんごえん 黒石観光りんご園 36 C3	

し

しおふねかんのんじ 塩船観音寺……76 C1
じぞうがわ 地蔵川……111 C2
しまばらじょう 島原城……153 D3
しまんとがわのなのはな 四万十川の菜の花……146 A2-3
じゃこしいけ 蛇越池……143 C2
じゅううんじ 住雲寺……126 B2
しゅぜんじばいりん 修善寺梅林……103 C3
じょうがしまこうえん 城ヶ島公園……79 C3
しょうどしまおりーぶこうえん 小豆島オリーブ公園……141 D2
しょうぶじょうしあやめえん 菖蒲城址あやめ園……67 E2
しろやまこうえん 城山公園……59 C2
しろやまこうえん 城山公園……68 A4
しろやまこうえん 城山公園……142 B2
しんじゅくぎょえん 新宿御苑……72 C2
しんぷとうげんきょう 新府桃源郷……83 B2

す

すいせいしょくぶつえん 水生植物園……69 B2
すかがわぼたんえん 須賀川牡丹園……51 C2
すまたきょう 寸又峡……102 B2
すみやつつじえん 須美矢ツツジ園……96 C2
すみよしたいしゃ 住吉大社……121 B-C3

せ

せかいいちながいさくらなみき 世界一長い桜並木……36 B3
せんがんえん 仙巌園……165 C2
せんごくざん 千石山……151 C2
せんざきこうえん 仙崎公園……161 C-D3
せんしゅうこうえん 千秋公園……44 B2
せんすいきょう 仙酔峡……157 C2

そ

ぞうへいきょくのさくらのとおりぬけ 造幣局の桜の通り抜け……121 C3
そがばいりん 曽我梅林……78 A2

た

だいこんじま 大根島……129 D1-2
たいしゃくきょう 帝釈峡……133 C2
だいしょうじ 大聖寺……131 C1
だいせつざんこくりつこうえん 大雪山国立公園……31 B-C3
だいせん 大山……126 C2
だいちじ 大池寺……111 B4
たかおかこじょうこうえん 高岡古城公園……92 B1-2
たかおさん 高尾山……76 B2
たがじょうあと 多賀城跡……43 B2
たかせうらかわ 高瀬裏川……156 B2
たかだこうえん 高田公園……90 B3
たかちほきょう 高千穂峡……163 B1
たかつきやま 高月山……168 B3
たかとおじょうしこうえん 高遠城址公園……87 C3
たかはたふどうそん 高幡不動尊……76 C2
たかまつのいけ 高松の池……40 B2
たきのうえこうえん 滝上公園……31 C2
だざいふてんまんぐう 太宰府天満宮……148 C1
たてやまくろべあるぺんるーと 立山黒部アルペンルート……93 C2
たにぐみゆりえん 谷汲ゆり園……100 B2
たまがわじょうすい 玉川上水……76 C2
たまがわつつみ 玉川堤……113 C3
たんかきょう 丹霞郷……86 C1
たんのわゆうえん 淡輪遊園……120 A4

ち

ちゃうすだけ 茶臼岳……59 B1
ちょうかいざん 鳥海山……44 B3

つ

つくばさんばいりん 筑波山梅林……52 B2
つつじがおかこうえん つつじが岡公園……63 D3
つばきがわ 椿川……139 E2
つるおかこうえん 鶴岡公園……46 A2
つるがじょうじょうしこうえん 鶴ヶ城城址公園……50 B2
つるみだけ 鶴見岳……160 B2
つわのとのまちどおり 津和野殿町通り……128 A4

て

てはいざか 手這坂……44 B1
てりはきょう 照葉峡……63 C2
てんしゃえん 天赦園……142 B3

と

といみさき 都井岬……163 B4
とうぎょうあん 東行庵……136 B2
とうげんきょう 桃源郷……122 A1
とうこういん 東光院……121 B2
とっとりさきゅう 鳥取砂丘……127 E1
とっとりはなかいろう とっとり花回廊……126 B2
とみすやまこうえん 冨士山公園……142 B2

な

なおしま 直島……141 B2
ながいあやめこうえん 長井あやめ公園……47 B3
ながおかてんまんぐう 長岡天満宮……113 C3
なかつきょう 中津峡……66 B3
ながとろ 長瀞……66 C2
なきじんじょうあと 今帰仁城跡……169 C2
なごやじょう 名古屋城……106 A1
なだくろいわすいせんきょう 灘黒岩水仙郷……125 B4
ななおればいえん 七折梅園……142 B2
なばなのさと なばなの里……108 C1
ならこうえん 奈良公園……116 B2
なるこきょう 鳴子峡……42 B1
なるとのはすばたけ 鳴門の蓮畑……139 E1
なんここうえん 南湖公園……51 C2

に

にいのはまはまおもとぐんらく 二位の浜ハマオモト群落……136 B2
にしだばいりん 西田梅林……98 C4
にじゅっけんどうろさくらなみき 二十間道路桜並木……35 D3

の

のうがたりばーさいどぱーく 直方リバーサイドパーク……149 C1
のうごじ 能護寺……67 D2
のこのしまあいらんどぱーく のこのしまアイランドパーク……148 B1
のもざきすいせんのさとこうえん 野母崎水仙の里公園……153 C3

は

はくさん 白山……97 B4
はくさんすーぱーりんどう 白山スーパー林道……97 B4
はくとかいがん 白兎海岸……127 E1
はこね 箱根……78 A3
はせでら 長谷寺……116 B2
はつざきつばきぐんせいりん 初崎椿群生林……153 C2
はっぽうがはら 八方ヶ原……58 B2
はなはすこうえん 花はす公園……99 D3
はなふぇすたきねんこうえん 花フェスタ記念公園……101 C3
はなみやま 花見山……51 D1
はままつふらわーぱーく はままつフラワーパーク……102 A3
ばらこうえん ばら公園……133 C3
ばんぱくきねんこうえん 万博記念公園……121 C2

ひ

ひがしこうえん 東公園……91 D2
ひがしざわばらえん 東沢バラ公園……47 B3
びざん 眉山……139 E1
ひだかがわかこう 日高川河口……122 A2
びっちゅうこくぶんじふきん 備中国分寺付近……130 B2
ひめのがいけ 姫逃池……129 C2
びゃくごうじ 白毫寺……116 B2
ひょうたんざくらこうえん ひょうたん桜公園……146 B1
ひろさきこうえん 弘前公園……36 B3

ふ

ふくじゅそうのさとみなみだいおう 福寿草の里 南大王……147 C1
ふたがみやまこうえん 二上山公園……92 B1
ふなおかじょうしこうえん 船岡城址公園……42 B2
ふなかわべり 舟川べり……93 D1
ふなくぼつつじこうえん 船窪つつじ公園……138 C1-2
ふらわーぱーくうらしま フラワーパーク浦島……140 A2-3

へ

へいあんじんぐう 平安神宮……113 C2
べんせしつげん ベンセ湿原……36 B3

ほ

ほくりゅうちょうひまわりのさと 北竜町ひまわりの里……35 C2
ほりきりとうげ 堀切峠……163 B3
ほんどじ 本土寺……68 A2

ま

まいづるやまつつじこうえん 舞鶴山つつじ公園……47 B3
まつかわこうえん 松川公園……92 B2
まつしま 松島……43 C2
まつまえこうえん 松前公園……34 B4
まるおかじょう 丸岡城……99 E2

み

みかえりのたき 見帰りの滝……151 B2
みこはたむーせきゅうきょ 神子畑ムーセ旧居……124 B2
みさとばいりん 箕郷梅林……62 B3
みすみおおびらざくら 三隅大平桜128 A3
みたけしょうせんきょう 御岳昇仙峡83 C2
みはるのたきざくら 三春滝桜……51 C-D2
みふねやまらくえん 御船山楽園……151 B3
みむろとじ 三室戸寺……113 C3
みやぎざおうえぼしりぞーと みやぎ蔵王えぼしリゾート……42 B2
みょうぎさん 妙義山……62 B3

む

むかいはらちょうのかたくり 向原町のカタクリ……132 B2
むこうじまひゃっかえん 向島百花園……73 D2
むらかみけおきしゃくなげえん 村上家隠岐しゃくなげ園……129 F5

め

めいじじんぐうぎょえん 明治神宮御苑……72 B-C2

も

もうつうじ 毛越寺……40 B4

や

やかちがわづつみ 矢勝川堤……106 A2
やぎゅうはなしょうぶえん 柳生花しょうぶ園……117 B2
やくしま 屋久島……164 E5
やすなみすいしゃのさとこうえん 安並水車の里公園……146 A2
やつ かまたりかたくりぐんせいち 八津・鎌足カタクリ群生地……45 C2
やつはしかきつばたえん 八橋かきつばた園……107 B1
やばけい 耶馬渓……160 B2
やまたかじんだいざくら 山高神代桜……82 B1
やまなかこはなのみやここうえん 山中湖花の都公園……83 D3

ゆ

ゆしまてんじん 湯島天神……73 C2
ゆにがーでん ゆにガーデン……35 C2-3
ゆぶじま 由布島……169 F5
ゆやのながふじ 熊野の長藤……102 A3

よ

ようろうけいこく 養老渓谷……69 B3
よこすかしょうぶえん 横須賀しょうぶ園……79 C2
よこはままちのなのはなばたけ 横浜町の菜の花畑……37 D2
よしのがわのなのはな 吉野川の菜の花……139 D1

り

りっしゃくじ 立石寺……47 B3
りつりんこうえん 栗林公園……141 C2
りゅうこくじ 隆国寺……124 B2
りゅうじんきょう 竜神峡……53 B1
りょうぜん 霊山……51 D1
りりーふぃーるどこうえん リリーフィールド公園……169 C2
りんせんろうかしわやべっそう 臨泉楼柏屋別荘……86 C2

れ

れぶんとう 礼文島……30 A1

わ

わかさえき 若桜駅……127 F2
わにうらのひとつばたご 鰐浦のヒトツバタゴ……152 E4

編集

帝国書院 編集部

編集協力

クオーレ／ジーグレイプ／新村印刷

鳥瞰図・イラスト作成

アルトグラフィックス／黒澤達矢／杉下正良／北海道地図

写真・資料提供

愛知県観光協会／秋田県／秋田県観光連盟／安芸高田市／安芸津町商工会／朝倉市／阿蘇市／安比高原／阿南市立椿小学校／天橋立観光協会／奄美市／(株)アールエスケイランド／あわじ花さじき／伊江村／伊賀上野観光協会／伊佐市／石川県／石川県金沢城・兼六園管理事務所／石川県観光連盟／石川県西田幾多郎記念哲学館／石川県農林総合研究センター林業試験場／潮来市／伊丹市／井手町／伊都岐観光(株)／伊東観光協会／伊能忠敬記念館／茨城県観光物産協会／茨城県フラワーパーク／指宿市／今治市／岩木山観光協会／岩手県／岩手県観光協会／因島観光協会／宇検村／臼杵市観光情報協会／内子町／うつくしま観光プロモーション推進機構／宇和島伊達文化保存会／永観堂／叡山電鉄／英勝寺／越後丘陵公園管理センター／えびの市／遠軽町／大分県／大木沙友里／大阪府／大洲市観光協会／大豊町／大津市／大村市観光コンベンション協会／小笠原村／小笠原母島観光協会／岡山県／おきなわ環境クラブ／ OKINAWA ゴーヤーパーク／隠岐の島町／尾瀬保護財団／(株)小田急リゾーツ／尾道市／海洋博公園・熱帯ドリームセンター／偕楽園公園センター／神奈川県観光協会／鎌倉市観光協会／鎌倉フォトガイド社 高島斉／蒲郡市／上賀茂神社／上川町／紙の道 和紙民宿かみこや／亀岡市観光協会／唐津観光協会／川崎市公園緑地協会／川津町観光協会／(株)河津バガテル公園／環境省九州地方環境事務所／環境省自然環境局／(公財)関西・大阪21世紀協会／観音寺／(株)きたがわジャルダン モネの庭マルモッタン／紀の川市／城崎温泉観光協会／(一社)岐阜県観光連盟／特別史跡旧閑谷学校／京都府／鋸南町／霧島市／霧多布湿原センター／草津市／串間市／串本町／くじゅう地区管理運営協議会／熊本県／熊本市／久米島町観光協会／特定非営利活動法人グラウンドワーク三島／倉敷市／久留島克彦／呉市／(一社)黒石観光協会／黒石観光りんご園／(公財)クロスランドおやべ／群馬県／建長寺／県立フラワーパークとっとり花回廊／小岩井農牧(株)／(株)広栄社／甲賀市観光協会／高台寺／高知市／鴻巣市観光協会／高野町／国営ひたち海浜公園ひたち公園管理センター／国分寺市／(一財)国民公園協会新宿御苑／国立国会図書館／小坂町／御所市観光協会／五泉市／琴浦町観光協会／御坊市／菰野町観光協会／さいたま観光国際協会／埼玉県観光課／最明寺／佐伯市観光協会／佐賀県／佐賀市／佐倉草ぶえの丘バラ園／佐曽利園芸組合／(公財)札幌市公園緑化協会 川下公園管理事務所／薩摩川内市／佐那河内村／サボテンパーク＆リゾート／座間味村／サントリーフラワーズ(株)／ JA 敦賀美方梅の里会館／ JA にしうわ／(一財)子規庵保存会／静岡県観光協会／シーボルト記念館／四万十市／下関市／(公財)白河観光物産協会／白鷹町観光協会／旬花咲く黒姫高原／昭和記念公園管理センター／上越市／信州いいやま観光局／信州・長野県観光協会／瑞巌寺フォトライブラリー／瑞泉寺／須賀川牡丹園保勝会／(株)スタジオジブリ／墨田区／洲崎マーガレット岬の会／須美矢ツツジ園／住吉大社／瀬戸内町／仙巌園／総社市／総本山長谷寺／造幣局／大巧寺／帝釈峡観光協会／高瀬写真館／高幡不動尊／太宰府天満宮／たつの市／伊達市観光物産協会／蓼科高原バラクライングリッシュガーデン／立山黒部貫光(株)／館山市観光協会／立山博物館／(株)館山ファミリーパーク／玉川大学／千々布義朗／(公社)千葉県観光物産協会／中尊寺／栂典雅／津市観光協会／対馬観光物産協会／津山市観光協会／ツーリズムおおいた／鶴岡市／鶴岡八幡宮／津和野町観光協会／てぃだぬすま宮古島／天川村／天童市／東京観光財団／(株)東京サマーランド／東京電力(株)／東京都公園協会／東慶寺／東洋ナッツ食品(株)／徳島県／徳島市公園緑地管理公社／土佐清水市観光協会／十島村／栃木県観光物産協会／(公財)砺波市花と緑と文化の財団／砥部町／富山県／富山県観光連盟／十和田市観光協会／直島町観光協会／長岡京市／(一社)長崎県観光連盟／長崎市／長島観光開発(株)(ナガシマリゾート)／中津市／長門市／名古屋観光コンベンションビューロー／奈良県立図書情報館／奈良市観光協会／南部町／新潟県観光協会／西川高司／日光山輪王寺／日光市／日光市観光協会／(株)新田／日南市／日本楽劇協会／日本近代文学館／(一財)二本松菊栄会／仁淀川町役場／韮崎市観光協会／直方市観光物産振興協会／のこのしまアイランドパーク／ハウステンボス／萩市／箱根登山鉄道(株)／長谷寺／八丈ビジターセンター／廿日市市／はな阿蘇美／花野辺の里／花の里フローラルビレッジ名倉／浜田市／羽村市観光協会／東串良町／ビジュアルぐんま／PHOTOHITO ／ブログ「非常食と防災グッズ＆ミリメシ こば」／日高神鍋観光協会／飛騨市／日立市／兵庫県／広島大学／びわ湖高島観光協会／(公社)びわこビジターズビューロー／ファーム富田／福井県／福井県観光連盟／福島県広報課／福山市／ふらの観光協会国際観光センター／平安神宮／別府市／宝戒寺／北竜町ポータル／法華院温泉山荘／米原市／(株)マザー牧場／松浦市／松本市／松山市／三重県／岬町／三豊市／みなべ観光協会／南あわじ市／御船山楽園／美作市／三室戸寺／宮城県観光課／みやざき観光コンベンション協会／宮島観光協会／明月院／妙本寺／明和町／八代市／八街市／柳川市／山形県河北町紅花資料館／山形県観光物産協会／山形市観光協会／山口県観光連盟／山中湖花の都公園／(公社)やまなし観光推進機構／八女市／(株)由布島／ゆにガーデン／横須賀しょうぶ園管理事務所／横田好夫／吉野ヶ里町／吉野川市／吉野町／臨泉楼柏屋別荘／礼文島観光協会／ YNAC 屋久島野外活動総合センター／和歌山市観光協会／輪島市／亘理町

※本書の地図に表記した「おもな道の駅」は国土交通省によって登録された全国の道の駅から抜粋して記載。また、「花の百名山・新花の百名山」は田中澄江著・文藝春秋発行『花の百名山』『新・花の百名山』を、「日本さくら名所 100 選」は(財)日本さくらの会選定による全国の桜の名所、「日本紅葉の名所 100 選」は主婦の友社発行『見直したい日本の「美」日本 紅葉の名所 100 選』所収の全国の紅葉名所をそれぞれ参考にしている。
※本書に記載した花の見頃（花名、花スポット名に併記）及び所要時間は大体の目安であり、実際とは異なる場合がある。

花の旅へ さそう地図

平成27年8月20日　印刷
平成27年8月25日　初版発行

定価　本体1,900円(税別)

著作者　帝国書院編集部
　代表者　斎藤正義
発行所　株式会社 帝国書院
　代表者　斎藤正義
東京都千代田区神田神保町3-29(〒101-0051)
電話 03(3262)0830　帝国書院販売部
電話 03(3261)9038　帝国書院開発部
振替口座　00180-7-67014
印刷所　新村印刷株式会社
製本所　株式会社アトラス製本

Printed in Japan
ISBN 978-4-8071-6211-6

この地図の作成に当たっては、国土地理院長の承認を得て、同院発行の100万分1 日本、50万分1 地方図、20万分1 地勢図及び5万分1地形図を使用した。(承認番号　平27情使、第213号)
日本音楽著作権協会(出)許諾第1117333-502